月星座占星術入門

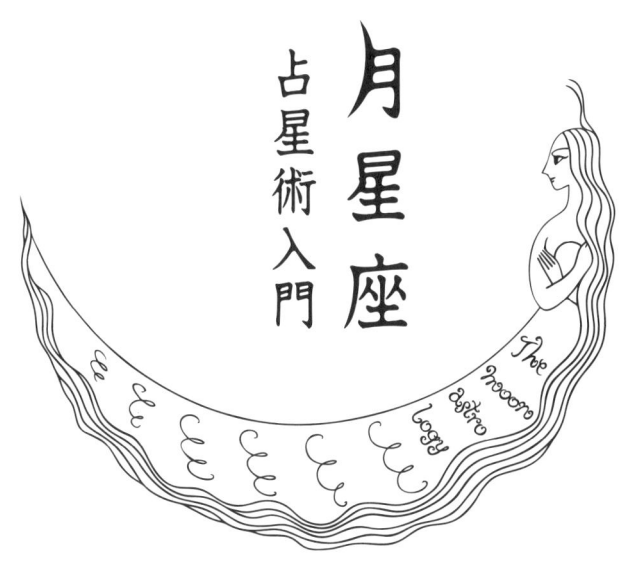

じぶんの月星座を知って
人生を変える本

松村 潔

もくじ

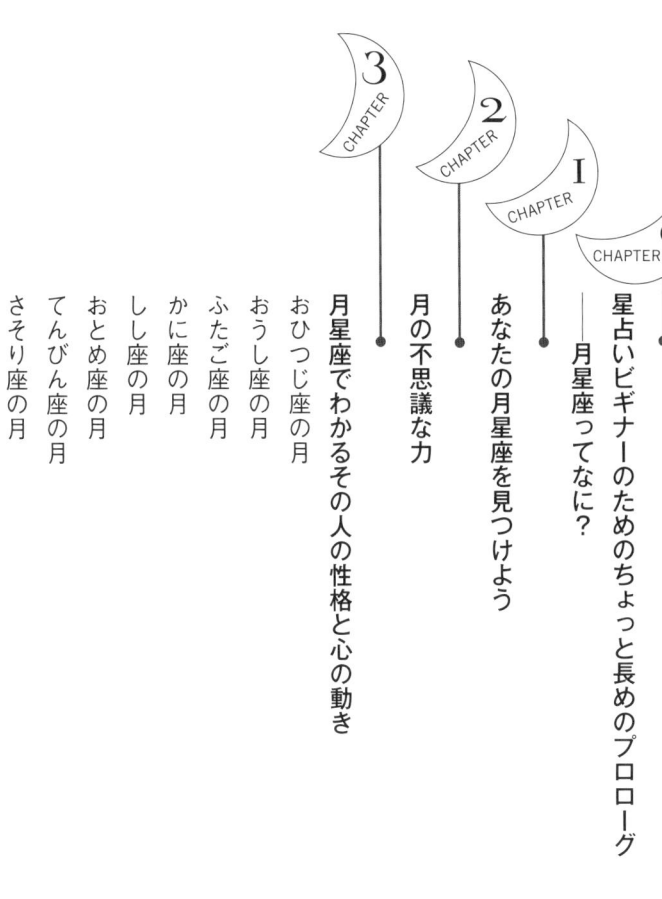

- CHAPTER 0 星占いビギナーのためのちょっと長めのプロローグ——月星座ってなに？ … 7
- CHAPTER 1 あなたの月星座を見つけよう … 17
- CHAPTER 2 月の不思議な力 … 23
- CHAPTER 3 月星座でわかるその人の性格と心の動き … 47
  - おひつじ座の月 … 50
  - おうし座の月 … 55
  - ふたご座の月 … 60
  - かに座の月 … 65
  - しし座の月 … 70
  - おとめ座の月 … 75
  - てんびん座の月 … 80
  - さそり座の月 … 85

いて座の月　90
やぎ座の月　95
みずがめ座の月　100
うお座の月　104

月の動きを開運に利用する　109

トランシットの月がおひつじ座にあるとき　117
トランシットの月がおうし座にあるとき　119
トランシットの月がふたご座にあるとき　121
トランシットの月がかに座にあるとき　123
トランシットの月がしし座にあるとき　125
トランシットの月がおとめ座にあるとき　127
トランシットの月がてんびん座にあるとき　129
トランシットの月がさそり座にあるとき　131
トランシットの月がいて座にあるとき　133
トランシットの月がやぎ座にあるとき　135
トランシットの月がみずがめ座にあるとき　137

CHAPTER 5

トランシットの月がうお座にあるとき ... 139
朔望月のサイクルを目標実現のために利用しよう ... 141

月と惑星のアスペクト・パワーを賢く利用する法 ... 147

月と冥王星 ... 159
月と海王星 ... 163
月と天王星 ... 167
月と土星 ... 171
月と木星 ... 175
ボイド ... 179

CHAPTER 6

リリスとドラゴンで知るあなたの隠れた欲望と出会い ... 181

PART1　リリス ... 182

リリスがおひつじ座 ... 187
リリスがおうし座 ... 188
リリスがふたご座 ... 189
リリスがかに座 ... 190

Contents
もくじ

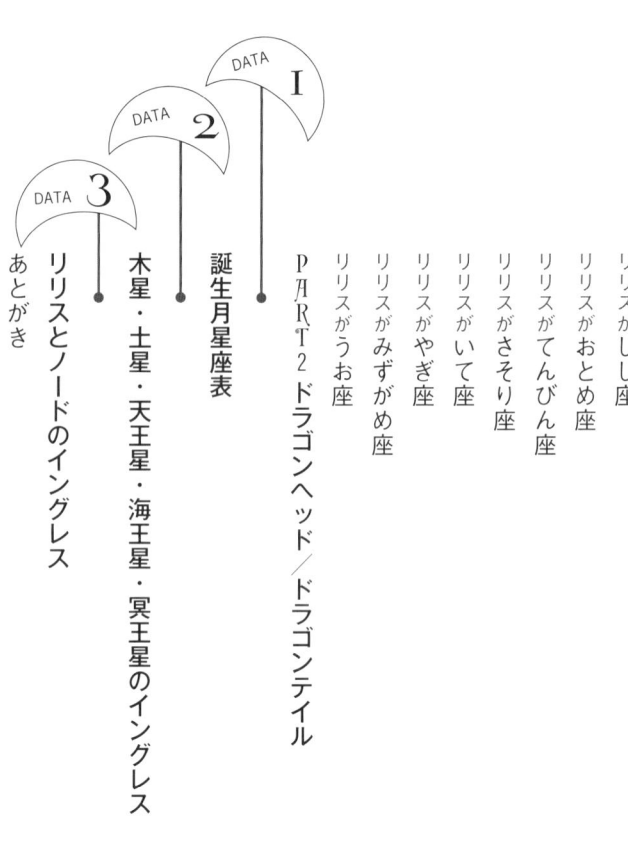

DATA 1
PART2 ドラゴンヘッド／ドラゴンテイル
リリスがうお座
リリスがみずがめ座
リリスがやぎ座
リリスがいて座
リリスがさそり座
リリスがてんびん座
リリスがおとめ座
リリスがしし座

DATA 2
誕生月星座表

DATA 3
木星・土星・天王星・海王星・冥王星のイングレス
リリスとノードのイングレス
あとがき

254　245　　243　　　205　　　199 198 197 196 195 194 193 192 191

Chapter 0

星占いビギナーのための
ちょっと長めのプロローグ
──月星座ってなに？

太陽星座だけではわからない本当のこと

あなたは自分の太陽星座を知っていますか。雑誌などの星占いで自分の運勢を見るときの星座のことです。

4月1日生まれならおひつじ座、8月1日生まれならしし座の、あの12星座のことです。

もう、おなじみですね。

自分が生まれた年月日に、太陽が黄道12宮のどこにいたかで星座が決まります。

この黄道12宮とは、太陽の通り道である黄道を12に分けて、それぞれに星座を割り振ったもので、ちなみに実際に夜空に見える星座とは直接の関係はありません。

この星座のことを占星術の世界ではサインと呼びます。

雑誌に掲載される星占いは、この太陽星座を用いますので、太陽星座占いとも言います。

この太陽星座占いの始まりはいつ頃だと思いますか？

きっと大昔、ヨーロッパの中世の頃、いやもっと昔のエジプト文明の時代……などと、あなたは考えたかもしれません。

占星術自体が生まれたのは、実際、紀元前2000年のバビロニアにさかのぼるといわれ、実に長い長い歴史を重ねたものですが、それは太陽星座占いとは異なる、とても複雑な仕組みのものなのです。

町の占い館などで西洋占星術家にみてもらったことがある読者なら知っていると思いますが、太陽、月、惑星などを円盤状のマトリックスにマッピングしたホロスコープという図（下図をご覧ください）を作り、それを解釈することで占うのが本来の占星術です。これは生年月日の他に生まれた時間、生まれた場所（生まれた場所の経度と緯度）のデータから天体の位置を厳密に計算し、導き出した、いわばその人だけの星の見取り図といえるでしょう。

実際の西洋占星術では、そんなふうに占われる人の詳細なデータが必要で、そのため、統計学的にまったく同じホロスコープ、つまり星の見取り図を持つ人は地上に二人といないという結果になります。双子の場合でも、生まれる時間は違いますからね。

ということは、同じ年の同じ日に生まれた人でも、生まれた時間や場所が異なれば、異なる占い結果になるということです。それがどれくらい違うのかと聞かれれば、「かなり」という言う以外ないのですが、たとえば生まれた時間が12時間違えば、職業などの社会的

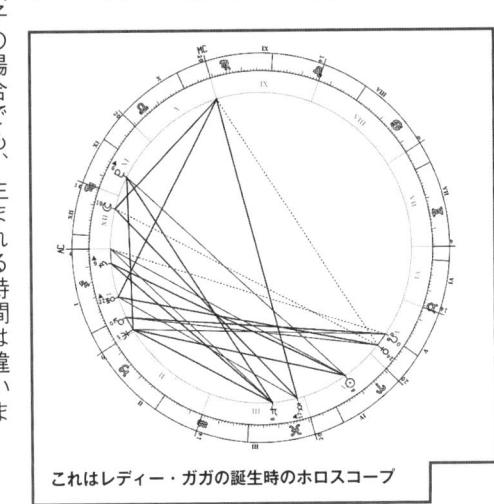

これはレディー・ガガの誕生時のホロスコープ

Chapter 0
星占いビギナーのためのちょっと長めのプロローグ――月星座ってなに？

ステータスのあり方は正反対に近いほど違ってくるでしょうし、内向的か、外向的かなどの性格も正反対になります。

つまり、ほんとうに正確な占いをするには、1年を12分割した太陽星座だけではまったく不十分なのですね。ひるがえって、私たちの人生は、もっともっと個性的。その人だけが持つ、唯一無二のものだということも言えるわけです。

では、どうして太陽星座占いが登場したのでしょうか？

最初に太陽星座占いを始めたのはアメリカの新聞で、20世紀初頭のことだそうです。新聞の販売競争に勝とうと編集者が考えたのが、お手軽な遊びにも似たこの太陽星座占いだったのです。西洋占星術の長い歴史とくらべれば、できたてのホヤホヤみたいなものですね。

最低でも太陽、月、水星から冥王星までの惑星を用いて占う正統な西洋占星術の手法から、太陽だけを抜き出し、しかもたった12の星座に分けるだけでよいので複雑な計算も不要、ホロスコープを作る必要もないので、新聞に掲載するにはうってつけだったわけです。そのかわり、いわゆる「的中度」はグーンと急降下します。

でも、本来の占星術の複雑さを知らないアメリカの新聞の読者にとっては、それでもありがたく、楽しいものだったのですね。それで、あっという間に世界中に広まっていったというわけです。

ロケットの目標が太陽なら、発射台が月

占星術の歴史のお勉強のようになってしまいましたが、要は、多くの人が「これぞ星占い」と思い込んでいる太陽星座占いだけでは、一人の人間のことをくわしく占うことはできないということなのです。

しかも、太陽星座占いにはつぎのような誤解もあります。

みなさんは雑誌の星占いの性格欄を見て、自分や友人や恋人を思い浮かべて「見た感じと違う」とビックリしたり、あるいは、恋愛運などを読んで期待に胸をふくらませたり、金運の欄を読んでは「節約しなきゃ」と考えたりするのではないでしょうか。

あまりガッカリさせたくはないのですが、それは、たぶん、太陽星座占いをかいかぶりすぎています。

もちろん、その雑誌の記事を書いている占星術師の方は、一生懸命になって、太陽一つで性格から恋愛運、金運まで占おうとがんばったとは思うのですが、太陽だけでは限界があるのです。しかも少し考えるとわかりますが、1年を12サインにわけるという大雑把さでは、12人に一人は自分と同じ運命の人がいることになってしまうのですから。

さらにはっきり言えば、たいへん残念ですが、太陽だけでは恋愛や金運、性格などは正

Chapter 0
星占いビギナーのためのちょっと長めのプロローグ──月星座ってなに？

確にはわかりません。ほかの惑星の位置などをはじめ、非常に複雑で多様な要素が組みあわさり、プロの占星術師がウンウンうなってようやく読解できるというものなのですから。

では、どうしたらよいのでしょうか？

お抱え占星術師がいるわけでもないあなたには、自分一人では占星術の恩恵にあずかることはできないのでしょうか。

そこで登場するのが月なのです。

自分のホロスコープを作ってみたことがある読者ならもうおわかりでしょうが、自分が生まれた年月日と時間・場所に応じて、月にも太陽星座と同じような星座（サイン）が割り当てられるのです。

これを月星座と呼びましょう。

前にも書きましたが、ほんとうの西洋占星術では太陽だけでなく、月、そして水星から冥王星までの惑星を用います。さらに言えば、この本の後半でくわしく説明しますが、月に関連した要素であるリリス、ドラゴンヘッド、ドラゴンテールという、いわば天体に準じたものも用いられます。

ここではそれぞれの惑星の説明ははしょり、太陽と月の役割だけにしぼってかんたんに説明しておきましょう。

人間をロケットにたとえてみます。

このとき、ロケットの発射はこの世への誕生を意味します。

そしてロケットの目標地点が人生の目的というわけです。

このとき、発射台が月、ロケットの目標地点が太陽にあたります。

あるいは、人間を植物にたとえてみたらどうでしょう。

この場合は、月はあなたという植物の根であり、その根を張る土にあたります。そしてあなたは文字通り太陽に向かって伸びていくのです。

たとえば、太陽がおひつじ座の人のことを考えてみましょう。

太陽がおひつじ座の人は、新しい何かを開発したい、新しい何かを始めたいということに引かれます。つまり、それがロケットの目標となり、植物の育つ方向ということです。

このおひつじ座の人が、インターネット関連の新しい技術を開発する企業を立ち上げたとします。この点から、この人の月星座を推測してみましょう。おそらくこの人の月星座はみずがめ座ではないでしょうか。みずがめ座は広い情報網やネットワークという言葉に象徴されるような、自由自在で共鳴的な性質を持っています。そういうものが根っこにある人は、インターネットやパソコン、広い情報網を手段として、おひつじ座の新しいものを創造するという目標を追い求めるのです。

では、もしも、その人の月がおうし座だったらどうなるでしょう。おうし座の支配星は金星で、美しいもの、おいしいものといった感覚的な楽しみに関係した性質をもっていま

Chapter 0
星占いビギナーのためのちょっと長めのプロローグ──月星座ってなに？

13

す。そういう性質が根っこにあれば、その人はもしかしたら食べものに関してうるさいグルメで、自分でもいろんな料理を作る人かもしれません。すると、その人は食の分野で、たとえば料理家として、あるいはレストランのシェフとして、おひつじ座の太陽の目標である新しいスタイルの料理を創造・開発をするということになるわけです。

こんなふうに、太陽が同じおひつじ座でも、月星座が違うと土台や発射台の作りが違ってくるので、その人の人生のありようはまったく変わってくるのです。

太陽星座占いだけなら、おひつじ座の人は新しい何かを創造したり、挑戦したりするということはわかりますが、では、いったいどんな分野で、どんなふうにしてなのかまではわからないのです。

そんなふうに、月星座を知ることは、あなたの人生について太陽星座占いだけではわからない多くの情報をもたらしてくれます。

Chapter2の『月の不思議な力』でくわしく説明しますが、あなたの恋愛、対人関係、健康、心、気分など、月は個人の生活の基盤に強い影響を及ぼします。あるいは前世なども月の持ち場です。

月星座を知ることで、得られるメリットははかりしれません。

私の監修で毎年発行されている『ムーン・ダイアリー』と併用することで、あなたの月星座を毎日の生活にしっかりと役立てることもできます。

どうやって？
それをこれから、順にお教えいたしましょう。
初心者向けに書いたちょっと長いプロローグでしたが、この本はもちろん、自分でホロスコープを読むことのできる占星術の中級・上級者にも役に立つ情報をたくさん盛り込んでいます。
では、まずは、あなたの月星座を見つけることからスタートしましょう。

Chapter 0
星占いビギナーのためのちょっと長めのプロローグ——月星座ってなに？

Moon sign astrology

Chapter 1

あなたの月星座を見つけよう

2ステップで月星座を見つける

さあ、あなたの月星座を見つけましょう。方法はとってもかんたんです。巻末205ページから始まる「誕生月星座表」を使って、2ステップで見つけ出します。

STEP 1

「誕生月星座表」から、あなたの生まれた年の表を探しましょう。

あなたがたとえば1990年4月10日の生まれなら、226ページを見ます。1990年の「誕生月星座表」があります（図1）。

STEP 2

生まれた年の「誕生月星座表」から自分の誕生日の欄を見つけ、なんの星座（サイン）かを調べましょう。

1990年4月10日の生まれなら、1990年の「誕生月星座表」から、4月10日が含まれる期間を探します。表は、日付、時間、月星座の順になっています。日付を見ていくと、［04-08　20：44　天秤］とあり、次の行は［04-11　08：18　蠍］となっ

ています(図2)。これは4月8日の午後8時44分から4月11日午前8時17分までに生まれた人の月星座は、てんびん(天秤)座ということを示しています。

ちなみに、生まれた時間が4月11日午前8時18分を過ぎれば月星座はさそり(蠍)座ということになります。

誕生日によっては、生まれた時間が違うと月星座が異なってきますので注意してください。

右の例のように、生まれた年の「誕生月星座表」を探し、そして自分の誕生日が含まれる期間を探します。その期間の月星座が探していた月星座ということになります。

なお、生まれた時間がわからない人で、月星座が切り替わる日が誕生日の人は(先の例なら4月8日や11日生まれなのに生まれた時間がわからない人)、どちらの月星座も可能性がありますので、両方を読んでおきましょう。

さあ、これであなたの月星座がわかりました。同じ要領で、友だちや家族、恋人の月星座も見つけてあげましょう。

```
04-06   10:42   乙女
04-08   20:44   天秤
04-11   08:18   蠍
04-13   20:48   射手
```

図2

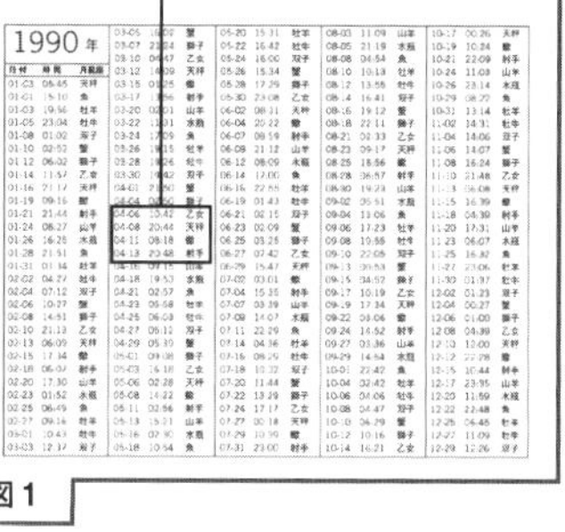

図1

Chapter 1
あなたの月星座を見つけよう

19

月星座でさっそく占ってみる

月星座がわかったなら、この本を使ってさっそく自分のこと、家族のこと、友だちのこと、恋人のことを占ってみましょう。

この本の説明を兼ねて、どんなことがすぐに占えるのか、ご案内しましょう。

■あなたの、あるいはあの人の性格と心の動き方を知りましょう。⇩Chapter3

47ページからの『月星座でわかるその人の性格と心の動き』では、月星座ごとにその人の根っことなる性質や心の動き方を調べることができます。

太陽星座占いだけではわからなかった、その人の気質や行動の傾向がわかります。

■その日の月の位置による人間への影響を知り、毎日の生活に役立てましょう。
⇩Chapter4

109ページからの『月の動きを開運に利用する』では、その日、月がどの星座（サイン）に入っているかで違う、人の心や体への影響を知ることができます。自分の気分や体調を予測できるので、心構えができますし、またじょうずに月の力を利用することで、日々の生活が豊かに健康的になります。

HOW TO LOOK UP

■ 木星から冥王星までの惑星の力を月から取り込みましょう。⇩Chapter5

147ページからの『月と惑星のアスペクト・パワーを賢く利用する法』では、目まぐるしく変わる月と木星以遠の惑星とのアスペクト（天体間の一定の角度）による影響を調べます。木星、土星、海王星、天王星、冥王星の持つ力を取り入れることで、願いを叶えたり、うっかりミスをなくしたりするなど、生活を変えることができます。

■ 月と関係した占星術の感受点であるリリス、ドラゴンヘッドから、その人の隠れた欲望や出会い運などを調べましょう。⇩Chapter6

181ページからの『リリスとドラゴンヘッドで知るあなたの隠れた欲望と出会い』では、リリス、ドラゴンヘッドという月の公転軌道上の感受点から、その人の隠された欲望や出会いの縁などを調べることができます。

紹介したように、すぐに占いに進んでももちろんかまいませんが、月とはいったいなんなのか、その占星術的な意味だけでなく、人間存在に不思議な関わり方をする月の神秘的な側面について、Chapter2『月の不思議な力』をじっくり読んでおくと、占いの結果についてより深く理解でき、さまざまな応用が可能になるでしょう。

Chapter 1
あなたの月星座を見つけよう

Moon sign astrology

Chapter 2

月の不思議な力

Section 1

太陽と違う、月のスペシャルな役割

言うまでもなく、月は地球の近くにあるとても身近な天体です。その月を、とりわけ日本人は昔からたいへんに愛してきました。

月は地球のまわりを回っているので、太陽のまわりを回る惑星とはまったく異なる占星術的な役割を持ち、個人の私生活、生命力、衣食住などに関係すると言われています。かんたんに言えば、パーソナルな分野が月のテリトリーです。

プロローグでも書きましたが、雑誌やテレビなどでは太陽のある星座（サイン）で占いをする太陽星座占いが一般的ですが、この太陽は目覚めてがんばるときのその人のありかたを表します。ですから、一般に思われているように、その人の性格などを表しているのではなく、達成できるかどうかはともかくとして、その人の人生の目標などを意味するのが太陽です。

それに対して月は、その人のもともとの性格を示しています。努力せずボーッとしていても発揮できるもの、むしろボーッとしているときにこそ出てくるキャラクターが月のサインが表すものです。

太陽と月の関係

たとえば、太陽がかに座の生まれの人のことを考えてみましょう。

かに座は他者に共感したり、仲間や家族といっしょに何かをしたり、また人をいつくしみ育てることなどを示しています。とはいえ、太陽がかに座の人はそれに向かって努力するということであり、もともとそういう性質を持っているというわけではないのです。むしろ性格はかに座的なものと正反対ということもよくあります。つまり、太陽がかに座という人は、いまはかに座的ではないかもしれないけれど、かに座を目指して進む人ということなのです。

あるいは、たとえば、こんなキャラクターの人を想像してみましょう。

その人はもともと孤独が好きで、人に対してあまり関心がありません。でも、それではいけないと思って、他人と共同で何かをしたり、他者に共感しようと努力し、家族的な関係を作ろうとがんばります。でも、もともとの孤立癖ゆえに、この人は疲れてしまうと、やっぱりだれともいっしょにいたくなくなり、つい仲間から逃げ出してしまいます。

この人には、素の自分は一人でいたいのに、努力目標はそれとは反対の「他者と共同的でありたいこと」だというギャップがあります。実はこの「素の自分」というのが月の持ち場なのです。孤立癖、一人で何かしようとする面を見れば、この人の月星座はおひつじ

Chapter 2
月の不思議な力

25

座ではないかと推測できます。ということは、この人の場合、太陽はかに座だけれども、月はおひつじ座だということになるのです。

その人の性格は月に表れる

太陽は、その人ががんばって到達しようとする、自分の将来像や人生の達成目標を表します。それに対して、月はその人が努力しないでも発揮できる要素、つまりもともと持っている傾向や性格を表します。

太陽は目覚めてがんばるときのその人を表し、月はリラックスして力を抜いたときのその人を表すと言ってもいいでしょう。

私たちはこの太陽と月のあいだを行ったり来たりしています。太陽だけだとずっとテンションを上げていなくてはならず、そればかりだと疲れるからです。でも、一方で、月だけではいつまでも進歩もなく、怠惰な人生になってしまいます。ですから、太陽と月が両方交互に働くのが、ちょうどよいのです。

疲れると休む。それが月の働きであり、ボーッとしたいときに、あなたはあなたの月が表す行動をとることが多くなります。

疲れたり、気が動転したり、うっかりしたときに出てくる素の自分というのが、月が持

つ性質です。ですから、たとえば先ほどの例とは反対に、おひつじ座が太陽、月がかに座だと、アグレッシブに独立独歩で振舞うべき職業なのに、月星座がかに座ゆえに、うっかりすると相手に優しすぎたり、仲間とべたべたしすぎたりするのです。

プロローグでも話しましたが、これまで見てきたように、その人の性格はどちらかというと太陽よりも月のほうに現れます。月はその人にとって無意識の領域にあって、本人が気づかないまま外に出しているものなのですね。

人生の目標に無関心な月

太陽とその惑星たる地球、そして月の関係について説明しましょう。

たとえば私たちを地球と考えてみましょう。

私たちは太陽のまわりを回っています。これは太陽に私たちが従っているということを表しています。だれかのまわりをまわるとき、それはだれかを生活や人生の動きの中心にしている、軸にしているということになります。つまり、地球は太陽を軸にし、太陽を生きているのです。

き方の理想とみなして生きているのです。

見方を変えれば、太陽を軸にして、その周辺のローカルな空間で生きていると考えてもいいでしょう。そして太陽は私たちの生きる目的ですから、その目的をめぐって、いろい

Chapter 2
月の不思議な力

ろ努力したり、行動したりします。

さきほどのかに座の太陽の例で言えば、その人の目標は思いやりのある、共同的で共感的な人、いつくしみ育てる力のある人になろうとすることです。中には、実際の性格があまりにも孤立的で、人に無関心な人もいるでしょう。しかし、かに座を理想として進むので、日々の生活の中でかに座らしい行動や判断をしようとがんばります。

ところが、ときどきは、素の自分で出てきてしまい、他人のことはもうどうでもいいと思ったりすることもあります。でも、そのたびに、それはいけないことだと自分に言い聞かせ、かに座的な人生にチャレンジするのです。

さらに私たちを地球とみなしたときには、月は私たちの周辺を回っていることになります。私たちは太陽のまわりを回り、そしてその私たちのまわりを月が回る。月からすると地球である私たちだけを常に見ていて、太陽は見えておらず、しかも遠くにある存在なので、月には人生の目標とかそういう太陽的なものにはあまり興味がないといえるのです。ということは、私たち自身についてのより具体的で日常的なことを、月は表しているということになります。

月は肉体に影響を与える

太陽、地球（私たち）、月の関係を見てきましたが、言いかえれば、月は私たちの社会生活や精神性というものをほとんど理解することがありませんし、まったく配慮していないと考えてもいいほどです。

一方で、とても具体的な私生活のこと、身近なことに関しては、月は非常に深く関係しています。つまり、遠くは見えないが、私たちの足元、身近なことはわかるのです。

このことをもっと占星術的な表現で説明してみます。

占星術では、太陽と惑星と月は、三つの異なる次元を表しています。この中で月というのは、一番低い次元にあるのですが、さらにその下に物質（肉体）があると考えます。

太陽は根本の意志を、水星から冥王星までの惑星は思考や感情などを、月は生命作用を表し、その下に肉体があるという階層になっていると考えるのです。四階建ての建物を想像してください。一番上の4階が太陽で、3階が惑星群、2階が月となり、一番下の1階が肉体となります。

すると月は、精神的なこと（太陽）や感情的なもの（惑星）と、物質（肉体）との中間にあるということになります。

言いかえれば、月の性質というのは、精神や思考、感情よりも低い次元にあるけれども、

Chapter 2
月の不思議な力

しかし物質的なことよりは高い次元にあるという、中間性を持っていることになります。

これは、中国で言われる「気」というものに関係しています。「気」は濃密になると物質に変わり、薄くなると感情や精神に変わっていくと考えられています。

この月特有の性質はきわめて重要です。月は肉体よりも少し上にあり、肉体に近いので、肉体に影響を与えることができる。ところが、惑星はそれよりもずっと上にあるので、肉体に対して働きかけができません。

ここに、月が個人の日々の生活にとって、無視できない大きな役割をもっていることの理由があるのですね。

月は個人としての気質、タイプ、行動特性、衣食住などに大きく関係します。毎日が楽しいとか、元気いっぱいだという気分も、月に関係します。

月の作用が弱まると、私たちは精神的になっていきますが、しかしその分、身体はどんどん虚弱になっていきます。生身としての自分ということを考えるときには、月のことを重視しないといけないのです。

Section 2
月は行動の記録装置

　理性を失った状態を「月に憑（つ）かれる」と言いますし、英語のルナティック（lunatic）という言葉には、心神喪失や狂気という意味があります。そんなふうに何かに夢中になったり、浮かれたり、夢遊病のようになったりすることを表す際には、月に関連した表現を使うことが多いようです。

　われを忘れて、あるいはボーッとしてただ機械的に動いているとき、それは月が私たちへの支配力を全面的に握ったときです。

　私たちはときどき、無意識のうちに習慣的な行動をしていますが、そういう知らぬ間にうっかり何かをしてしまうというのが月の作用です。

　行動というものには何らかの動機や目的がありますが、毎日同じことを繰り返すと、そもそもの動機や目的を思い出さなくても動作はできるようになります。たとえば毎日ドアの鍵を閉めて出かけるのを繰り返していると、ドアに鍵をかける動作が自動的になってしまい、ときどき自分がドアに鍵をかけたかどうか思い出せないことがあります。せっかく駅まで行ったのに鍵をかけたかどうか心配になり、家に戻って確認したら、ちゃんとドアに鍵がかかっていたというような経験はだれにもあるでしょう。

Chapter 2
月の不思議な力

この日々無意識に繰り返す動作を記憶をするのが、月の作用なのです。

金星は猫、月は犬

月はいわば私たちの行動の記録装置のようなものです。私たちの足跡が月の表面に残るのをイメージしてみましょう。何度も繰り返すと、その行動はさらにしっかりと刻印されます。

昔からの十五夜のお月見の習慣ですが、これは月がきれいだからお月見しているのではありません。仏教を守護する神様である帝釈天(たいしゃくてん)は、満月という鏡の中にその人の行状を見て、それによってその人を罰するかどうかを決めるといわれていました。その人の行動は月の中に記録されていて、帝釈天はそれを鏡のような満月の中に見るというわけなのです。ですから、お月見とは「自分は悪いことはしていません、どうか助かりますように」と帝釈天にお願いする風習だったのです。

また、月はあらゆるものを自分にくっつけてしまう、べたべたした接着剤のようなものでもあります。なんでもくっついてしまいますから、隠したい秘密も月にはくっついてしまい、記録されてしまうのです。

この月の「くっつける」作用から、昔の日本人は月はお餅に似ていると考えていました。

力うどんなど、お餅をパワーの源泉のように考える習慣がありますが、お餅のように、月は生命力であり、気の力をチャージするのです。

占星術では楽しく気持ちのよいものは金星で考えますので、スイーツなどを象徴するのは金星です。金星は華があり、楽しく、甘い星なのです。ですから、小豆から作るあんこもまた金星を象徴としますので、リラックスや楽しみなどを意味します。腎臓によい小豆から作られるあんこは日本のスイーツのお姫さまのようなものです。腎臓もまた占星術では金星に関係し、円滑な対人関係には健康な腎臓が大きな役割を担うとされています。

赤福餅とか御福餅のような、中にあんこが入っていて外側がお餅でできているものは、占星術的には金星を月がくるんだものとなり、それは生命の充実や楽しみの確保、生活の安全、身近な人との円満な関係、豊かさなどを増強するような食物と考えてもよいのです。

余談ですが、金星は猫、月は犬という割り当てもあります。猫は私たちの周囲をぐるぐる回ってはくれませんが、犬は忙しく回ってくれます。そしていろんなことをちゃんと覚えてくれます。ですから、月はまるで犬のようなものだと考えてもいいのです。月は家庭に関係しますが、犬は家を守ったり、また安産によいという言い伝えがあります。これらは月の象徴そのものです。

Section 3

月の困ったこと

さて、ここからは神秘哲学的な、少し抽象的な話になります。

土星の周囲には20個以上の月、つまり衛星があり、土星のまわりを公転していますが、地球には衛星＝月がたった一つしかありません。実はこれがとても大きな問題を作り出していると考えられています。

月が私たちの日常生活においてのこまごまとしたことに関係しているとしたら、月が一つしかないことは、いったいどういう現象を引き起こすのでしょうか。

古代には、宇宙の法則は音楽の音階のように七つの要素からなると考えられていました。つまり、太陽系には太陽と惑星の合計七つの天体があり（古代には天王星、海王星、冥王星は知られていません）、それはプリズムが一つの光を七つに分解するように、太陽の力を七つに分解してそれぞれが受け持つと考えたわけです。言いかえれば、太陽という上の次元にある一つのものは、下の次元では七つに分かれると考えられたのです。

一方、太陽と惑星の関係のように、惑星の周囲にも衛星——つまり、月があるわけですから、ちょうど惑星が七つで太陽の力を分担するように、七つの月が地球の役割を分担するという法則が成り立たないといけないのです。

ところが、地球のまわりには月は一つしかありません。そのために、月の作用はギクシャクとしてスムーズではないのです。

たとえば、ボールベアリングの中に小さな玉が七つあればスムーズに回転できますが、玉が一つしかないとどうなるか想像してみてください。ぎくしゃくとして、円滑な回転ができなくなります。

これは、私たちの私生活をときに不安定にする原因となっているのです。

月がもたらす惑星の影響

月はおよそ28日（正確には27日7時間43.1分）で地球のまわりを1回転します。占星術では、この1回転するあいだに、月はおひつじ座からうお座までの12個の星座（サイン）を順に移動すると考えます。12個の星座（サイン）とは12種類の性格や色づけ、特徴というものと考えてよいでしょう。

月はだいたい一つのサインに2日と半日の間とどまります。つまり2日と半日の間、そのサインに色づけられた感情や気分、興味というものが月の影響によって私たちの内面で継続しますが、その2日と半日が終わると、次のサインに移動し、また異なる感情や気分、興味が2日と半日続きます。

Chapter 2
月の不思議な力

これが人の気分が急速に変わるという状況を作り出すのです。つまり2日半の間、何かに熱中するが、それが終わるとまるでつきものが落ちたように興味を失っていき、これまでとは違うところに関心が向いていくわけです。

また月は惑星に対して次元が一つ下になります。これは月が惑星の影響に対しては、まったく抵抗できず、たえず受身に振舞うしかないことを表します。そのために、月が移動するにつれて惑星の影響が次々に入ってきますが、月の公転速度が速いだけに、猫の目が変わるように、月が惑星から受け取るパワーも目まぐるしく変化するのです。

そのためか、昔から月は不安定な性質を持つと言われてきましたが、実のところ、月は決して不安定なわけではないのです。ただ動きが速すぎて、惑星の影響が高速で入れ替わるのです。

たった一つの月ゆえの問題

たとえば、金星がその人にとっての好みのものを意味するとします。金星と月のアスペクト（天体間の特定の角度＝座相）が120度のイージーアスペクト（影響がスムーズである角度＝座相）の関係にあるとき、いつもの好みの食べ物はやはりおいしいと感じます。

それから2日半経過すると、月は金星に対してこんどはハードアスペクト（大きな変化

を与える角度＝座相）の90度になり、いつもの好みのものがあまりおいしく感じられなくなるのです。それからまた2日半すると、月は金星に対して60度になるので、何か新しい食べ方をすることで、あらためてこれはおいしいと再認識します。こんなふうに、金星と月の関係だけを見ても目まぐるしく変化していることがわかります。

惑星は金星以外にもたくさんありますから、これらの惑星の影響を次々に受けながら月は高速で地球のまわりを回転します。そのために、気分も好みも目まぐるしく変わり、言動もまたころころ変わるというようなことを繰り返すことになります。結果的にとても不安定な気分というものが作られていくことになるのです。

もしも、月が七つあったなら、それぞれがマルチな影響を受け止め、結果的に平均化されて、安定した日常生活というものが生まれ、感受性も複合的で豊かになることでしょう。それに対して、月が一つだけだと、単調な感受性のもと、ぎくしゃくと変化していくことになるのです。音楽でいえば、たくさんの音が同時に奏でられるポリフォニーと、単音のみのモノフォニーの違いにたとえられるかもしれません。

私たちは何かを見るとき、楽しさ、悲しみ、怒りなど、同時にさまざまなことを感じています。何かを見て一つのことだけを感じるということはほとんどなく、たいてい同時にたくさんのことを感じていて、これが感情の豊かさをつくり出すのです。

ところが、月が一つしかないために、一つの感情に集中してしまう癖が私たちには生ま

Chapter 2
月の不思議な力

れていきます。それは個人の好みに激しいかたよりをつくり出してみたり、自分が嫌いなものに関してはまったく理解しようとしない狭い人格をつくり出してしまいます。そして実はこれが個人的な生活に苦痛をもたらしたりすることにもなるのです。

月の問題を補うための方法とは

こうした月が一つしかないために生じる欠陥を補うには、どのようなことをすればいいのでしょうか。これは昔からいろいろなことが考えられてきました。

●集団生活をする

家族や会社での同僚、学校での友達などは、皆さまざまな月の性質を持つ人たちです。これらの人たちと共同で活動したり暮らすことで、かたよった影響が緩和されます。自分とは違う好み、自分とは違う行動をする人を見ることで、自分のかたよった好みや傾向をある程度修正してくれる大きな助けとなります。落ち込んだときには励まされたり、行き過ぎたときはたしなめてもらったりしながら、あたかも七つの月があるような影響を受け取ることができるのです。

● パワーストーンを持つ

月が持っている気の力にきわめて近い性質を持っているものに鉱物——パワーストーンがあります。たとえば水晶が集める気の力というのは、月の性質に非常に近いものですから、水晶を身につけたり、家に置いておくことで、私たちの感受性が安定します。

これはほかの宝石についても同じことが言えます。

● 暦を変えて、月を無視する

実はこれは一番よくない対処法です。月が不安定な作用をもたらすのなら、その月を無視してしまおうという考えですが、これはおすすめしません。

私たちがいま使っているグレゴリオ暦は太陽暦で、月の動きをまったく考えに入れない暦です。そのため、月初めの日（4月1日や5月1日など）の天空での月の位置はまちまちです。

明治時代まで使われていた太陰暦だと、月初めはいつも新月。新月は目標を決めたり、気分一新で何か新しいことを始める時期です。太陽の目的意識を、月が受け止め、実践しようとスタートするのです。

しかしグレゴリオ暦では、この月の役割は無視され、まったく考慮に入れられていませんから、月初めに月間目標を立ててくれとか、キックオフ・ミーティングだと言われても、

Chapter 2
月の不思議な力

気乗りしないことも多く、それでも無理に机につかなくてはならなくなります。月の力を反映させると、「そうしたいときがそうすべきとき」というタイミングがうまく作れるのですが、太陽暦ではそれができません。

このように月の生体リズムを無視した生活をすると、やがては健康が脅かされます。したくないときに何かしなくてはならないということを繰りかえすと、生体リズムの規則性は壊れていきます。ほっといても、ちゃんとしたリズムが作られ、安全な暮しができるというわけにはいかず、勘違い、ミス、事故が多発します。

月を無視すると、月は反抗します。この月を生活リズムの中から除外するというのは、きわめて好ましくありません。

● 自分を知る

月に関した気分、情緒、情念などの変化というのは無意識の領域で起こります。人間の意識の反応は0.3秒かかると言われています。0.3秒という時間をかけないと、頭脳も心も反応しないのです。しかし月は本能的な刷り込みによって0.3秒よりも早い反応をします。瞬間芸の達人やリアクションの速い人というのは、考えているわけではなく、月を使って反応しているのです。自覚する前に何かしてしまった、うっかり行動してしまったというときの行動特性は、月のサインなどによって特徴がはっきり出てきます。

とすると、月星座からわかる自分の月の性質について、よい面も悪い面もくわしく知っていることが大きなメリットをもたらします。月のリアクションは、いつも決まっていますから、その決まりきったパターンがわかったら大いに役に立つはずです。「自分はこういうものを見ると、このような反応をする」ということが事前にわかっていたら、人生における失敗はだんぜん少なくなるに違いありません。

あなたの月のサイン——月星座にはどんな個性や癖があるのかを本書で知ることは、ですからとても大事です。

●ペットを飼う

月に近い動物は犬だと前述しました。犬などの動物を飼うと、月の代弁者となってくれて、もう一つの月があるように思えてきます。

犬の気持ちの安定度は驚くばかりです。犬は、月の濃い感情や気の力の扱いに人間よりもくわしい、ある意味では月についてのプロフェッショナルな生き物なのです。自分が犬を助けてあげているつもりでも、実は犬に保護されているという人はたくさんいます。気持ちが不安定で、心に穴が開いたような感じになる人は、犬やペットに救われることが多いのです。生きた月が近くにいて、一つしかない月を補完しているのです。

Section 4
月は前世記憶の保管庫

月の性質は、昔からエーテル体というものに関係すると言われてきました。このエーテル体というのは、人間の肉体の周辺にある目に見えない「気」の身体のことです。これはオーラと言われるときもあります。

人間の肉体というのは、目に見える体と、もう一つの目に見えない体からなると考えられてきました。

古来から、この目に見えない身体のことをエーテル体と呼びました。肉体とエーテル体という二つの身体があるので、これをエーテリック・ダブルとも呼びます。

画家は、この目に見える肉体や物質の背後にある目に見えない気配、ムード、勢い、生命力などに関心を向け、それを描こうとします。それが写真と、画家が描く絵との違いです。

普通の肉体とくらべて、このエーテル体にはどんな特徴があるのでしょう。

肉体の寿命は数十年しかありませんが、エーテル体の寿命はずっと長いと言われています。しかも、それは肉体が生まれる前の記憶、つまり前世記憶を持っていると考えられているのです。

ルドルフ・シュタイナーというドイツの教育家は、人間の肉体は老いていくが、エーテ

ル体は反対に年をとるほど若返ると語っています。老人は、肉体的に衰えていますが、なぜか元気で張り詰めている人も多い。それはエーテル体がますます元気になっているからだということになります。

私たちが肉体の中に生まれてきたとき、前世などの過去の記憶というものはすべて失ってしまいます。なぜならば、いったん肉体とつながれた中で自分を再構築するために、それまで持っていたものを一度犠牲にする必要があるのです。しかしながら、月はエーテル体に関係するために、この失われた記憶というものをそのまま持っていると考えられています。そしてその記憶が月自身によって、自動的に、無意識に、自覚なしに、再現されていくのです。

月は前世の記憶に関係

占星術における月というものは、前世の記憶に関係すると考えられています。それは夢の中など、深くリラックスしたときに現れてくる記憶です。それは、本人が気がつかない間に自動的に再生される性質があります。過去には太陽だったもの、つまり意識的に努力して目標として達成したものが、現在は過去の残像として、自動的に再現される資質に変化して月に残るのです。

占星術における月とは前世そのものを意味しませんが、月には肉体が生まれる前から働いているエーテル体の情報が転写されています。ですから、月とは、前世ですでに手に入れたものと考えてもよいのです。

また、健康という面から見ても、エーテル体の役割は重要です。

言い方を変えれば、身体を形成する「形態場」というべきものがエーテル体です。肉体は5年ですべての細胞が入れ替わると言われます。しかし、5年以上、同じ病気を抱え込んでいる人もいます。つまりは肉体の中に病気の情報が蓄えられているのでなく、形態場というメモリー空間の中に、すべての情報がキープされているということなのです。これがエーテル体であり、そして月なのです。

ということは身体そのものにではなく、この形態場としてのオーラやエーテル体のほうに健康の鍵があることにもなります。「病は気から」と言いますが、前述したように、この「気」というのがエーテル体なのですから、気持ちをいつも楽しく、そしてまたエネルギーに満たされていると、あなたは健康を維持することができるというわけです。

生命力をチャージしてくれる月

月は、あなたがリラックスしたいときにどうすればいいのか教えてくれます。リラック

スするには、警戒する必要のない、ボーッとできる場所が必要です。いわばジェット機のパイロットが自動操縦に切り替えたときの機体の状態が、月の状態です。気を抜いて、何も考えず、ボーッとする。それでもうまく運転できるのは、月の働きがあるからです。

疲れたときはだれか人に会いたいと思う人がいれば、反対に疲れたときはだれにも会いたくないと思う人もいます。リラックスしたいときには街を歩き回ったほうがいいと感じる人もいますし、逆に動きたくないと思う人もいます。部屋はすっきりしていたほうがいいと思う人もいれば、ある程度散らかっていたほうがかえって落ち着くと思う人もいます。

わたしの知人に、おひつじ座の太陽、さそり座の月で、部屋は十数年間一度も掃除したことがないし、何も捨てたことがないというすごい人がいます。つまり、この人がボーッとしているときには、さそり座の月の性質が発揮されるのですが、これは水のサインで、引き寄せたものは手放さないという性質です。太陽はおひつじ座で、戦闘的で孤立することを気にしない。でも、太陽がそうやって孤立を気にしないでどんどん突っ走るとき、月のほうはますます寂しさを感じて、代替行為として、ものを捨てずに部屋に置いておくのです。

こんな人が部屋をすっきり片付けてしまうと、逆にバランスが壊れてしまいます。さそり座はつかんで離さないというサインなので、どこかでそれを満たさないといけません。

Chapter 2
月の不思議な力

太陽の性質だけにまかせてしまうと、エネルギーが枯渇してしまいます。もしも、おとめ座の月なら、いらないものが過剰にあるということ自体がイライラの元です。一方で、水のサインのかに座、さそり座、うお座は、引き寄せ集めていたいのです。

このように、人によってエネルギーのチャージのしかたがまったく違います。あなたの月星座の性質によって、どんなふうにしてエネルギーがチャージされていくのかがわかってきます。

月の性質は、どういう方向で成功するかや、どういう仕事がよいかということにはあまり参考にはなりません。ただし、好きな仕事をしていたい人なら、月の性質と仕事は関係していたほうがいいはずです。

一方で仕事は憂鬱でなくてはならない、自分に欠けたものをわざわざしなくてはならないと考える人もいます。そういう場合には、月星座とは合わない仕事をすることになるでしょう。

生命体として、どういうことをすると生命力がチャージできるのかということに関しては、月星座は大いに参考になります。これは太陽星座占いでは見えてこないのです。これは太陽星座とはまったく違うので、太陽星座占いでは見えてこないのです。

46

Chapter 3

月星座でわかる
その人の性格と心の動き

生まれの月星座から性格や心の動き方を調べよう

Chapter1で見つけたあなたや友人、家族の月星座から、その人の性格や心の動き方の特徴をこのChapter3では知ることができます。

調べたい人の該当する月星座のセクションを読んでみましょう。

その前に、少しだけ12星座(サイン)について基礎的な知識を学んでおきましょう。

占星術の12サインは、古代の哲学をもとにして組み立てられたものです。

ここでは幾何図形や数字などの意味が重要視されていて、実際に夜空にある星座とはほとんど関係がありません。

プロローグでも説明しましたが、12サインは太陽の通り道である黄道と、地球の赤道の延長の天の赤道との交差点を出発点にして、黄道を30度ずつ正確に12に区切ったものです。

どうして12かというと、これは十字型に4つに区切ったり、また三角形に区切ったりできるので、とても便利だからです(左のページの図を参照)。

各サインは、火、風、水、土の4つのエレメンツに割り当てられます(四元素とも言います)。

火は精神性、風は情報、水は情感、土は実際性を表します。

また活動性の資質として、ダイナミックな活動サイン(おひつじ座、かに座、てんびん座、

やぎ座)、じっとつかんで離さない維持力のある固定サイン(おうし座、しし座、さそり座、みずがめ座)、柔軟に調整し変化しやすい柔軟サイン(ふたご座、おとめ座、いて座、うお座)の3つにわけられます(三区分とも言います)。

こういったことを知っておくと、月星座をより理解しやすくなるはずです。

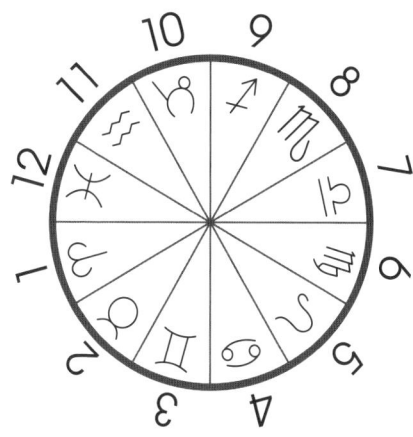

各サインの記号とエレメンツ＆三区分

♈	おひつじ座	火	活動
♉	おうし座	地	固定
♊	ふたご座	風	柔軟
♋	かに座	水	活動
♌	しし座	火	固定
♍	おとめ座	地	柔軟
♎	てんびん座	風	活動
♏	さそり座	水	固定
♐	いて座	火	柔軟
♑	やぎ座	地	活動
♒	みずがめ座	風	固定
♓	うお座	水	柔軟

Chapter 3
月星座でわかるその人の性格と心の動き

おひつじ座の月

《火のエレメンツ／活動サイン》

元気をチャージするには一人きりの時間や場所が必要。

人の輪に混じらず、孤立しても大丈夫な人。

型にはまらない行動をする自然児です。

知らないあいだにケガをしたりするので注意しましょう。

周囲に共感しすぎるとダメ

占星術においては、身体から離れていこうとするベクトルを持つのが火と風のサインとされます。反対に、身体に接近して着地しようとするのが土と水のサインです。ですから、火のサインである、おひつじ座の月は、あまり身体のことを考えていません。よくあるのが、知らない間にケガしていたり、食事や睡眠などを忘れて、気がつくと体がとんでもな

いことになっていたりすることです。

春分点から始まる1番目のサインがおひつじ座なので、いわば畑に新たに種まきをすることがおひつじ座の役割です。ですから、得意分野は新しいことに興味を抱き、社会の中に新しい動きを作り出したり、自分が何かを率先して始めていくことです。

そのためには、周囲に共感しすぎてはいけません。みんなといっしょに思い、共鳴する生活をしていると、その集団の渦に飲み込まれて、何も新しいことができなくなるからです。

ですから、孤立したり、また他者に共感しなくなったり、一人で違うことに熱中したりするということがおひつじ座には、ある意味では必要なのです。

つまり、人の輪に混じらずに、だれもいないところに一人立つことで、おひつじ座の月はリフレッシュできるのです。

ですから、疲れたりすると一人になったり、人に合わせない単独行動をするということになります。逆にいったん元気になると人の輪に戻ります。しかし、元気がなくなり、エネルギーをチャージする必要ができると、また孤立するという具合になるでしょう。

ですから、月星座がおひつじ座の人には、だれとも行動や気持ちを共有しない、たった一人で追及したり熱中できたりする時間や場所が必要なのです。

Chapter 3
月星座でわかるその人の性格と心の動き

春分の日と秋分の日に太陽のパワーをチャージ

おひつじ座は火のサインで、しかも活動サインです。これは自分が言いだしっぺになることを表し、決して受動的にはなりません。ですから、人から言われて何かをするのが嫌いです。自分が思いつき、自分でスタートしなくてはならないのです。なんの根拠も理由もなく何かを始めるというのが得意なのです。

12サインの始まりの春分点は昼夜が同じ長さで、陰陽が中和したゼロポイントです。ゼロポイントというのは12サインの影響が消えた、何もない別の次元につながる場所です。ですから、おひつじ座はほかのサインから何も受け取らず、もっと大きな宇宙から力をチャージされます。

東から西に一直線に太陽の光が走るのは、春分のときと、秋分のときだけです。日本では、この東から西に向かう一直線のラインは「ご来光の道」といい、そこにはたくさんの寺社、遺跡が並んでいますが、一番東にあるのは千葉県の玉前神社です。ここは海に開かれて、そこから竜宮の力が入り込んでくると言われています。そうやって東から異次元の世界の新しい力がやってきて、そして出雲大社の西に沈んでいきます。

こういうラインは、月星座がおひつじ座の人にとっては、まさにパワーチャージにもなりやすいでしょう。春分の日、秋分の日は、早起きして、意識して太陽の力を身体にチャー

思いついたらなんでも行動に移そう

おひつじ座の守護星は火星なので、おひつじ座には戦闘的なイメージが与えられていますが、実際はそうでもありません。男性的なわけでもありませんし、むしろ陰陽中和であり、中性的で子供的です。まだ男女になる前の段階というふうに考えたほうがよいかもしれません。

ですから、月星座がおひつじ座の人は、おもわず自然児の資質が出てきてしまいます。スティーブ・ジョブズは月星座がおひつじ座の人でしたが、社内をはだしで歩いていたそうです。ボスがそんな原始人のような会社は、新しいアイデアに満ち満ちています。まだ空想的なアイデアのままで空中に漂って着地していないものを、着地させようと努力するのです。

また、月星座おひつじ座の人は、衝動的な発言をしがちです。つまり、自己検閲しないで、無謀なことを発言したり行動するのが特徴です。むしろ、そういうことに無頓着であるほうが健康になり、逆に衝動的なことを抑止すると不健康になります。ですから、型にはまらない行動だからと抑圧せず、思いついたらなんでも行動に移しましょう。

Chapter 3
月星座でわかるその人の性格と心の動き

また月はコピーする天体なので、月にとってはオリジナルは存在しません。ですから、おひつじ座というオリジナルを大事にするサインに月があると、「オリジナル風なものをコピーする」という意味になります。つまり、漫画のキャラクター、映画の登場人物、小説の主人公、そういった人物が持つわかりやすさと親しみやすさをキャラクターとして持っているのが、月星座おひつじ座の人です。逆に言えば、オリジナルすぎて、理解不能で不気味ということは、月星座がおひつじ座の人にはありません。

おうし座の月

《土のエレメンツ／固定サイン》

料理、音楽、美術、芸術など、五感を存分に使う分野で活躍。鋭い感性、センス、感覚、地域性、美意識などが鍵。プライベートは手で触れ目で見て楽しむ趣味でリラックス。古いものや過去の歴史にあなたの可能性が見つかります。

生まれ育った場所を大事にしよう

おうし座は2番目のサインです。これは1番目のおひつじ座が「天」だとすると、2番目は「地」を表しています。空を飛んでいるものが、ここで大地に降りてくるというイメージです。おひつじ座が空中を漂い、まだあちこちを動き回っている霊のようなものだとすると、その霊は2番目のおうし座のところで、地に降りて安定し、身体をもった生活をは

じめ、確実な生き方を模索します。

おうし座は、天にある創造的な力が、山の頂上を通じて地上に降りてくるプロセスの象徴ともいえます。

この創造的な力がどの山から降りてきたかということによって、肉体をもった生を送る上で、はっきりと個性が違ってきます。現実に即して言えば、「山」とはその人の生まれ育った場所ということです。

ちなみに、あなたが生まれた場所の近くにある大きな山を探してみてください。それはあなたが個性を発揮するときのキーワードになるはずです。

月星座がおうし座のあなたは、自分の身体条件や生まれ育ちに縛られることで、逆にその可能性を発揮します。この制限があるからこそ、才能も際立ってくるのです。

マクロバイオティックという食事療法では、食べ物は住んでいるその土地のものが一番よいと言われています。自分にふさわしい食べ物を食べていると、心身機能は高まります。霊、感情、身体などがそれによってぴったりと一致するからです。

ところが、おひつじ座は天空を飛んでいるので、土地のローカル性というものを持っていません。ですから常に不調にさいなまれます。しかし、おうし座になると、しっかりと身体と結びついた安定した生命力が手に入りますから、自分の立っている足元を大切にするかどうかが鍵となります。

56

あなたが生まれた地域ではどんな食べものが重要視されているか、考えてみるとよいですね。

五感を使う分野で優れる

太陽の星座がどんなものであれ、月星座がおうし座の人は身体や遺伝、感覚的な資質を土台にして成長します。そのため、料理、音楽、美術、芸術など、五感を存分に使う分野では、ほかの人よりもはるかに優れた面があります。

それを職業にしなくても、それを重視した上で発展できる分野のことを考えると仕事の面ではよいでしょう。

たとえば、あなたがパソコンやインターネット関係の仕事をしようとすると、それはおうし座の月に反する傾向があるのでストレスを感じる可能性が高くなります。しかし、同じインターネットでも、食べものや音楽、美術などを扱うようなサイトを運営するということになると、また話は違ってきます。

つまり、月星座がおうし座の人にとっては、鋭い感性、感覚、地域性、美意識などが鍵になるのです。

もしあなたが、手で触れて目で見て楽しむといったことにまったく関係のない仕事をし

ているとしたら、仕事とは別におうし座の月がリラックスできる場が必要になってきます。私的な時間を月を使う時間にするのです。趣味でワインを勉強するとか、絵を描くとか、感性や身体性に結びつくものならばなんでもOKです。

好きなことにしつこく取り組もう

あなたは新しく本を読んだり、情報を外から手に入れるよりも、身体の中に潜む記憶を引き出すほうが得意でしょう。

おうし座は2番目のサインですが、タロットカードでは2の数字は女教皇というカードです。この女教皇は書物を持っています。そこには知恵、知識、膨大な情報が詰まっています。過去の人々が長年蓄積してきたデータが、目に見えない「形態場」として蓄積されていると考えてもよいのです。

あなたはタロットの女教皇のように、そういった情報をあなた自身の中にたくさん持っています。それを引き出すには、あなたが好きなことに、繰り返し、しつこくしつこく取り組むことです。ですから、「まだそんなことをしてるの？」と友人に言われるほど、同じことにずっと取り組んでみましょう。

たとえば、色を見て、それについて本で調べるよりも、ずっと色を見続け、自分がどう

58

感じるかをくわしく探る。あなたの場合は、そんなふうにすることで深い知恵が身についてきます。

また、あなたは視覚よりも、聴覚を使うほうがよいでしょう。視覚は目に見える形にとらわれますが、聴覚の場合は波動が広がってゆき、あなたの深層にあるものをどんどん刺激して引き出してくるのです。音を奏でたり、音楽を聴いたりすることはたいへんによい効果を持っています。

自分が生まれた地域の古いものなど、過去のものに向かうというのも、あなたの可能性の宝庫を開きます。12サインでは未来はみずがめ座、過去はおうし座が象徴します。月星座がおうし座の人は、とくに古いもの、過去に向かって歩んでいくと、そこに大きなチャンスや安らぎを発見することでしょう。

Chapter 3
月星座でわかるその人の性格と心の動き

ふたご座の月

《風のエレメンツ／柔軟サイン》

突然の環境の変化に強く、受け入れることができる人。流行に敏感で、時代の空気を読むことができます。年をとっても若々しく、いつもいい意味で子供っぽい。一つのことを集中して続けるのは苦手です。

つい余計なことを言いすぎてしまうことも

す。ということはふたご座の、風のエレメンツと柔軟サインの組み合わせは、情報や知識につい機応変に対応することを表しまについてはフレキシブルに対応するということを意味しています。たとえば、散歩していたらたまたま何か変わったものを見つけ、それに興味をすっかり奪われてしまうようなこ

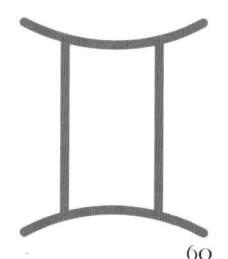

とです。

また、突然の変化に対して強いということでもあります。ですから、生活の中でいろんな変化が起きても、それに抵抗するのではなく、むしろ変化を歓迎してしまいます。

ただし、自分に直接関係がないようなことにも関心をもっていくので、集中力に欠けるきらいはあります。また、つい余分なことをしゃべってしまったりするなど、どうしても言葉や知識が過剰な傾向になってきます。

月星座がふたご座というクラシックの音楽家はたくさんいるのですが、この音楽家たちは一つの表現方法に熱中するのではなく、さまざまな流派や地域の特徴を取り込み、バラエティ豊かな表現をすることが多いようです。そういう意味では、月星座ふたご座の人もまた、バラエティ豊かな性格に見られることが多いのではないでしょうか。

流行に敏感で時代の空気に鋭く反応

ふたご座は3番目のサインです。この3番目というのは、多彩な発展性を表していますから、いろんなことに関心を向けていくのがいいでしょう。どれか一つに決めようと考える必要はありませんが、仕事のときはさまざまな方向を向きすぎては非効率ですので、注

Chapter 3
月星座でわかるその人の性格と心の動き

意が必要です。私生活においては何にでも関心を持つようにしましょう。

ふたご座は散歩や小旅行なども意味します。乗り物という意味もありますし、雑誌や郵便物、知識なども象徴しています。つまり、長い時間をかけてするようなものにではなく、短期間でうつろうもののほうに関心が向き、流行に敏感で、時代の空気というものに鋭く反応するのが、月星座ふたご座です。

月星座ふたご座の人にとって一番よい休憩の取り方とは、あちこちふらふらと散歩するなど、偶然にまかせていろんなことを体験することです。部屋に閉じこもる場合でも、テレビを見たり本を読んだり、インターネットを探索したりするでしょう。

また、部屋は片付いているよりは、いろんなものがたくさん置いてあるような雑然とした状態の方が好ましいのではないでしょうか。ものを減らして整理整頓するのは、ふたご座にとってはあまり適していません。

ストレスがたまったら小旅行を

月星座ふたご座のよい面としては、考え方が偏狭ではないということがあげられます。また年をとってもとても若々しく、いい意味での子供っぽさを持っています。頭脳が硬直しないのです。

一つのことに深入りするのが苦手

奇異なものに関心を持つ性質がほかのサインよりはるかに強いので、いつも何かしらおかしなことに好奇心を働かせることでしょう。だれも読まないような珍しい本が書棚にあったりしても不思議ではありません。

反対に、月星座ふたご座の人の弱点としては、感情が軽い、浅いという面があることです。また、どんな事もあまり長続きしないことです。しかし、月がすべての面を支配するわけではなく、仕事などではむしろ太陽の力が強く働くので心配しすぎは無用です。

また、同じことを続けていくとストレスがたまりますし、同じ場所にずっと住んでいると何かしら停滞する傾向がでてきます。ある程度定期的に引っ越しするのもいいでしょうし、もし引っ越しがむずかしいのなら、頻繁に小旅行をしてみるとよいでしょう。

なお、12サインの中で心の病気にかかりやすいタイプは、この月星座ふたご座の人です。何が本当かわからなくなり、さまよい、迷い、決められなくなることがあるのです。

占星術上のふたご座は、実際の星座のふたご座とはまったく関連はありません。でも一部、性質的に似ていると考えられる面があります。

実際に夜空に見えるふたご座には、カストルとポルックスという兄弟星があり、ギリシャ

神話では、片方はまじめ、もう一方は反抗的。また、片方はノーマルで、一方ははぐれ者とされています。

この二つの間を行ったり来たりする性質は、ふたご座の人の中に潜んでいます。そのために、興味があるかと思うと、それを放棄する。また肯定しているかのように見えて、その直後に否定するということをします。

こうした性質は、どんな勢力や集団にも取りこまれたくないので逃げ続けていたいという、ふたご座の本能から来ます。結果、一つのことだけに深入りすることが苦手です。

月星座がふたご座の人は、目的をもって何かをしようとするときは、まずは、その可能性についてはたくさん調べておくことが大事です。情報過多になるくらいがちょうどよいでしょう。

かに座の月

《水のエレメンツ／活動サイン》

母性的で豊かな情緒を持ち、愛情深い人です。
人なつっこく、だれもが親しみを持ちます。
自分の仲間には優しくても、仲間でない人には冷淡かも。
ひとたび気持ちが乱れると激しく冷静さを失うので注意が必要。

やわらかな母性愛の人

月にもっとも近しいサインはかに座です。そのため、月がかに座に入ると、月自身の性質が強くなってきます。

かに座は水のサインで、これは情緒、感情、気持ちがメインとなり、共感力が強く、人を育てるのが好きな性質です。

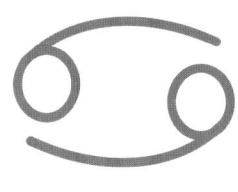

かに座は、よく家族のサインと言われるのですが、これは血縁のある家族とは限らず、むしろ「家族的」という意味です。ですから、地球家族や、国家、地域などのファミリーも意味していて、つまり一番小さな単位が血縁の家族というわけです。そういう意味から、かに座はこじんまりしたサインではありません。むしろ、どんどん大きくなっていくという性質があるのです。

月星座がかに座の人は共感力も感受性も豊かです。そのことを、わたしはよく「哺乳動物的な要素が高まる」という言い方で説明しますが、それは、むき出しの柔らかい母性愛や情緒的な豊かさで相手に関わるというイメージです。また、かに座は、実際に動物との関わりがほかのサインよりもずっと増えてきます。

自分から積極的に愛情を投げかける

さて、かに座は水のエレメンツで活動サインですので、たとえば愛情面では受け身に回ることを嫌います。自分から積極的にあふれんばかりの愛情を投げかけるのです。自分でもどうしようもできないくらい豊かな感情や愛情が特徴なのです。

クラッシックの作曲家には、かに座の月の人が非常に多く、その代表はプッチーニです。彼のオペラは『蝶々夫人』でも、また荒川静が冬季オリンピックで演技したときの曲とし

て有名になった『トゥーランドット』でも、そこには絶叫するような感情のうねりがあります。この爆発するようなエモーショナルな盛り上がりこそ、かに座の月の特質で、音楽、特にオペラなどには非常に似合っているのです。

その反面、感情面で敏感で豊かであるために、ひとたび自分の気持ちが乱れると収拾がつかなくなり、自分でもわけのわからないことを言うことがあります。動揺すると心にもないことを言ってしまい、あとで後悔することもたびたびでしょう。そのために、自分とは対極の冷静沈着な人にあこがれているかもしれません。自分がそういう人とはあまりにも程遠いと自覚しているからです。しかし生物は知性ではなく、情感といった心を中心に生きるものであり、そのための心の豊かさを月星座かに座の人は確実に持っているのです。

月星座がかに座の人は、個人として閉じていないので、他人の感情が混じりあい、人なつっこく、いつまでもいい意味での幼児的な要素、哺乳動物的要素を失いません。だれもがこの人を警戒しませんし、だれもが親しみを感じるのです。

独創性や個性を嫌うことも

かに座は多くの人と仲間になり、集団を形成し、共有するものを大事にします。孤立せ

ず、みんなでまとまっていこうとするのです。そのために、ときには個人の持つ個性を否定するので、独創的で個性豊かな人を嫌うという欠点もあります。

つまり、共感しにくいものに対しては拒否感が強まるのです。あの人は仲間か、仲間でないかと考え、仲間でないものに対しては強い反発を抱くことになります。加えて、もともと冷静な性質ではないので、気持ちが乱れると理不尽な行為に走ることもあります。限度を超えると冷静な判断ができなくなるのです。

そういう意味では、あふれるような情愛とは対照的な残酷な性質というのも、実はかに座にはあるのです。共感できないもの、仲間として受け入れられないものに対しては、反対に排除に向かうからです。月星座がかに座の人が冷淡な態度を発揮しているときは、それはもう相手に共感できなくなったと判断したからです。

仲間に対しては自由勝手な行動を許さないこともあるかもしれません。同じことを感じ、同じことを思うことを望むからです。

月がかに座であるというのは、こういうことが無意識に行われます。

気のエネルギーをコントロールするのがじょうず

個人として孤立せずに、集団的なものにつながっているということでは、自分の家系、

国家、民族、種族などの集団的なものから大きなパワーを取り入れることができます。これは深くリラックスしているときや、眠りの中で、無意識のうちにパワーをチャージしているはずです。

これは自分や自分の作ったものに人気が出てくるなど、多くの人に訴えかけるような活動につながっていきます。人気デザイナーなどファッション関係の人のホロスコープでは、かに座が強いものなのですが、それは集団に共有されるデザインということに関係します。あるいはまた、皆が同じようなものに染まるということでもあります。

かに座は生活、衣食住、リラックス、眠り、子ども、動物などに関係していますので、料理がじょうずな人もたくさんいます。でも料理を仕事にしない人が多いのは、料理が仕事に直結する太陽がかに座の人と違って、月がかに座の人の場合は、気に入った人に食べさせたいという私生活の面でかに座の特質が発揮されるからです。

また、月星座かに座の人は、月に象徴される気のエネルギーをコントロールするのがじょうずです。そのエネルギーは霊的なもの、治療的なものなど、あらゆることに使えます。その場合、エネルギーの元は集団的なものですが、能動的な活動サインなので何か怪しいものに振り回されたりすることはありません。

Chapter 3
月星座でわかるその人の性格と心の動き

しし座の月

《火のエレメンツ／固定サイン》

この人の人生のベースは遊びにあります。
楽しく、高揚することが大好きで、周囲に笑いがたえません。
他人への関心が薄く、うぬぼれ屋さん的な面も。
いつまでも若々しさを失わない元気な人です。

楽しいものならなんでも追い求める

しし座は、自分自身を周囲の世界に向けて押し出していく行為に関係します。自分の主張や意見、創造的な意欲、夢、楽しみなどで、月星座しし座の人はいつもわくわくしています。映画、演劇、芸能、遊び、趣味、道楽——楽しいものならなんでも追い求めていくのが、しし座の性質なのです。

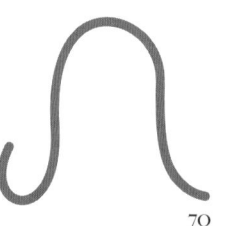

反対に、義務的なものや教育、しつけ、束縛などは嫌います。
月星座がしし座の人は、自分にとっては人生全体は遊びを基盤にして発展していくのだということを意識しましょう。太陽の目的も、この月のしし座の楽しみということをベースにして発展していくので、つねに楽しい気分でいないと人生そのものが意味を失ってしまうのです。

固定サインというのは、型が決まっているものなども意味します。しし座は火のサインですので、これは型の決まったものを再現すると、火の力、つまり興奮や高揚があふれ出すことを意味します。たとえば演劇というものは同じ型にはまったものを何百回も演じます。では退屈になるかというと、演技者にとっては反対で、回数が増えるほどよりじょうずになり、より深く、より楽しくなります。

月星座がしし座の人は、自分の好みがはっきりしていて、音楽でも、これが好き、あれはだめというのが明確ですが、それは型が決まっているということです。宗教の儀式も型が決まったものですが、この儀式がもたらす神聖な高揚感というのもしし座的なものです。

しし座は心臓を表しますが、心肺機能が高いほど、この高揚感と興奮作用の耐久度が高まります。

あなたの生活の中に、何か決まったもの、これをすると必ず気分がよくなるというもの

Chapter 3
月星座でわかるその人の性格と心の動き

があるはずです。それを思い出してください。カラオケでもいいし、ダンスでも、また料理でもよいです。それらをすることで、生活全般にわたるエネルギーがチャージされるでしょう。

うぬぼれやさん的なところも

しし座は楽しさや高揚感のサインなので、生命力に対しては役立つのですが、産業、教育、義務、貢献などという社会的な面ではあまり役に立ちません。でも、この非実用的で社会に役立たないことを嫌い、がんばって役立つ人になろうとする人もいます。これは太陽星座がおとめ座の人に顕著です。しかし、そんな人でも、疲れてくるとやっぱり、楽しくないので嫌気がさしてくるのです。

ですから、月星座しし座の人は、どんなことでも楽しいかどうかで判断するようにしましょう。仕事も楽しいのならできる。それがあなたの生き方のベースなのです。

つまり、好きなことしかしたくない。だから繰り返し、同じ楽しみだけを追求するのです。他人のことに実はあまり関心がなく、根拠のない自尊心がある「うぬぼれ屋さん」的なところもあります。

いずれにしても、笑いがたえない、輝きのある生活をする傾向があります。

表現することで鬱屈したエネルギーを発散するので、芸事を習ったりするのもよいです。常識に従わない突飛な発想をするのですが、それを押さえつけず、どこかで解放するようにしましょう。

一方、抑圧されると、気分の落ち込みはほかの人より大きく、その結果、ひねくれた人になってしまう場合もあります。

また、子供っぽい気質もなかなか抜けません。

自分の意見をうまく言い出すことができない場所、わがままを発揮できないところに長くいると、だんだんと弱気になってきます。

周囲から知識や情報を吸収することが苦手なので、学ぶことに関しては、本を読むより、自分で試して体験してわかるというタイプです。

年をとっても失わない若々しさ

こういったしし座的な月が表に出てくるのは、会社や学校の休憩時間や眠るとき、リラックスしているときです。自分で自分を監視しているときには出てきません。いわば、お堅いフォーマルな洋服の下に派手で遊び心のある下着をつけているイメージです。ですから、中には、しし座の月は私生活では思い切り発揮しているのに、職場や学校では隠して

Chapter 3
月星座でわかるその人の性格と心の動き

いる人も多いでしょう。

公的な生活と私的な生活をはっきり分け、私的な生活のほうはできる限り派手で楽しいことをすると、精神的なバランスが取れるのではないでしょうか。

たとえば二つの名前を持つというのもいいかもしれません。一つは戸籍の名前で、もう一つは芸名のような名前で、この二つを使い分けてみたらどうでしょう。芸名のような名前のほうでは趣味の音楽を録音してCDを出してみたり、ユーチューブに何か演じた動画をアップしてみたり、しし座的な派手で楽しいことをするわけです。

老人になっても、月星座しし座の人は若々しさを失わないので、年を取ってもできるような楽しい趣味を持つのがよいでしょう。

火のサインは永遠性をシンボルにしています。つまり、月星座しし座の人は、年齢に関係なく、いつでも高揚感を探し続けます。「年甲斐もなく」というのは、月星座しし座の人には無縁の言葉というわけですね。

おとめ座の月

《土のエレメンツ／柔軟サイン》

シンプルで潔癖な生き方をする人です。きれい好きで、部屋を片付けたり掃除をすると元気が出ます。いつも小ぎれいで清潔感にあふれ、実務に秀でています。こまかすぎて排他的なところがあるので注意。

几帳面で神経質

おとめ座が象徴する人間のからだの部位は腸です。腸は余分なものを排出する器官です。つまり、不要なものを排出し、中には入れないという働きが、おとめ座なのです。

月星座がおとめ座の人は、シンプルで潔癖な生き方をベースにしますが、それはこの余分なものを嫌う性質の影響なのですね。ですから、月星座がおとめ座の人のリラックスタ

イムは、部屋の整理や掃除だったりします。部屋をスッキリ片付けると、元気が再チャージされ、新たなスタート地点に立ったかのような気持ちになれるのです。

作家の三島由紀夫の月もおとめ座でしたが、彼の言葉づかいの正確さや美しさへの潔癖さに、月の性質が現れています。

彼がボディビルを始めたのは、おそらく自分のおとめ座の月が嫌いだったからではないでしょうか。もっと野卑でパワフルなイメージの自分になりたかったのでしょうが、彼は原稿の締め切りを破ったことは一度もなく、待ち合わせにも決して遅刻しなかったと言いますし、おとめ座の月の几帳面さや神経質な面はどうしても出てくるのだと思います。

とにかく、おとめ座の月は、ぐちゃぐちゃしたものが嫌いで、きれいに片付いていないと落ち着かないのです。

アバウトなことが生理的にできない人

ただし、この「不要なものを排出する」というお掃除が大好きな性質も、行きすぎると人種差別的なある種の排他性につながるので注意が必要です。

家柄や家系などにこだわったりする面もあり、集団の中から異質な人を排除したいと思うことがあります。血縁や考え方、趣味的な好みが異なる人がいれば、そういう人に対し

て排他的にふるまったりするのです。

とはいえ、自分でもそういう面を自覚できるので、排他的にならないようにしようと努力をするのですが、そうやっておとめ座の月を裏切れば裏切るほど、その反動も起きます。意識して気をつけるようにしたいものです。

また、おとめ座は土のエレメンツで柔軟サインですので、外の力を受けて揺れやすいという性質があります。つまり、受動的で、言われないと行動しない、腹が据わらない面があるのです。

神経が細やかすぎるため、こまかいことが気になり、いろんなものに対する許容度が低いということも言えます。つまり、アバウトなことができない人なのです。書く字もきれいですし、計算もピッタリと合わせます。

また、作業をキリの悪い適当なところで打ち切ったり、後片づけをしないままにしたりといったことは、生理的にできない人です。

仕事に関してはそういう面がプラスに働き、うっかりミスは少なく、見た目も小ぎれいで清潔感にあふれ、女性なら洋服もほどよくフェミニンなものを着ることが多いので、実務に秀でたできる人と思われていることでしょう。

Chapter 3
月星座でわかるその人の性格と心の動き

他人をコントロールしすぎないよう注意

おとめ座は管理能力に長けたサインでもありますので、月星座がおとめ座の人は、自分の健康管理などもちゃんとします。カロリー計算をしたり、献立の計画を立てたりするのはまったく苦ではありません。

ただし、子どもが生まれてお母さんになると、こまかく口うるさいので、子供はなかなかリラックスできないかもしれません。中には、友だちづきあいに口出ししたり、進路について自分が勝手に決めてしまうなど、子供を完全にコントロールしてしまう人もいるかもしれません。

ですから、月星座がおとめ座の人の家庭では、子供については放任主義ということはありえません。でも、子供の立場からすると干渉しすぎかもしれませんので、自覚と注意が必要です。

「大統領はおとめ座の人がなってはいけない」ということがアメリカの占星術界では言われます。部下にまかせることをせず、なんでも自分でコントロールしてしまうので、周囲に不満やイライラがたまるからです。

おとめ座の月の人は、そういった状況にならないよう、十分に意識して行動するようにしたいものです。

また、周囲の人にだけでなく、自分自身のこともしっかりと管理しようとするので、人前でなかなか自然体で振る舞うことができず、そのために自分を苦しめ、自分自身も解放されません。

とはいえ、あいまいさを許さず、几帳面でいつも節度ある物腰の、月星座がおとめ座の人はしっかりした人として周囲から評価されることでしょう。

てんびん座の月

《風のエレメンツ／活動サイン》

対人関係がじょうずでだれとでもうまくつきあえます。
外づらがよく、甘えじょうずな面も。
一つのことを徹底して深めることをしないのが欠点。
全般的に感じがよく、お金に困らない人が多いです。

バランスのとれた目配りじょうず

無意識のうちに他人を気づかうことができ、なんの努力や苦労もなしに他人とじょうずに話せ、だれとでも仲よくなれるのが月星座てんびん座の人です。しかも、この力は月によってもたらされますので、リラックスしているとき、素の自分でいるときのほうが発揮されるので、たとえボーッとしていても、相手の行動を自動的に観察し、そつなく対応す

ることができます。

これは常にバランスをとって、かたよりをなくそうというてんびん座のためです。7番目のサインのてんびん座は、おひつじ座からてんびん座までの七つのサインの力のバランスをうまくとろうという性質を持っているのです。

このバランスは生活全体にも及んでいて、この人の暮らしにはなんとなく洗練された雰囲気もあります。

以前は、占星術では、てんびん座は怠け者とされていました。一つのことに没入しない性質が、どんなことも一生懸命やらない人のように見なされたからです。もちろん、そんなことはなく、単に一つのことだけに注目したり、力を入れたりすることをしないで、多くのことにバランスよく目配りをしているだけなのです。

この対人関係でのバランスのよさは、いわゆる「外づらのよさ」として発揮されます。人との関わりもスムーズで、相手に甘えて依存するのがじょうずだという面もあります。

たとえば不適切かもしれませんが、クラブなどで男性の客がタバコをくわえると、ホステスさんがサッとライターを出しますが、こういった振る舞いは月星座がてんびん座の人は得意で、教えられなくてもすぐにできます。しかも他に考え事をしていても無意識にライターを持つ手は動くのです。

ただし、こういった対人関係が楽にできすぎるので、人間関係に流されやすくなる面も

Chapter 3
月星座でわかるその人の性格と心の動き

81

あるので注意が必要です。

また活動サインですので、人間関係も深く長く続くというよりは、さまざまに移り変わり、転々とする印象があります。

手軽で楽な道を選びがちなのは要注意

こういったバランス能力は、たとえばインタビューなどで力を発揮しますので、ライターやレポーター、アナウンサーなどには向いています。話の聞き方がじょうずで、相手をものすごく喜ばせるのです。これが月星座がしし座の人だったら、余計な一言をポロッと言ってしまって相手の機嫌を損ねたりするのですね。

料理なども、てんびん座の支配星は金星なので、生活全体を美化するような視点から、きれいなものを作ることができます。しかも、栄養などのバランスもうまく考えられたものを作るはずです。

仕事上では、人間関係の作り方がうまいので、ツテや縁を頼って何かをするのもとてもじょうずです。

また、月星座がてんびん座の人は、お金に困らない人が多いようです。

ただ、先にも書きましたが、対人関係を容易にコントロールできてしまうので、いわば、

「易（やす）きにつく」という面が出て、手軽で安楽な道のほうを選んでしまいがちです。人間関係に支配されてしまい、その人たちと似たり寄ったりのレベルにとどまってしまい、もっと高いレベルへ飛躍しようという意欲やきっかけをなくしてしまうことがあるのです。さらに上を目指そうというハングリーさや上昇志向を忘れないよう、おりにふれて自戒する必要があるでしょう。

お金持ちのお嬢さんが道楽にする芸のことを「お嬢さん芸」と言い、つまらない素人芸の意味で使いますが、月星座がてんびん座の人も、バランスをとることのほうに力点がおかれ、一つのことを深く掘り下げないので、気をつけないと何をしてもこの「お嬢さん芸」で終わってしまう危険性があります。

経済面で困ることはなさそう

もともと生活面でバランスが取れているので、経済面などで極端に困った状態にはなりづらく、何かに追い詰められるということもあまりありません。

月星座がてんびん座の人の中にも、内向的なタイプの人もいます。こういった人は、自主性に乏しく、だれかから刺激を受けないと何もできません。他人からノセられないと何もしない人になってしまいます。

勉強も独学は苦手で、人に習うほうが好きです。本を読んで知識をつけようとするより は、講演会などに出かけてそこで勉強するほうがいいというタイプです。

いずれにしても、月星座がてんびん座の人は全般的に感じのいい人が多いです。

また、ノリやすさもあり、そのノリのよさを利用して、さまざまな人生の可能性へのきっかけを作ります。

さそり座の月

《水のエレメンツ／固定サイン》

ベタベタした人間関係を好む人なつっこさが特徴。たくさんの友だちより、たった一人の親友を選びます。整理整頓が苦手で、部屋の中に不要なものをためこみます。静かな密室でないと安眠できず、月がチャージされません。

自信をなくすとだれか一人にべったり

さそり座は水のエレメンツの固定サインですので、地下水というイメージで象徴されます。また、8番目のサインですので、「閉じ込める」という性質を持ち、集中、圧縮、濃密という言葉が、さそり座にはあてはまります。また、固定された関係性、つまり貼り付く性質もまた、さそり座の特徴です。

こういった性質は、人なつっこさとなって現れてきます。

たとえば、だれとも等距離に自由に振る舞っているように見えた人が、何かのきっかけで自信をなくすと、だれか一人にべったりとくっついて離れなくなってしまう。こういう人の月は、だいたい、さそり座です。

また、月というのは眠るときの環境も表しますので、さそり座は静かな海の底のような密室でないと安眠できません。言い方を変えると、夜眠るときに静けさがないとパワーがチャージできないのです。月がパワーをチャージできないと、太陽の力も発揮できません。

ですから、月星座がさそり座の人にとっては、静かな密室のようなところで眠ることがとても大事なことなのです。

土のエレメンツの邪魔をするのは風のエレメンツです。たとえば、さそり座とまったく逆です。

みずがめ座は風のエレメンツで、風通しがよく、開かれた空間を好みます。これは、さそり座とまったく逆です。

ですから、たとえば自分の出生図（誕生時のホロスコープ）の中で、月とみずがめ座が90度などのハードアスペクトを作っていれば、この人はなかなか安眠できない人であるということになります。実際、わたしの知り合いに、そういうホロスコープの持ち主がいて、この人の悩みは、かつて安眠したことがないということでした。

86

親密な相手とはいつもベタベタ

ベタベタした人間関係が大好きな人の月の多くが、さそり座です。

こういう月星座さそり座の人は、小さい頃は、お母さんにくっついて離れなかったということが多いはず。

私生活では、恋人や配偶者など、親密な相手には信じられないほどベタベタくっつく関係になります。

ベタベタくっつきすぎると相手に言われ、くっつくのを我慢すると、心がだんだん不安定になっていきます。月の力がチャージできないからです。

相手の中にとことん入り込むのが、さそり座の性質です。徹底して深く入り込むことで満足感を得るのです。集中すること、深入りすること、このどちらかがあれば、月星座さそり座の人は満足します。

一方で、相手との関係が軽く、薄っぺらなままでは、月星座さそり座の人はストレスをためこんでしまい、不安定になってしまいます。

月星座さそり座の人にとっては、相手との信頼性、関係の深さ、継続力というものが何よりも大事なのです。

てんびん座が対人関係が転々として軽いのが特徴だとしたら、このさそり座では、まる

で契約を交わしたかのように対人関係が固定的に長く続くのが特徴といえるでしょう。さそり座の人の眠りのときに言いましたが、風のサインの人(たとえば、みずがめ座など)にとっては、この月星座がさそり座の人のふるまいは、しつこくて、くどいと思われてしまいますので、気をつけないと関係が壊れてしまうかもしれません。

少数の人との濃密なつきあいが好き

さそり座には「ため込んで吐き出さない」という性質もあります。おとめ座の掃除好きで不要なものは排除する性質とは反対で、さそり座は整理整頓せずに凝縮してためこむのです。部屋の中には不要なものやごみなどがたまっているのではないでしょうか。いわば、どんな面においても「新陳代謝」的なものに抵抗するのもさそり座です。

身体的な面でも、月がさそり座の人はもともと耐久度は高いので病気にはかかりにくいのですが、有毒なものでもためこんでしまうので、いったん病気になれば治りにくくなります。

この凝縮したものを好むという性質は、好みの食べ物などにも現れてきますので、月星座がさそり座の人の好物も、チーズのような圧縮されて濃くされたものが多いかもしれませんね。

もう一度、人間関係の話に戻すと、こういった濃密なもの、凝縮されたものを好むのは、人間関係においても同様で、月星座さそり座の人は親友というものをつくりたがります。

つまり、たくさんの友だちより、たった一人の親友のほうを選択するのです。

言いかえれば、さそり座が月の人にとっては、友だちが多いとどうしてよいのかわからなくなり、処理不能になってしまいます。濃密なつきあいの少数の人との交わりでないと、安心できないのが月星座さそり座の人なのです。

Chapter 3
月星座でわかるその人の性格と心の動き

いて座の月

《火のエレメンツ／柔軟サイン》

哲学・思想に関心があり、それに夢中になります。パワーがチャージされるのは外国旅行や外国の文化。小さなことにこだわらない、カラッとしたスポーツ系。だまされやすい単純なところがあるので要注意。

こまかいことは気にしないアバウトな人

いて座は9番目のサインで、火のエレメンツの柔軟サインです。これは炎の形を変えながら上昇する火というイメージで、地面から離れて精神性へと向かうものという意味となります。

月は実生活において支配的で、しかも物質的なものに近いのですが、それが火に向かう

ということは、とりもなおさず、生活が抽象性へ向かうということを意味します。言いかえれば、こまかいことはあまり気にせず、日常的にも精神的なこと、思想的なことに熱中するような人が多いということです。

また、火の弾力性というものがあるので、男性的で、元気な人です。こまかな感情的なことにはこだわらず、アバウトで、それでいてスポーツマン／ウーマン的なカラッとしたすがすがしさがあります。

よく笑うし、ジョークを言うとノッてくれます。

哲学・思想に関心を持ち、抽象的な主旨によって生活を律していきます。

わたしの知り合いの僧侶の人は、この月星座がいて座なのですが、この人は本が大好きで、宗教的・精神的な問題となると、ほかのこと全部を忘れてそれに夢中になってしまいます。

田舎暮らしをするとストレスが

月は生活の場所も表しますが、この月星座がいて座の人は、人里離れた田舎に住むのは性があいません。ですから、長いあいだ田舎暮らしをしていると、ストレスがたまり、最悪の場合、健康を害する結果になったりします。

一方、外国生活は月がいて座の人にはぴったりかもしれません。外国生活への適応力があり、楽しく過ごせそうです。

外国人と触れあったり、話したりするのは、いて座の月の人にはとても楽しい出来事です。生活習慣や文化が違う人に、この人は抵抗感がなく、むしろ刺激的に感じるのです。月のエネルギーをチャージするのも外国旅行などがよいでしょう。見知らぬ国でいろんなものを見たり、聞いたり、体験したりすることでパワーアップできるのです。

旅行まで行かなくても、『ナショナル・ジオグラフィック』誌のような海外の国や自然にまつわる教養記事が満載の雑誌を見たり、外国の古代文化の展覧会に行ったりすることでも元気が出ます。

習いごとなどでも、フランスのお菓子作りを勉強したり、外国語やヨーロッパ美術を学んだりといった、外国と関わりのあるもののほうが元気が出てくるはずです。

海外へのあこがれがありますので、外国からの船がやって来る横浜や神戸などといった国際的な港町も大好きです。

また、月星座がいて座の人はスポーツも大好きですし、テニスやサッカーなどの海外のスポーツ中継にも夢中になることでしょう。

いずれにしても、このいて座が月の人は、日常の身近な生活が卑小に見えてくるので、あこがれに満ちた遠方のもの、あるいは思想・教養などに刺激と元気を求めるのです。

92

仕事ではうっかりミスが多いかも

いて座は柔軟サインですので、首尾一貫性に少し欠けるところがあり、考え方などが変化しやすいという面もあります。

また、こまかいことに無頓着ですので、仕事ではうっかりミスも多いかもしれません。どんどん上昇する火の性質を持っているので、身近なところから離れていこうとしますから、どうしても生活面の具体的なところが雑になっていくのです。

スポーツ系のカラッとしたイメージを持った人ですが、落ち込むと気分の変化が激しくなります。ただ、これは太陽の力が補正しようとするので、周囲にはあまり目立たないかもしれません。

精神性が前面に出てくるのが月がいて座の人ですが、中には現実的な中身をともなわない、抽象的なスローガンばかりが目についてしまう人もいます。

たとえば、「人間、〇〇でないとダメである」と言ったスローガンをどんなときでも振りまわし、押し切ってしまうようなこともあります。そのスローガンがあまりにも単純で、魅力に乏しいときは、見るに堪えない野暮ったい人になってしまいます。

そういった少し単純な面は、悪賢い人間から見ると非常に扱いやすいカモに見えます。

Chapter 3
月星座でわかるその人の性格と心の動き

ありもしない話をもちかけられると、ころっと納得して丸め込まれるところがありますので、詐欺などに引っかからないように注意が必要です。

そういう点では、新興宗教を装った集団詐欺などの被害にもあいやすい人です。理念が現実を押し切ることに違和感を持たないので、だまされやすいのです。

なお、生活を変えよう、生き方を変えようと思ったときは、住んでいる環境を変えるとスッキリするでしょう。

やぎ座の月

《土のエレメンツ／活動サイン》

仕事ができ、律儀でアダルトな雰囲気の人です。
秩序や社会性、成熟度を大事にします。
他人を身なりや肩書きで判断しがちなところがあります。
権威主義におちいらないように注意しましょう。

リラックスするのがヘタ

やぎ座は冬至点から始まりますので、「乾いて固い」という性質を持っています。また、土のエレメンツで活動サインのやぎ座は、アクティブで大人のサインです。子供っぽさを抑制して、大人的な完成度を目指すのが特徴です。

月はもともと子供っぽさを表す星ですので、そこが抑制されるということは、とりもな

おさず自分自身に対して抑圧的になりやすいということです。

この月星座がやぎ座の人は、7歳の頃までに周囲のやぎ座的なものを模倣してきたはずです。身近な人で、やぎ座的なイメージを持った人、つまり大人っぽい洗練された人や、その人の物腰などを真似して、それを身につけようとしてきたのです。

子供らしさを結果的に抑圧することになるので、幼いころからリラックスできない緊張をかかえてきたかもしれません。

周囲に甘えられず、うっかり変なことを言うと注意されるという子ども時代を送り、また子どもながらにある種のスタイルを身につけないとダメだという強迫意識もあったかもしれません。子どもらしく遊びまわる経験が少なかったり、親から言われたことだけを忠実に守ってばかりいたり、多かれ少なかれ、周囲から抑えつけられたような子ども時代を送ってきた人が多いのではないでしょうか。

なお、やぎ座は防御力が強いので、月のパワーがチャージされにくい面があります。月はリラックスしているとき、いわば「柔らかく」なっているときにチャージされるのですが、「乾いて固い」ヨロイを着たようなやぎ座が月のヨロイを脱ぐのがへタなのです。端的に言えば、月星座やぎ座の人はリラックスするのがへタだということです。

リラックスして、たまったストレスを減らすには、からだを温めたり、あるいはスポーツをして体を熱くしたり、または水分を多く取るなど、内臓の新陳代謝を活発にするとよ

いでしょう。それが月を「柔らかく」することにつながるからです。

努力せずに仕事がよくできる人

月星座やぎ座の人は、土地のリズムに同調しやすいという特徴を持っています。

土地のリズムとは、お国柄と言いかえてもいいのですが、その土地特有の生活のリズム、生体のリズムのことです。たとえば、大阪では人々は皆早く歩きますが、島根では皆がスローです。そんな歩く速さに表れるような、土地特有の生命リズムのようなものです。

月星座やぎ座の人は、そんな土地のローカルな環境に同調することでリラックスできますので、その結果、その土地でのチャンスをつかみ、成功を手に入れるかもしれません。

また、やぎ座は古い伝統にも関係しますので、その土地の古いもののよさを継承し、それをリニューアルして新しい生命を与えることができます。これもまた、リラックスしづらい月星座やぎ座の人にとっては、自然とリラックスできる活動の一つです。

さて、月星座がやぎ座の人は、なんでもかんでも仕事に結びつけることができます。しかも、努力しなくても仕事がよくできる人です。

ただし自分に対してだけ固く抑圧的である分にはよいのですが、仕事をいっしょにする同僚に対しても同じように抑圧的にならないように注意が必要です。また、自分を抑えつ

けていると、ある一定限度を超えたときに思わぬ爆発をすることもあるので、こちらも要注意です。

身なりや肩書きから人を判断しがち

また、月星座やぎ座の人は、縦社会の住人でもありますので、上下関係で他人を見ます。いわゆる「上から目線」になりやすい人ですし、そうでなくても、視線が個人個人の個性よりも集団社会に価値をおいたものになりがちです。

ことに女性の場合は一種の権威主義におちいりやすく、集団内で権力を持った人に従う傾向があります。上司や幹部の意向に従うことに喜びを見出し、ひるがえって部下に対してはその権威をたてにふるまうようなこともあるでしょう。

人を見るときでも、社会的地位などから判断します。その人の内面に共感するというよりは、その人の身なりや肩書きなどから人物を評価しがちなのです。秩序や社会性、大人としての成熟度などを大事にする、縦社会的発想の持ち主といえるでしょう。

集団社会や大人のルールから無意識にはみ出すことはほとんどありません。子ども時代も、手に負えないようなやんちゃだったことは一度もなかったはずです。自然と抑制力が働くのです。こういうふうに振る舞うべきだという見識があり、そしてその通りに振る舞

うことができるのが、月星座がやぎ座の人です。
他人に気をつかう、律儀な人が多いのも、月がやぎ座の人です。
我慢強さも特徴の一つです。
もしも夫婦で夫の月星座がやぎ座だった場合、奥さんのほうも社会的な力のある人間になろうとして、結果的に野心的、活動的な女性に変わるということもあります。
月星座やぎ座の人全般に言えることですが、抑圧されている素直な感情をどこかで取り戻すことができれば、より可能性の豊かな人生を歩めるでしょう。

Chapter 3
月星座でわかるその人の性格と心の動き

みずがめ座の月

《風のエレメンツ／固定サイン》

どんな人とも壁を作らずつきあえる人です。集団を相手にすることがじょうずで、全員を公平に扱います。感情の動きが少ないので冷たい性格に見られがちです。相手との距離の近い生々しい対人関係を嫌います。

新しいものが好きで保守的なことが嫌い

風のエレメンツで固定サインのみずがめ座は11番目のサインで、これは未来のビジョンを表しています。いまはまだ地上に存在していないものを、未来から持ってくるというのが、みずがめ座のイメージです。

月星座みずがめ座の人は、そういう意味から、現在の生活や価値観に違和感を感じてい

るように見えます。保守的なものを嫌い、新しいもの、反抗的なもの、越境的なものに価値を見出すことが多いので、その結果、生活感覚が希薄な人になりがちです。

風のエレメンツは、あまり感情に動かされません。しかも固定サインですので、目の前の出来事にも感情的に大きな反応を見せません。そういう意味では、集団と化した大人数の人間でも平常心で扱うことができるので、たくさんの人を結果的に公平に扱うことができます。学校の先生などにはうってつけの性質です。

また、風のエレメンツは「空気を読む」こともじょうずです。集団を包んでいる空気、気配などを読み取り、それにうまく反応することができます。

一方で、あまり感情的にならないということは、他人から見れば、何を考え、何を感じているのかがさっぱりわからないということでもあります。

とはいえ、この人はどんな人に対しても壁を作ることがないので、多くの人に親しまれるキャラクターの持ち主でもあるのです。特に、外国人など、文化や習慣の違いが大きい人に対しても違和感をほとんど感じないので、たくさんの変わった知り合いができることでしょう。いろんな人にじょうずに合わせることのできる人です。

感情のうつろいが少ないということは、逆に言うとクールな性格であるとも言えます。知識や理念などが現実の人間よりも優勢になり、人の感情を無視した冷酷な判断をしてしまうこともときにあります。

Chapter 3
月星座でわかるその人の性格と心の動き

あちこち移動していると元気が出る人

太陽星座が水のエレメンツ（かに座、さそり座、うお座）の人の場合は、こういった感情的に冷たい性格を自覚して、感情豊かな反応をしようと太陽が補正します。

ところが、月の性格は無意識の素の自分になったときに現れるので、そんなときに、他人にあまり関心がないという月星座みずがめ座の側面がうっかり現れてしまいます。

ただ、このみずがめ座の月の人は、一人一人の個別な人に対しての関心が希薄なだけで、他者にまったく関心がないわけではありません。そもそも風のエレメンツは対人関係を表します。同じ風のエレメンツのてんびん座の月は、個別の一人一人に関心を持ち、対人関係がじょうずです。一方で、みずがめ座の場合は、一人一人に関心を持って深入りするのではなく、多くの人に同時に反応するという関心の持ち方なのです。

そういった点から、前にも書いたように、組織や集団といった多くの人を扱う職業では、

また、身近で親しい人との関係に振りまわされることもないので、いわゆる情にほだされるということもありません。

わたしの知人にこの月星座がみずがめ座の人がいますが、その人は生まれてから30年の間、一度も怒ったことがないと言っていました。

そつなく仕事をこなすことができるのです。でも、集団の側にいる人間から見れば、そのクールさゆえに、何かしら物足りなさをこの人に感じるかもしれません。

また、みずがめ座は、携帯電話やインターネットといった未来的で空間を超えるツールに関係しています。実際、みずがめ座の月の人には、スマートフォンをたくみに使いこなしている人が多いのではないでしょうか。近すぎて生々しい対人関係を嫌う面がありますので、こういったツールやインターネットなどのメディアを介した人間関係にはなじみやすいはずです。

ここまで読めばうすうす気づいたかもしれませんが、みずがめ座は、距離があると親しみを感じ、距離が近くなると愛想が悪くなるという性質があります。

ということは、インターネット上で接触しているときは親切で感じがよいのですが、いざ実際に会って話をするとだんだん無愛想になってくるような人かもしれません。

また、月星座みずがめ座の人は、どこかに定住しようという気持ちが希薄で、家や土地などにはあまり関心がありません。

私生活では変人めいたところもあります。またストレスを自分一人でかかえがちな面もありますので、神経症などには気をつける必要があります。

この人の月にエネルギーがチャージされるとき、つまりリラックスできるのは、じっとしているときよりも、むしろあちこち移動しているときのほうでしょう。

Chapter 3
月星座でわかるその人の性格と心の動き

うお座の月

《水のエレメンツ／柔軟サイン》

何に対しても同情的で、根っから優しい人です。感情的に激しく揺さぶられやすいでしょう。スピリチュアルな能力があるかもしれません。あいまいで決断力がないのが欠点です。

初対面の人にもすんなりなじむ人

うお座は水のエレメンツで柔軟サインです。シンボルは霧や雲など、微細な水の粒子です。同じ水のエレメンツのさそり座がベタベタくっつく人間関係が特徴だったように、水のエレメンツは「くっつく」のが基本性質です。ですから、このうお座のシンボルである霧や雲は、さまざまなものにくっつく水滴や湿気と考えてもよいわけです。

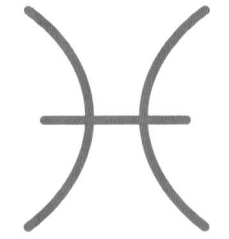

また、柔軟サインであることは、直接自分に関係のないものにでもくっついてしまうという性質を付け加えます。つまり、偶然に出会ったものや、たまたま身近にあるものに対して自然になじんでいくという性質です。

かに座やさそり座であれば、縁があって親密感をいだく相手にしか近づきませんが、うお座は自分に縁がない初対面の人にでも近づいていきます。自分の家族ではない人たちにもすんなりなじんでしまうことから、福祉や介護の仕事に向いている人かもしれません。

いろんなものにくっつくという点から、うお座は霊的な能力に関係するとも考えられています。つまり、道を歩いているうちに、無意識のうちにどこかの場所から霊的存在をくっつけて持って帰ってしまうと言うわけです。

「くっつく」ということをラジオのチューニングのように「同調する」ことと言いかえると、月星座がうお座の人は、いろんなものに同調するので、注意力をあちこちに向けないといけません。その結果、やがて何を見ているのかもわからなくなり、視線がさだまらず、一つの対象に集中できなくなります。

他人に左右されやすい点に要注意

他人の感情には敏感に反応します。人間だけでなく、ペットなどの動物にもこの人は感

情的に同調します。つまり、何に対しても同情的な人です。深い感情に揺さぶられたりするときの激しさや衝撃の度合いも、ほかの人よりずっと大きいでしょう。

また、水のエレメンツで柔軟サインは他者の影響を受けて引きずられやすいので、月星座がうお座の人は決断力があまりありません。しかも、根っから優しい性格ですから、冷たく突き放すこともできませんので、ますます他人に左右されやすくなります。

リフレッシュするには、自然に親しんだり、スピリチュアルなものや宇宙的なものなどに触れるとよいでしょう。反対に、世間的なこと、世俗的なことに埋もれていくと、精神的にとても疲れてしまいます。

ところが、混乱してグチャグチャしたものや、いろんなものが混じって曖昧模糊としたものなどに対しては平気なところがあります。汚れたものなどに、あまり拒否感をいだかないのです。これはおとめ座が月の人とは正反対の性格です。つまり、月星座おとめ座の人が不要なものとして排除したものを、月星座うお座の人は拾い集めてしまうというようなものです。

出たとこ勝負のほうが楽

月星座がうお座の人のよい面としては、どんなものに対しても繊細に対応し、深入りで

きる能力があります。これが、同情心や共感力となって表面に現れてきます。悪い面は、あいまいではっきりしないこと。これは前にも書きましたが、決断力のなさにつながります。

決められないということは、ごまかしたり、あるいは逃げ出したりということも多くなってくるということです。

これは日常生活のさまざまな場面だけでなく、人生全体に対しても言え、人生の目的があいまいなまま、漂うように生きてしまうという傾向になることもあります。

霧や雲というようなお座のイメージが表すように、この人は濃密な感情の持ち主ではないので、はっきりしない、あいまいな生活のほうがリラックスできます。目的もなく散歩をしたり、だれも知らないような場所に行くとストレスが解放されます。

柔軟サインの月の人は、事前に何も決めずに、出たとこ勝負でやっていくほうが楽です。これが固定サインが月の人になると、毎日決まり切ったことをするほうが安心で、ストレスを感じません。たとえば会社に向かうルートも、固定サインの人は毎日同じほうがよいのです。でも、この月星座がうお座の人にとっては、会社への行き方も、毎日が気ままで変化に富んでいたほうがストレスがたまりません。

Chapter 3
月星座でわかるその人の性格と心の動き

Moon sign astrology

Chapter 4

月の動きを開運に利用する

トランシットの月の影響力とは?

このChapterでは、いま現在、夜空にある月の影響についてお話しします。

言うまでもなく、月は地球のまわりを公転しています。

太陽が1年かけて黄道の12サインを移動するように、月も12サインを移動しますが、その周期はこの月の公転によります。月の公転周期はおよそ28日ですから、月は太陽よりずっと速い28日間で12サインを移動しているのです（図3）。

この天体がサイン間を移動していくことを占星術では「トランシット」と呼びます。これからは、移動中の月を生まれた日の月星座と区別するために「トランシットの月」という言い方をします。

さて、占星術で用いられる10天体の中で最もスピードが速い天体である月は、一つのサインにおよそ2日半とどまります。たとえば、月がおひつじ座にとどまっているとき、月の力はそのサインの色を帯びます。月がおひつじ座を移動中のときは、月の影響力はおひつじ座的な色合いを帯びるという具合です。

2日半でサインが移り変わるので、トランシットの月は個人生活のディテールや心理状態、体調などに目まぐるしく影響を与えま

図3

す。しかもその影響力は、その人が無意識であればあるほど強く働きますから、無視はできません。

逆に言えば、その影響をあらかじめ予測しておくと、トランジットの月の影響力をうまく使いこなせたり、月の影響による失敗を避けることも可能だということになります。

12サインの力を積極的に取り込もう

占星術のバックグラウンドとなっている宇宙哲学は、人は内なる12サインすべてをかたよりなく発達させることで完全な人間となると考えます。その意味では、月がもたらす12サインの影響を積極的に取り入れることは、人間としての成長につながります。

この月の影響を宇宙からの課題と考えたとき、それにどう向き合うかによって、その人が得るものもまたおのずと違ってくると考えることができます。

たとえば、学校の先生が生徒に宿題を出したとしましょう。その宿題をほったらかしにした人、参考書を丸写しして仕上げた人、一生懸命に考えて自力で終えた人。どの人が宿題を自分の成長のために積極的に利用したかは言うまでもありません。

また、月は一種の記憶庫ですので、この時期に経験したことは記録や資質として蓄えられます。ですから、次に同じ状況に出会ったときは、この経験が無意識のうちに役立てら

Chapter 4
月の動きを開運に利用する

このトランシットの月の影響をうまく取り入れ、利用することが、日々ダイナミックに生き、人としてより成長しようと願うあなたにとって、とても大事なポイントです。

今、月はどのサインに入っているのかを知り、そのサインの中に意図して没入してみることは、あなたの人生にとってとても意味あることなのです。

うっかりミスとトランシットの月

トランシットの月の影響力のネガティブな面を見てみましょう。

月は私たちが素の自分になってボーッとしているときにその影響力を発揮します。無意識のうちにする行動にこそ月の力が現れるのです。私たちをジェット旅客機にたとえると、離陸し終わり、パイロットが自動操縦にしたとき、パイロットのかわりに操縦するのが「月」というわけなのです。つまり、私たちが自分で気づくことなく無意識に行っていることの大半は、月の影響力の範囲にあります。

月は過去の記憶が刻印された天体であると前に書きましたが、私たちが「自動操縦状態」になっているときの行動パターンは、月に蓄えられた私たちの過去の癖にしたがいます。ですから、同じような状況では同じような対応を無意識にしてしまいます。

ということは、過去におかしたうっかりミスは、同じような状況になれば、また同じうっかりミスとして繰り返すことが多いということです。

このうっかりミスが多くなるのは、あなたの月星座とトランシットの月のサインが90度のスクエアと呼ばれるアスペクト（天体間の特定の角度のこと）をつくるときです。

たとえば、月星座がおひつじ座だとしたら、図4を見るとわかりますが、90度の位置にあるのは、かに座とやぎ座です。月星座がおひつじ座の人にとって、トランシットの月がかに座かやぎ座を移動中のときは、何かと気分が不安定になります。そして、うっかりミスも多くなります。

対処法の一つはまずは意識することです。自分の月星座がいまトランシットの月と90度にあることを意識し、気をつけようと自分に言い聞かせるだけで、不安な気分はおそらく消えていくはずです。

また、月は同じことを何度も繰り返させますので、その前の同じアスペクトだった時期を振り返り、どんなことがあったか、どんなミスをしたかを思い出しましょう。ノートに書いておくとさらによいです。すると、月星座とトランシットの月がスクエアになったときの自分の行動パターンが見えてくるはずです。

たとえば、お酒で失敗しがちだとか、攻撃的なメールを送りがちだとか、イライラして

Chapter 4
月の動きを開運に利用する

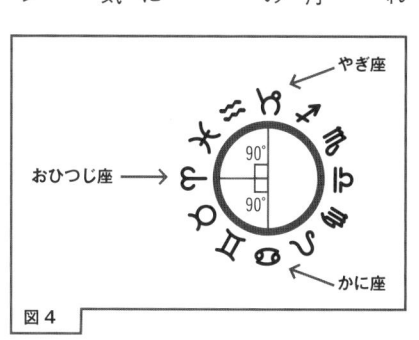

図4

恋人と口げんかしがちだとか……。こういう見えてきたパターンを意識することで、スクエアにあるトランジットの月の影響力をよい方向にそらしていくことができます。

月は28日間で地球を一周しますので、それぞれのサインにはほぼ1カ月に一度入ることになります。

また、自分の月星座とスクエアになるサインにトランジットの月が入るのは、ほぼ1カ月に2回です。スクエアになる時期をあらかじめ調べておいて、『ムーン・ダイアリー』などにメモしておくことをオススメします。

117ページから始まるサインごとの解説には、90度のスクエアの関係になる月星座も書いてありますので、参考にしてください。

さて、月の動きという面では、重要なことがもう一つあります。

それは、新月から上弦の月、そして満月から下弦の月、再び新月へと向かうサイクル——朔望月（さくぼうげつ）のことです。このサイクルをもとにした暦が太陰暦で、明治5年まで日本でもこの暦が使われていました。新月から再び新月に至るこの1サイクルは、およそ29・5日です。

このサイクルにおける月のエネルギーの変化を、目標実現のために役立てることができます。その方法は、このChapterのうしろのほうで解説しましょう。

HOW TO LOOK UP

月がどのサインにあるかを知るには――

*この本を使って調べるには

STEP 1
205ページからの「誕生月星座表」から、調べたい時期を探します。
たとえば、2012年10月10日の月はどのサインを移動中かを調べるには、237ページの2012年の表を見ます。すると、月が10月9日の20：55からしし座に入っていることがわかりますので、10月10日の月はしし座のサインのところにいることがわかります。同じ日でも時刻によってはサインが変わるので注意が必要です。

STEP 2
117ページから始まる解説の中から、あてはまるサインのページを読みましょう。

*『ムーン・ダイアリー』で調べるには

STEP 1
「月の満ち欠けカレンダー」やダイアリーページから調べたい日のところを見ます。

Chapter 4
月の動きを開運に利用する

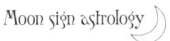

HOW TO LOOK UP

たとえば、2012年10月10日について調べるには、「月の満ち欠けカレンダー」を見ると、10月9日の20：55から10月12日の4：24まで月はしし座にいることがわかります。ダイアリーのほうを見れば、日付の下に「獅子座」と書いてありますので、こちらもすぐにわかります。

STEP 2
117ページから始まる解説の中から、あてはまるサインのページを読みましょう。

HOW TO READ
解説の読み方
●スクエアになる月星座
もしも、ここにあなたの月星座のサインがあったら、この数日間は気分が不安定になったり、うっかりミスが起きたりしがちです。注意しましょう。

●恋愛のポイント
この期間、恋愛面において気をつけるべきことが書いてあります。

トランシットの月が おひつじ座にあるとき

新しいことに一人で挑んでみよう

不安定になる月星座の人（スクエアになる月星座）／かに座・やぎ座

恋愛ポイント／一人よがりにならないようにしましょう。暴走や失言にも注意。恋人がいない人は、新しい恋をスタートさせる時期。

12サインがスタートするおひつじ座にトランシットの月が滞在しているときは、趣味でも仕事でも、新しい何かにチャレンジするにはうってつけです。

ただし、仲間などに依存せずに、一人で始めることです。

もともとおひつじ座は孤立を恐れず、独立独歩の自然児的なエネルギーを持つサインです。周囲に迎合することなく、自信を持って、今まで経験したことのないものにチャレンジしてみましょう。

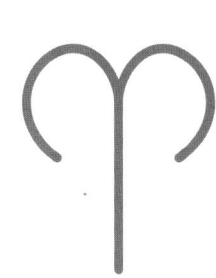

中には、いつも慣れ親しんでいるものが一番で、自分から進んで新しいことを始めるのは面倒だったり、ストレスになるという人もいますが、そういうタイプの人こそ、トランシットの月がおひつじ座にあるこの期間に、どんなことでもよいのでトライしてみるべきです。

もちろん、小さなことでもまったくかまいません。

たとえば、朝、早起きして近所をジョギングしてみるということでもいいのです。1日のうちで、おひつじ座の力が一番強いのは日の出の頃ですから、その時刻に一人で走れば、おひつじ座のエネルギーがチャージされるはずです。

自分は消極的で受け身のタイプだと思う人、リーダーシップをとるのが苦手だと思う人にとっては、グループの先頭を切って行動することに挑戦するよいチャンスでもあり、月の影響力がその人の背中を押してくれることでしょう。

自分の中のおひつじ座的なものが活性化されるので、自信がつき、積極性が開発されてくるはずです。

トランジットの月が
おうし座にあるとき

お金持ちになる力を磨こう

不安定になる月星座の人（スクエアになる月星座）／しし座・みずがめ座

恋愛ポイント／独占欲を出しすぎてとまれないように。お互いに自分の意見に固執して相手の気持ちを考えないことも。

おうし座は物質性や感覚性というものを象徴するサインですので、トランシットの月がおうし座にあるときは、「美」や「快」など五感に関連することに意識的に取り組むとよいでしょう。あなたの美的感性はより研ぎ澄まされ、月からのよい影響を受けることができます。

たとえば、この数日間は買い物、美容、音楽、食べ物などに関連することに積極的になってみましょう。

買い物をするといつもより楽しく、かつ気に入ったものが手に入るでしょう。

おいしいという評判のレストランに行ったり、コンサートに出かけるのもよいでしょう。

また、おうし座は伝統的な文化を象徴するサインでもあるので、日本の古典文化に親しんでみたり、あるいは地方の美しい古都と呼ばれるところに小旅行するなども、あなたのおうし座的なものを開発してくれます。

この期間、お金に意図的に執着するのもよいです。自分の中のおうし座性が開発されると収入能力があがり、いまよりお金持ちになれる可能性が高まります。

生まれの太陽星座によっては、お金や物質的なものにはまるのはよくないと考えて避ける人もいると思いますが、そういう人こそむしろ、この時期にはお金や物質性にすっぽりとはまってみるのがよいです。

火・土・風・水の四つのエレメンツを均等に体験することで生命力が高まるので、おうし座という土のエレメンツに親しみ、開発するにはよいこの時期を大いに利用しましょう。

トランシットの月が
ふたご座にあるとき

予定をたてずにあちこち出かけよう

不安になる月星座の人（スクエアになる月星座）／おとめ座・うお座

恋愛ポイント／お互いに浮気ごころに注意。恋人がいない人は、思いもよらないところでの出会いの可能性があります。

好奇心が広がり、いろんなものに関心が向き、面白いと思える日々です。また、予想外のハプニングや新発見などもあります。

ふたご座は風のエレメンツの柔軟サインですので、風のように水平方向にあてどなく移動することになります。つまり、あちこち「うろつく」ことが、ふたご座的なものを開発することにつながります。

まずは散歩や道草をしてみましょう。その途中で何か面白いものを見つけたり、出会っ

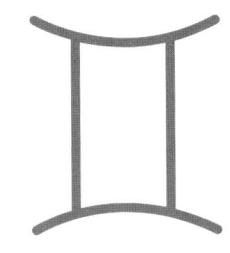

Chapter 4
月の動きを開運に利用する

121

たりすることでしょう。

あるいは、偶然にネットで見つけて面白そうと思ったイベントなどにフラッと出かけてみるのもいいでしょう。

そんなふうに予定や段取りをたてることなく、思うままに自由にあちこち出かけて移動することで、精神が活性化されます。

家にいても、いろんな本をパラパラめくって読んだり、ネットサーフィンをしてみたりするなど、1日の予定を決めずにすごすのがよいでしょう。

人によっては、こういった予定をたてずにブラブラすることが苦手な人もいます。そういう人はなおさらのこと、およそ28日ごとに巡ってくる、このトランシットの月がふたご座のときだけは、意図して「予定をたてないこと」に挑戦してみることをオススメします。

内なる風のエレメンツが刺激され、あなたをさらに成長させてくれるはずです。

トランシットの月が
かに座にあるとき

家族や仲間といっしょに同じことをしてみよう

不安定になる月星座の人（スクエアになる月星座）／てんびん座・おひつじ座

恋愛ポイント／世話を焼きすぎて、おせっかいと思われないように注意。二人で部屋でくつろぐとよいでしょう。

かに座は、家族や友人と同じ情念や気持ちをわかちあいたいと思うサインです。ですから、トランシットの月がかに座に入るこの数日間は、おそらく家族や仲のよい友人たちといった小さな共同体になんとなく関心が向いてしまいます。

かに座は共同体を重視するあまり、個性を否定するところがあります。そうしないと、個人が優勢になって共同体の形がこわれてしまうからです。そのために自己主張を引っ込めて、逆に相手に積極的に共感し、愛情深く接するということになります。

こういった家族やグループを大事にすることが苦手だったりする人は、逆にこのトランシットの月がかに座のときに、家族を大事にしたり、友だちグループといっしょにごはんを食べたりなどして、内なるかに座を活性化したほうがよいでしょう。

なんでもいっしょにすることが大事で、たとえば友人とランチをするときも、相手と同じものをオーダーするなど、「みんなと同じ」ということが、かに座的なもののキーポイントになります。

かに座的なものが発達していない人にとっては、この時期、居心地が悪いことが起きるかもしれませんが、他人に対して壁を作らず、共感的にアプローチする訓練と考え、この数日間を利用すべきでしょう。

なお、新しい住居を探すにはもってこいの期間です。きっと居心地のいい物件が見つかるでしょう。

トランジットの月が
しし座にあるとき

子どもに帰って遊びまくろう

不安定になる月星座の人（スクエアになる月星座）／さそり座・おうし座

恋愛ポイント／自信過剰で自己中心的な振る舞いに注意。恋愛前の意中の人がいるときは告白のチャンスです。

　しし座は火のエレメンツの固定サインで、儀式的な高揚感が特徴です。つまり、毎回、同じ順番で同じ所作をするのが儀式ですが、そんな儀式的繰り返しによって火の高揚感を得るのがしし座なのです。日常でも同じ行為を繰り返すことでそんな高揚した気分を得やすくなります。たとえば、ダンスやスポーツジムでのエクササイズなども、そんな繰り返しの行為のうちに入ります。

　もう一つのキーポイントは「子どもになって遊ぶこと」です。

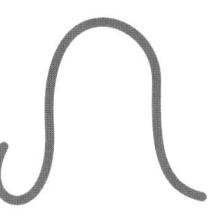

遊園地などに行き、子どもに帰ってはしゃいでみるのもよいですね。まわりのことなど気にせず、自分の衝動にしたがって羽目をはずしてみましょう。

そういうことが苦手な人にとっても、トランシットの月がしし座にあるこのときは心理的なハードルが低くなりますから、内なるしし座を開発するには絶好のチャンスです。おおいに子どもになって楽しみましょう。

映画を観に行くのもよいです。とはいえ、このとき観るのはシリアスなものではなく、ハリウッド映画のバカバカしく楽しいものがよいでしょう。

自己表現もしし座の特性ですので、ブログを書いたり、カラオケで好きな歌を歌ったり、趣味で作った何かを発表したり、演奏したりということには最適な数日間です。仕事でのプレゼンなどもうまくいくでしょう。

ただし、しし座は周囲の視線を気にせず一人盛り上がるところがありますので、集団から浮き上がったり、自己中心的な言動になったりしないよう、注意が必要です。

トランジットの月が
おとめ座にあるとき

部屋や職場のデスクの整理整頓をしよう

不安定になる月星座の人(スクエアになる月星座)／いて座・ふたご座

恋愛ポイント／相手のあら探しをしたり、時間にうるさかったり、お互いに何かとこまかくなりすぎないように注意。

　土のエレメンツの柔軟サインであるおとめ座は、状況に合わせて実際的な能力を振るうことが得意です。会社でいえば、周囲の空気を巧みに読みつつ上司の要求をそつなくこなす実務能力に秀でた社員、それがおとめ座の月のイメージです。

　トランジットの月がおとめ座にあるこの数日間は、そんな周囲の空気を読んだり、事務的なスキルを意識してトレーニングしたりすると、仕事能力を高めることができます。たとえば、エクセルがうまく使えない人なら、この時期に集中して勉強するとよいですし、

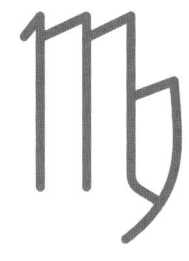

書類関係の処理などもこの期間ならはかどるはず。職場の人間関係をあらためて観察すると、いままで気づかなかった面も見えてきます。

また、おとめ座は、人間のからだで言えば腸のような排泄機能という特性を持っています。余分なものを吐き出し、みそぎをするというイメージです。ですから、気分が几帳面で潔癖な方向に傾きますので、この期間は自宅の部屋や会社のデスクまわりの整理整頓をするとよいでしょう。有能な社員イメージもアピールできます。

みそぎという意味では、健康管理を新たに始めるのにも適したときです。ダイエットやジョギングを始めるのによいでしょう。

また、洋服もオーセンティックでかっちりしたスタイルにすると、おとめ座的なパワーをチャージできます。

自己主張をしないのがおとめ座ですので、そういう点ではストレスを感じる人もいるはずですが、実務能力と柔軟性に優れるというおとめ座の特性を開発し、活性化させるためには大事な数日間です。

トランシットの月が てんびん座にあるとき

社交性を磨いたり、対人関係を改善したりしよう

不安定になる月星座の人（スクエアになる月星座）／やぎ座・かに座

恋愛ポイント／相手に迎合しすぎて、自分を見失わないように注意。グループデートや美術館デートなどが楽しい期間。

トランシットの月がてんびん座にあるときは、対人関係で相手に関心を向けることを意識するとよいでしょう。自己主張をひっこめて、相手の意見を取り入れることが、あなたのてんびん座的なものを活性化させます。

対人関係では、洗練された社交的な面が活性化されますので、パーティーなどにはよい期間です。女子会、プレゼント交換などもよいですね。

また、てんびん座の支配星はおうし座と同じ金星ですので、おうし座と同じように「美」

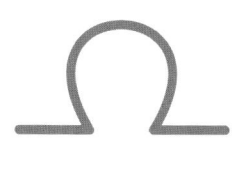

に関係したことに意識して取り組んでみましょう。ただし、おうし座とてんびん座とは同じ「美」でも次のような違いがあります。

たとえばファッションで言えば、おうし座は他人の意見を取り入れませんが、てんびん座は他人の意見を取り入れようとします。おうし座は自意識がファッションに現れるのに対して、てんびん座は他人の視点を取り入れて工夫し、洗練させるのが特徴です。そういう点では、洋服を買いに行くときは、ファッションセンスのいい友人に見立ててもらうといったことをするとよいかもしれません。

グルメ的な面では、おうし座が伝統的な和食だとすれば、てんびん座はフランス料理など華やかなイメージのものとなりますので、ちょっと敷居の高いレストランにトライするのもよいでしょう。

また、異性との関係でも、自分のことをどう思うかを単刀直入に聞いてしまうのがてんびん座です。というわけで、トランシットの月の力を借りて、相手の気持ちを聞いてしまうというのもよいかもしれませんね。

いずれにしても、この期間は、自分の中のてんびん座的なものを無理なく自然に出すことができるので、社交的なものが苦手だった人はチャンスととらえ、対人関係を改善してみましょう。

トランシットの月が さそり座にあるとき

何かに集中して深入りしてみよう

不安定になる月星座の人（スクエアになる月星座）／みずがめ座・しし座
恋愛ポイント／二人きりですごして深い関係を結ぶには最適な時期です。執着しすぎに注意。恋人がいない人の場合は恋人探しには向かない時期。

さそり座の支配星の冥王星には、異質なものを取り入れるという働きがあります。ですから、トランシットの月がさそり座にある期間は、自分に欠けているものを見つけ、自分のものとすることに意識を向けるとよいでしょう。

そのためには、さそり座の持つ、集中するという特性を利用します。

言いかえれば、対象はなんでもよいので、そこに集中して取り組む、あるいは没入してみることです。

Chapter 4
月の動きを開運に利用する

たとえば、古典文学の長編を、この数日間を使ってじっくり読み込むのもよいでしょう。深く入り込むことによって得られるさそり座的な快感を味わえるだけでなく、読み終わったあとはそれまでの自分と何かが変わっていることに気がつくことでしょう。

対人関係でも、社交的にたくさんの人に関わるのではなく、気になる一人の人とじっくり話をしてみるなど、非常識にならない程度に「深入り」してみることです。

恋愛では、相手に対して情念を集中させて、これこそ文字通り「深入り」してみましょう。一方で、この期間は一つの対象に深く集中するときですので、恋人探しには向きません。

また、冥王星は死と再生の星ですので、死や墓場に関係したものも、さそり座的なものを活性化させます。へんに思われるかもしれませんが、墓地を散歩するだけでも違います。

注意したいのは、感情的に内向きになるので、周囲から何かしら深刻な様子に見られがちなことです。秘密主義になりがちなので、この点も要注意です。

さそり座的な食べ物は圧縮したものや発酵食品ですので、タラコや納豆などを食べるのもパワーチャージにつながりますよ。

トランジットの月が
いて座にあるとき

外国に関係したことをしてみよう

不安定になる月星座の人（スクエアになる月星座）／うお座・おとめ座

恋愛ポイント／恋人がいない人には出会いのチャンス。自分にとって未知の場所やグループに接近するとよいです。

いて座は「公正な戦い」を象徴するサインです。フェアな戦いを通じて喜びを感じ、成長していきます。

トランジットの月がいて座を移動中のこのときは、スポーツをすることで、あなたのいて座的なものを発達させることができます。ジョギングやサーフィンなどの一人でするものではなく、バスケットやサッカーなどの集団競技や、柔道や卓球といった対戦競技がオススメです。一人でするスポーツは、求道的なおひつじ座的なもので、いて座的なもので

Chapter 4
月の動きを開運に利用する

はありません。

また、いて座は「彼方にあるもの」や「理想」なども象徴し、外国や異文化、冒険などに関係するサインと言われています。そのため、外国語を学んだり、あるいは外国の文化や芸術を博物館や美術館に観に行ったりするのもよいでしょう。外国に関連した本や雑誌を読むのもよいですね。

とくに外国語を学んでいる人の場合は、トランシットの月がいて座にあるこの期間に気合いを入れて集中的に勉強しておくと、その後は慣性がついてスムースに上達していくことでしょう。

冒険という面では、友人同士で旅に出かけたりするのもよいですし、自分にとって未知で新たなグループと人間関係を結ぶにも最適な期間です。

哲学・思想も、いて座のテリトリーですので、そういったテーマの本を読んだり、イベントに出かけるのも、いて座的なものを活性化するにはよいでしょう。

鍛錬すればするほど上達し、質的にも向上するのがいて座。この期間は、なにごとにもレベルアップを心がけたほうがよいですし、おのずと向上心も高まっているはずです。

トランシットの月が やぎ座にあるとき

ビジネスに関係したことに力を入れよう

不安定になる月星座の人（スクエアになる月星座）／おひつじ座・てんびん座

恋愛ポイント／お互いにデートよりも仕事や勉強を優先しがち。感情の表し方もクールになりがちなので要注意。

　やぎ座は実際性に富んだ能力を表すサインで、おとめ座のように実務能力に優れています。ただ、おとめ座が「上司に仕える人」のイメージであるのに対して、やぎ座は自分のほうから積極的に働きかける人というイメージです。

　トランシットの月がそんなやぎ座を移動中のときは、なによりもビジネスに関連したものに積極的に関わるとよいでしょう。

　とくに、やぎ座は常に新しいことを考えるのが得意なので、仕事面では企画を考え、ま

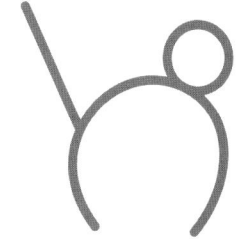

とめるにはもってこいの時期でしょう。いいアイデアが出てくるはずです。

あるいは、いまの仕事がもっとうまくいくにはどうしたらよいか、そういったことを考えるにもうってつけの期間でしょう。責任感を強く感じる場面も多く出てきます。

また、やぎ座は競争的な世界に身を置くことが好きで、そこで一生懸命に働き、仲間と差別化を図っていこうとしますが、一方で、このやぎ座的な要素が弱い人は、どうしても怠けぐせが抜けません。ですから、この期間に仕事面で積極的に動きこと、自分の中のやぎ座的な部分を開発、発達させ、勤勉さやエリート的なイメージを身につけることはとても大事です。

活性化されたやぎ座的なものは、月に記憶されますので、これまで苦労した仕事も次からは楽になり、自然にできるようになります。もちろん、それは本人の実力として身につくことになります。

いずれにしても、この期間は、プライベートなことよりも、どうしても仕事や勉強のほうに目が向いてしまいます。家族や恋人のことなどが二の次になってしまう傾向がありますので、この期間が過ぎたらしっかりケアをしておきましょう。

トランシットの月が
みずがめ座にあるとき

視野の広さを意識してみよう

不安定になる月星座の人（スクエアになる月星座）／おうし座・さそり座

恋愛ポイント／デートしても互いに態度が素っ気ないと思うかもしれません。メールなどでのコミュニケーションのほうが吉。

グローバルで普遍的な視野が、みずがめ座の特性です。個人個人に近づいてものを見るのではなく、集団として、全体としてものを見るのです。

視野を広げるというのが、トランシットの月がみずがめ座にいるときのテーマとなりますが、実際に高層ビルの展望台に上って町を見おろすといったことでも、内なるみずがめ座は活性化されるでしょう。みずがめ座的な場所というのは、見晴らしがよく、風通しのいい、寒冷なところですので、そういったロケーションのところにドライブするのもよい

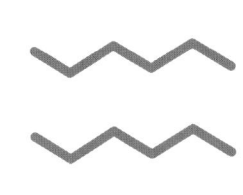

かもしれません。

また、みずがめ座は、空間を超えた広がりというものを象徴するので、たとえば互いの距離を意識させないインターネットなどもみずがめ座的なものと言えます。みずがめ座はベタベタした直接的な対人関係を嫌いますので、その点でもインターネットはまさしくはまりどころです。実際、みずがめ座的な要素が多い人には、インターネット好きのオタクっぽい人が多いようです。

そういうことからも、この期間はメールやFacebookなどのSNSで友人と会話すると、何かよいことが起こるかもしれません。このとき、相手は遠くに住んでいればいるほどよいです。

あるいは、異業種交流会などで、自分と仕事や生活が異なるさまざまな人と出会うのもよい結果をもたらすはずです。クラブやサークルに加入するのも、この期間がよいです。

この時期は、慣習にとらわれた伝統的なものや権威的なものへの嫌悪を感じることが多くなります。そういったものへの反発を言動で表したくなる場合があるかもしれませんが、度を超さないよう注意しましょう。

トランシットの月が
うお座にあるとき

精神世界的なものを体験してみよう

不安定になる月星座の人（スクエアになる月星座）／ふたご座・いて座
恋愛ポイント／二人でボーッとしてすごしてみましょう。お互い傷つきやすい期間なので言動には要注意。

非現実的で世ばなれしているのが、うお座です。精神的な部分、いわばトランスパーソナルな部分にもっとも敏感なのが、うお座といえるでしょう。

そういう点では、トランシットの月がうお座にあるこの期間に、精神世界的なものに近づいてみるのもよいかもしれません。チャネリングやヒプノセラピーを受けてみたりすると、うお座的なものが活性化されるはずです。自室で瞑想のまねごとをしてみるのもよいです。精神世界系の本などを読んだり、占いの鑑定を受けてみてもよいでしょう。

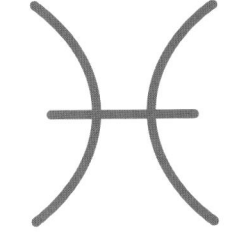

リラックスしてボーッとする体験もこの期間はオススメです。酸素カプセルや岩盤浴など、リラックススペースと呼ばれるところに出かけてみてはどうでしょう。

また、水に関係したところ、川や海岸などもうお座的な場所です。人気のない海岸やリゾートなどに小旅行してみましょう。夏なら海水浴もよいです。

うお座は、雑多なものが所狭しと並んでいるような量販店やデパートなど、雑然とした場所も大好きです。そんな場所に出かけるのも、うお座的なものを活性化するにはよいでしょう。

この期間は、心理状態が繊細になり、感受性が強くなります。そのために、目の前の現実が耐えがたいものに思えてくる人も出てくるでしょう。混乱して、矛盾した言動になってしまうかもしれませんが、それも数日のことです。

その点でも、この期間はリラックスして意識を拡散させ、精神をリフレッシュさせることが大事になります。そしてそれは、あなたの内なるうお座にパワーをチャージしてくれることでしょう。

朔望月のサイクルを目標実現のために利用しよう

Lunar Month

新月は種をまく日、満月は収穫の日

新月から上弦の月、満月、そして下弦の月から再び新月に至るには、およそ29.5日かかり、太陰暦ではこのサイクルを気のエネルギーという観点から見れば、新月から月が太るにしたがって気のエネルギーが充満していき、満月で頂点に達し、そして月が欠けていくにしたがって気のエネルギーが希薄になっていくということを意味します。

この朔望月を1年にたとえれば、新月はスタート地点である春分の日、上弦の半月が夏至、満月が秋分の日、下弦の半月が冬至にあたります。

ということは、新月で種をまき、満月で収穫したら、次の新月までに種まきの準備をするというふうに考えてもよいでしょう。

このサイクルでの月のエネルギー、気のエネルギーの満ち引きを、目標や夢の実現に利用することができます。

まずは、目標を決め、新月の日にその目標に向けて意識的なスタートを切ります。すると目標を形にするための勢いや確信が、上弦の月が太るにしたがって強まっていくのを感じることができます。

上弦の半月の時点から、それまでは自分から生まれ出ていくように見えていた目標のイメージが、こんどは自分に向かってやって来るように見えてきます。

満月のころには、これがしっかりと形になり、対象化されるようになります。秋分の日に相当する、収穫の日です。目標の成果がある程度現れてきたのを、きっと実感できることでしょう。

とはいえ、月の公転速度は速いので、新月から満月まではたった14日間ほどしかありません。この短い期間で実現できるものは、何年も前から夢見ていたような大きな目標ではなく、月間目標のような、規模の小さいものです。

そういう意味では、一つの朔望月は、身近な小さめの夢実現サイクルと考えたほうがよいでしょう。

大きな夢はこうして実現する

では、大きな夢の実現のためには、この朔望月のサイクルは使い物にならないのでしょうか。

いえ、そういうことはありません。

一つの朔望月を一つの輪と考えれば、その輪をつないで大きな輪にすればいいのです。1年に12回繰り返す朔望月ですから、1年をかければ12個の小さな輪からなる一つの大きな輪が作れることになります。

あるいは、こんなイメージのほうが適切かもしれません。

ネジのように、らせん状に進んでいくのです。ネジの一回転が一つの朔望月だとすれば、1年ではネジは12回転し、その分、前へと進んでいくのです。

そんなふうにして、大きな夢を実現しようと思うのなら、当然のことですが、毎回、まったく関連のない目標をたてていたのでは意味がありません。大きな目標を段階に分けて、1年、2年をかけて実現するための計画がまずは必要です。

そのためには、『ムーン・ダイアリー』やノートなどに、最終目標とそれに至るまでのだいたいの道程を書いておくようにしましょう。

その上で、次の新月からの目標を設定し、満月をすぎたときに振り返りをして反省点を

見つけ、そして次の新月の目標を設定します。そういったプロセスを繰り返しながら、ネジのようにらせん状に最終目標に向かって確実に進んでいくのです。

おそらく、そのように自覚的に朔望月の気のエネルギー・サイクルを利用していくと、自分自身のエネルギーが日ごとに強まっていくのを実感できるでしょう。この朔望月を意識せずに漫然と暮らしている人にくらべ、明らかに気力、推進力も大きくなり、充実感もとても高まっていくはずです。

そのためには、繰り返しになりますが、きちんとノートに目標を書き、結果を記録し、振り返りをメモすることがとっても大事なのです。

満月から新月までに起きること

さて、この朔望月のサイクルでの後半、満月から次の新月までに起こることを、もう少しくわしく説明しておきます。

満月で願望が実現し、実った作物を収穫してしまうと、ターゲットを失った気のエネルギーは、いわば「張り合い」を失ってしまいます。満月までは、内面性や精神性などに関係なく、シンプルに目標物を手に入れることだけを目的にしてきたのが、それを一度に手にしてしまうと、月は一種の虚脱状態のようになってしまうのです。

144

気のエネルギーは満月をすぎると、次第に希薄になっていきます。そのとき、わたしたちの内面では、精神性や、物質に頼らない心の豊かさといったものに向かっていこうという流れが作り出されます。

下弦の半月のときには、こういった流れに乗じて、他人の願望など外部からの影響が入ってきますので、自分の夢が矛盾したもののように感じることもあるかもしれません。

この下弦の半月から次の新月までの7日間は、気のエネルギーがどんどん薄くなっていきますので、人は無防備になりがちで、推進力も弱まってきます。我欲も希薄になり、心がクリアになりの精神的な活動に時間をさいたほうがよいでしょう。このころは、読書などりやすいときです。

そして新月がやって来ると、今度は再び、気のエネルギーがどんどん充満していくことになるというわけです。

こういったことは、朔望月のサイクルに意識して関わらないと見えてこないものです。

繰り返しになりますが、『ムーン・ダイアリー』（図5）やノートに最終目標となる夢を書きつけ、そして朔望月の気のエネルギー・サイクルをじょうずに利用して、その夢を確実に実現していきましょう。

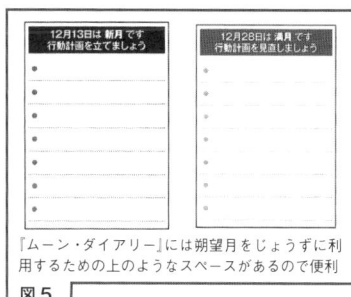

『ムーン・ダイアリー』には朔望月をじょうずに利用するための上のようなスペースがあるので便利

図5

Chapter 4
月の動きを開運に利用する

Moon sign astrology

Chapter 5

月と惑星の
アスペクト・パワーを
賢く利用する法

月と惑星が作り出すアスペクト

Chapter4ではトランシットの月がどの星座（サイン）を移動中かによって、どんな影響があるのかを解説しましたが、このChapter5では、トランシットの月と惑星の作り出すアスペクト（二つの天体が作り出す特定の角度）によってどんな影響が私たちに及ぶのかをお話します。

プロローグで、本来の占星術は太陽だけでなく、月、そして水星から冥王星までの8つの惑星を用いて占うという話をしました。

太陽の周囲をこれらの惑星はそれぞれの周期で公転しています。たとえば冥王星は約248年かけて太陽のまわりを一周し、また木星の場合はおよそ12年かけます。こういった惑星、そして太陽と月の位置（この場合、地球から見た天空での位置となります）をホロスコープという円形の図にマッピングして、西洋占星術は占いをするわけです。

ある人の誕生の瞬間にさかのぼってそれぞれの天体の位置を計算し、マッピングしたものを出生図（ネイタル・チャート）といいます。同時に、いま現在の天体の位置や、ある

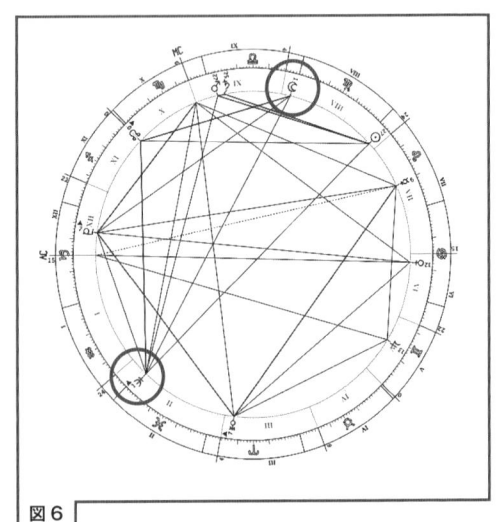

図6

148

いは2年後、10年後といった任意の未来の天体の位置も計算できます。出生図に対して、そういった任意の日時の天体の位置をホロスコープにしたものをトランシット図と呼びます。

それぞれの天体は、それぞれの公転周期によって太陽のまわりを移動しますので、その位置は複雑に入れ替わります。たとえば、図6は2012年8月20日午後7時の東京でのトランシット図です。一方、図7はそれから1週間後の8月27日の同時刻のトランシット図です。たった1週間で様子がずいぶんと変わっていることがわかるでしょう。

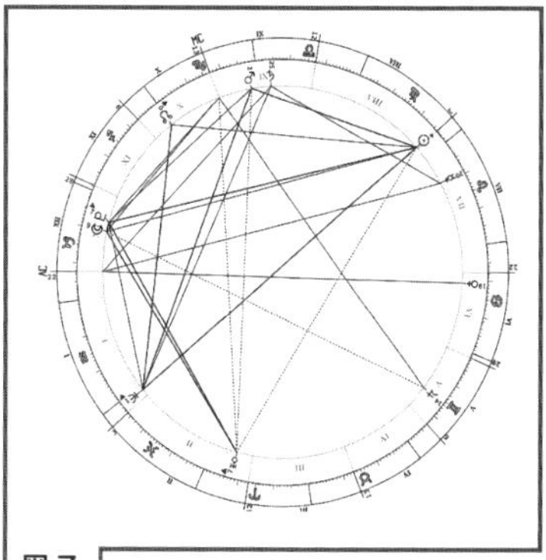

アスペクトのABC

さて、このホロスコープですが、読み方を知らない人には、何が何やらまったく理解不能ですが、ためしに、図6で月を表す☽のマークを探してください（円で囲んであります）。具体的には、てんびん座の1度前後の位置です。

これは8月20日の月はこの位置にいるということを表しています。なお、円の内角は360度ですから、12個のサインはそれぞ

図7

Chapter 5
月と惑星のアスペクト・パワーを賢く利用する法

れ30度分に相当します。てんびん座の1度ということは、てんびん座の始まりを0度として見たとき、1度の位置に月がいるということです。

さて、この月の反対側には♆のマークがあります（円で囲んであります）。これは海王星を表します。太い線でこの海王星と月が結ばれていますが、この二つの天体が円に内接する正三角形の一辺、つまり120度の位置関係にあるのがわかります。この120度という角度がアスペクトの一つなのです。

アスペクトにはいくつかの特定の角度が含まれますが、大きな影響力のあるメジャーなアスペクトとしては、0度（つまり二つの天体が同じ位置にいて重なっている状態）、90度、120度、180度があります。

それぞれのアスペクトの意味をかんたんに説明すると次のようになります。同時に、占星術での呼び方と記号も覚えておくとよいかもしれません。

0度（コンジャンクション） ☌／互いに天体の力を強めあい、大きなパワーが出ます。無自覚で衝動的なパワーの現れ方をすることも。

90度（スクエア） □／何かがいや応なく変化するような、大きな転換が起こります。不意の出来事なども暗示します。

120度（トライン） △／発展や幸運を意味しますが、イージーなほうに逃げるという意味のときも。

180度（オポジション） ♂／自分と環境が向き合う関係で、世界に対して働きかける、踏み出すという意味。自己主張や働きかけに必要なものです。

つまり、ある天体と天体がアスペクトを形作ったとき、その二つの天体の影響の中身は、そのアスペクトの種類、つまり角度によって変わってくるということなのです。

「占星術ってなんてめんどくさいんだ」というあなたのため息が聞こえてきそうですので、面倒な話はここらへんできりあげましょう。

結論から言えば、月はおよそ28日で地球を一回りします。これはホロスコープの円を一回りすることを意味します。

つまり、月はいろんな天体と次から次へとアスペクトを形作っては解消ということを続けているのです。

トランジットの月はサインの影響力ばかりでなく、アスペクトを通じて惑星の影響力もあなたの日常に持ち込んでいるというわけなのです。

Chapter 5
月と惑星のアスペクト・パワーを賢く利用する法

アスペクトの力をじょうずに利用しよう

この月と惑星との4種類のアスペクトそれぞれが、およそ1カ月に1〜2度、必ず形作られます。言いかえれば、159ページから解説している月と惑星のアスペクトのすべてを、あなたは必ず月に1〜2回体験するというわけです（90度のスクエアと120度のトラインのアスペクトはおよそ月に2度体験します）。

月の公転周期の速さからして、一つのアスペクトの影響力が発揮されるのはおよそ32時間のあいだ。そのうち、その影響がもっともシャープに現れるのはまん中の3分の1の12時間ほどです。

Chapter4のトランシットの月のサイン同様、惑星とのアスペクトによる影響力をじょうずに利用すれば、あなたの仕事や恋愛などをさらにスムースに進めることもできますし、自分の能力の向上に役立てることもできます。

同時に、この影響力のせいでおきがちなミスを減らしたり、変化や衝撃を前もって予測することでダメージをゼロにすることも可能なのです。

しかも、この影響力はすべての人に同時に働きますから、これに先に気づいている人のほうがまったく有利です。

たとえば、ビーチでサーフィンをしているとしましょう。やって来る波は、サーフィン

152

をしている人みんなにとって同じ波です。このとき、どんな波が沖からやって来るのかしっかりと観察できている人と、ぼんやりしている人とでは、どちらが波にうまく乗れるのかは言うまでもありません。この波を月と惑星の影響力とすれば、アスペクトを予測することで、私たちは賢く優れた「運命のサーファー」になれるのです。

じょうずに利用しない手はありません。

それから、先に説明したもの以外に、もう一つ大事なアスペクトに関係したポイントがあります。それは「月がどの天体ともアスペクトを作らない」という時間帯のことです。これをボイドと言います。ボイドについても、最後のほうで説明をします。

それでは、月と木星以遠の惑星とのアスペクトによる影響力、その中身をこれから説明しましょう。

ちなみに、なぜ水星、金星、火星が省かれているかですが、これらの惑星は公転周期が短いため、アスペクトの形成があまりにも目まぐるしいので煩瑣になることと、その影響力が小さいので無視できる範囲内と考えるからです。

では、まずは月と惑星がいつどんなアスペクトを形作るのかを調べる方法から説明しましょう。

Chapter 5
月と惑星のアスペクト・パワーを賢く利用する法

月と惑星のアスペクトの見つけ方

STEP 1

244ページの「木星・土星・天王星・海王星・冥王星のイングレス」から、調べたい時期の各惑星のサインをメモします。

たとえば2012年10月31日のハロウィンの日を調べるとします。それでは海王星とのアスペクトを見てみましょう。イングレスを見ると、［2012 02-04 04：04 魚］とあります。これは2012年2月4日午前4時4分から2025年3月30日午後9時0分まではおひつじ［牡羊］座にいるということを示しています（午後9時1分からはおひつじ［牡羊］座）。13年も同じサインにとどまっているのですね。このようにして調べたい惑星のイングレスからサインを見つけます。

［2025 03-30 21：01 牡羊］

STEP 2

205ページからの「誕生月星座表」で同じ時期の月の位置を調べ、メモします。

たとえばハロウィンの10月31日に月はおうし座にいることがわかります。

STEP 3

図8に惑星と月の名前を、それぞれのサインの位置に書き入れます。次に惑星と月の角度を調べます。図8はコピーしておくと便利です。

ハロウィンの例では図9のように、海王星がうお座でしたので、うお座のところに「海」と書き、月はおうし座でしたので、おうし座のところに「月」と書きます。するとサインとサインの間の角度は30度ですので、角度は60度だということがわかります。

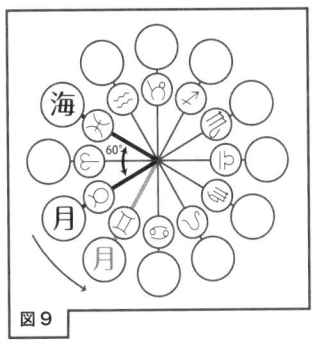

Chapter 5
月と惑星のアスペクト・パワーを賢く利用する法

HOW TO LOOK UP

す。ところが、月は2・5日で1サイン（角度で言えば30度分）移動しますので、もしかすると数時間後には月と海王星は90度のアスペクトを作っている可能性があります。月は移動速度が速いので、ここまで予測して考えたほうがよいでしょう。ちなみに90度のアスペクトは、かなり要注意のアスペクトです。

角度を調べるもう一つの方法

それぞれのサインが何星座分離れているかでも、アスペクトを見つけることができます。

◎同じサイン⇨0度／コンジャンクション
◎サインとサインの間が2星座分離れている⇨90度／スクエア

たとえば、うお座とふたご座なら、あいだにおひつじ座とおうし座があるので2星座分離れていることになります。以下、同じように勘定します。

◎サインとサインの間が3星座分離れている⇨120度／トライン
◎サインとサインが5星座分離れている⇨180度／オポジション

この場合も、+-1日ほどの誤差が生じます。

※アスペクトが形作られる日時を正確に知るには、パソコン用の占星術アプリケー

156

ションを用いるか、ネット上の無料ホロスコープ制作サイトを利用するとよいでしょう。ちなみに本書の天文暦を作成した大澤義孝さん制作の占星術アプリケーション『アマテル』はフリーウェアで、次のサイトからダウンロードして無料で使用できます。

http://tetramorph.to/

ボイドの見つけ方

ボイドの時間帯を表示してある『ムーン・ダイアリー』を利用しましょう。『ムーン・ダイアリー』では、「月の満ち欠けカレンダー」とダイアリーページに、ボイドの正確な時間帯が掲載されています。

惑星とのアスペクトのじょうずな利用法

月はおよそ28日で地球を一回りしますので、木星、土星、天王星、海王星、冥王星の4つの惑星とのアスペクトもめまぐるしく変化します。たとえば、スクエアとトラ

インのアスペクトだけでも、一つの惑星について28日間に4度もありますので、4つの惑星だと16回も体験することになります。これに、0度と180度も加わると、調べ出すだけでもたいへんです。

そこで、賢い利用法の提案です。

次のページから始まる各惑星ごとの解説文で、度数の下に次のようなマークがついているものがあります。その意味は次の通りです。

LUCKY 絶対に利用したほうがよい幸運のアスペクト

ALARM 絶対に注意したほうがいい最悪のアスペクト

つまり、このマークの付いているものをピックアップするだけでも、かなり有意義、かつ実際的にアスペクトが利用できるのです。

月末になったら、翌月のこのマークのついているアスペクトが出現する日だけを調べて、『ムーン・ダイアリー』などにメモしておくことをオススメします。

月と冥王星

0度

喜びも怒りも、感情の動きが極端に

冥王星は公転周期が長いので、一つのサインに長くとどまります。現在の冥王星はやぎ座を移動中で、2022年頃までやぎ座にとどまります。ですから、当分の間は、冥王星はやぎ座の色を帯びた冥王星ということになります。

やぎ座は国家や社会を表しますから、死と再生の星の冥王星がここにとどまるということは、国家や社会が根底的な変化を繰り返すと言うことでもあります。月はこの冥王星と0度（コンジャンクション）になるたび、この冥王星の役割をクローズアップします。

このやぎ座の冥王星と月のコンジャンクションの影響力が、では、個人にとってはどんなふうにして現れ出てくるのでしょうか。

感情の揺れが大きく、極端になりやすいでしょう。いわばリミッターが効かなくなり、感情の揺れ幅の上限下限がなくなってしまうのです。喜びも深ければ、怒りも深くなり、

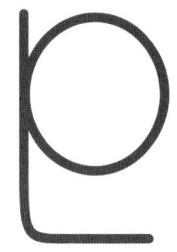

180度

干渉しすぎたり、暴言を吐くことも。

なにごとも感情が極端化しやすくなります。これは月と冥王星のコンジャンクションが、一種の裂け目のようなものを作り出すからです。そこに人はスポっと落ちてしまうのです。冥王星は太陽系の外側からの異質な力を取り込む働きをするので、人間もまた、この異質な力を、このときに取り込むのです。そのために、理由もなくストレスを感じる人もいるかもしれません。

また、あまり深くものごとを考えたりせず、惰性で暮らしているような人は、このときにリアルな現実に触れてショックを受け、まるで夢から覚めるような経験をするかもしれません。いずれにしても、このときに経験する感情の揺れ動きやストレスを経て、あなたの精神は時代の変化に同調することができるのです。いわば自分と宇宙の一種の時刻合わせと考えてもよいでしょう。

コンジャンクションのときに似て、感情がリミッターを振り切れて爆発したりします

が、このオポジションのときはその感情が他人などに向かいます。友人、家族に向かって、限度を超えて干渉したくなったり、あるいは暴言を吐いたりするかもしれません。普段おとなしい人ほど、度を超えやすく、コントロールできません。

総じて、普段にくらべて表現が大げさに、かつ極端になりがちです。

120度 LUCKY

心身を回復するためには最良の時間

傷ついた感情を修復できます。失敗した人もこのアスペクトが続く12時間のあいだは、やり直そうという気持ちになり、あきらめずに続けることを心に決めることでしょう。感情だけでなく、気のエネルギーも回復、再チャージされますので、とっても健康によい時間です。温泉など、からだによいとされる場所に出かけるのもよいですね。

また、持久力や忍耐力が発揮できる時間です。極端な出来事や人物に対しても、包容力をもって対することができます。

Chapter 5
月と惑星のアスペクト・パワーを賢く利用する法

90度 ALARM

深刻なミスや事故を起こしやすい最も危険なアスペクト

深刻なミスをおかしたり、事故にあいやすい、最も危険で要注意のアスペクトです。この時間帯は無理は禁物です。安全第一にすごしましょう。

冥王星には消失という意味があるので、何かを失うことも起こりやすいでしょう。たとえば、がんばって書き上げたプログラムや企画書を、パソコンのトラブルで消してしまうなどといったことも起きやすいアスペクトです。

また、恐怖体験、サイキックな体験をしやすいのもこの時間帯です。異次元からの力の侵入を受けやすくなるのです。

このトランシットの月と冥王星のスクエアのアスペクトは、およそ14日ごとにやって来ます。規則的に訪れると気づかず、盲点となってしまうことが多いので、前もってチェックしておき、どんなことが起きたかを記録しておくとよいでしょう。このアスペクトだけを拾い上げて『ムーン・ダイアリー』などにマーキングしておくことをオススメします。

月と海王星

0度

ぼんやりと夢見心地の時間帯

海王星はうお座の支配星なので、スピリチュアルな認識力はこの時間帯にアップしますが、反対に実務的な作業にはぼんやりしてしまって向きません。

本人は意識していませんが、漠然と気持ちよく、夢見心地な状態で、歩いているときもフワッとしている感じです。

ストレスも少なくなり、無防備で、こまかいことも気になりません。

エクセルに数字を入力するなど、こまかい事務的なことは間違いが多くなるので控えたほうがよいでしょう。

180度
リアルにイマジネーションができる

想像力を使って何かを鮮明にイメージするなど、いわば夢見能力のようなものが鋭くなる時間帯です。たとえば、ファンタジーを読んでいるときに、その舞台となる世界にまるで飛び込んだように、リアルにイマジネーションできます。

何かに向かって想像力を使って進んでいくというイメージですので、今話題のヘミシンクなどを使ってビジョンを見たりするのにもうってつけです。企画やアイデアについて、想像力を駆使し、一種の思考実験をして試すようなことにも向いているアスペクトです。

120度 LUCKY
願い事をするにはベストのとき

予知能力が研ぎ澄まされる時間帯です。同時に、思い描いたことがあとで実現しやすい、

願い事をするのに最適な時間帯でもあります。

月がエーテル体だとすれば、海王星の描いた夢をこのエーテル体が形にしていくのです。つまり、想像したとおりのことが現実化する可能性の高い、月と海王星のアスペクトなのです。

よく「ノートに願い事を書くと『引き寄せ』ができる」と言いますが、実現したい夢をそんなふうにノートに書くのなら、トランシットの月と海王星がトライン（120度）のアスペクトを形作るこのタイミングがベストです。努力しないで幸運を招き寄せようと思うなら、このアスペクトを絶対に利用しましょう。

また、予知能力と似ますが、何かを探し当てる力もこの時間帯に探すと見つかる可能性が高くどこかになくしてしまったものは、このアスペクトのときはパワーアップします。なるでしょう。

なお、海王星はしばらくは（2024年ごろまで）うお座にとどまります。すると、トラインの関係になるときの月のサインは、必然的にかに座かさそり座になります。どちらも水のエレメンツで人と親密になりたいというサインですので、このアスペクトのときは家族や友人と親しくすごすにはよい時間帯です。生活感のあまりない場所がよいので、高級レストランなどでディナーをしてもよいかもしれませんね。

Chapter 5
月と惑星のアスペクト・パワーを賢く利用する法

90度 足をすくわれるような体験をしがち

もっとも不注意になりやすいアスペクトです。何かをうっかり見落としてしまったり、注意したつもりでもどこかに盲点があり、足をすくわれるような体験をするかもしれません。ただし、月と冥王星のスクエアは深刻な事態をもたらす可能性があるのに対し、この海王星とのスクエアは深刻さはなく、あとで笑い話になるようなものが多いでしょう。

たとえば買い物をしたら偽物をつかまされたり、見当違いのものを買ってしまったり。

また、戸締まりを忘れがちなので、気をつけましょう。

この時間帯は、ありそうにもない夢を描き、それに酔ってしまいそうです。とうてい無理なはずの夢を、このときばかりは実現可能に思ってしまうのです。

あるいは、所持金に合わない買い物をすることも。ネットショッピングなどでつい高価な買い物をして、あとで後悔したりしないように注意したほうがよいですね。

また、放浪するような行動をとってしまいがちです。いつもと違う帰り道を通ってみたくなったり、あるいは家に帰らずにどっかに行ってみたくなったり。とはいえ、悲しくてそうするのではなく、漠然とした楽しさから、ついフラフラと行ってしまうのです。

月と天王星

0度

新しく刺激的なことをしたくなる

天王星は2018年ごろまでおひつじ座にいます（正確には2018年前後は、おひつじ座とおうし座を行ったり来たりします。地球と天王星の公転周期のズレによって見かけの位置が逆行したりするのです）。おひつじ座の天王星は、今までの古いものにはきっぱりケリをつけて、新しい刺激的な何かをするという意味になります。

そのために、この天王星と月が0度で重なり合うこの時間帯は、私生活で新しく刺激的なことにチャレンジしたくなります。

しかも勝手気ままで衝動的で無計画にです。

また、天王星は冥王星と2016年ごろまで90度のスクエアのアスペクトを形作ります。この中に月が入ってくることになるので、同時に月と冥王星のスクエアの関係にもなりますので、注意が必要です。

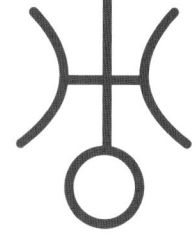

180度
あきあきした気分を打開したくなる

枠や規則からはみ出すことの楽しさや快感を追求したくなります。

枠には時間の枠と空間の枠があります。時間の枠からはみ出すということは、遅刻してみたり、予定通りには終えなかったりすることです。

天王星というのは、そもそも脱線することや反抗することへの喜びという意味があり、わざわざ変人っぽい行動をして楽しむというのが天王星的な振る舞いです。ですから、約束の時間を破りたくなったり、長話をして長居してみたり、あるいは逆に時間を切り上げてさっさと帰ってしまったりするなど、そんなことをしがちですし、逆に相手からそんな行動を取られるかもしれません。

空間の枠からはみ出すというのは、いつものテリトリーやコースから抜け出すということです。たとえば、いつも素通りしていたところに行ってみたくなったり、一度も行ったことがないけど気になっている場所や店に行ってみたくなったりするでしょう。

時間と空間の両方に共通しているのは、あきあきしたものを打開して、気分を刷新したいという衝動です。

120度 新しい人間関係ができやすいとき

遠くにあるものや無国籍的なものと関係ができやすくなります。

このトランシットの月と惑星のアスペクトは、すべての人に同時に働きますから、この時間帯はだれもが新しい人間関係に対してオープンな気持ちになるときだと言えます。

つまり、いままで知らなかっただれかにこちらから話しかけてみたり、あるいは反対に知らないだれかから話しかけられたりするのが、このアスペクトの時間帯なのです。

人間関係を広げ、新しい友人ができやすい時間帯と言えますので、いろんな人と出会える場所に行ったほうがよいでしょう。

だれもが壁を作らず、開放的な気分になっているときですので、関心があるのに今まで一度も話しかけたことのないような人に声をかけるにももってこいのタイミングです。

Chapter 5
月と惑星のアスペクト・パワーを賢く利用する法

90度 ALARM
対人関係で衝突が多くなるかも

偏屈さがきわだつときです。

ひねくれた気分になりますので、対人関係では衝突が多くなりますので、気をつけたほうがよいでしょう。

日常生活が不穏に乱れてくるような感じがして、わざわざ突拍子もないことをしたくなります。いつもなら見向きもしないものを食べたり、いつもは口にしないようなことを言ったりするなど、突発的に偏屈なことをしがちです。

社会全体がそういう気配を帯びますので、この時間帯は注意をしたほうがよいですね。

月と土星

0度

社交的な活動には向かない時間帯

土星はやぎ座の支配星で、やぎ座は冬至点を含んだサインです。そのため、固くする、乾かす、冷やすといった働きを土星は持っています。と聞くと、あまりポジティブなイメージではないかもしれませんが、たとえばからだを構成する骨は固く乾いていないといけません。つまり、安定して何かを支える働きをするのが土星でもあるのです。

一方の月は、かに座の支配星で、かに座は夏至点を含んだサインですので、月はあたたかく、やわらかく、水分が多いという性質を持ちます。

というわけで、月と土星の組合せは貝にたとえられるかもしれません。外側の堅い殻が土星で、貝の中身が月というわけです。ですから、これはほかのアスペクトにとっても言えることですが、土星がうまく働くときには、月をしっかりと保護してくれるのです。逆に土星が強く働き過ぎて干渉がきついと、月のやわらかさやうるおいが失われ、いわ

180度
自信をなくして弱気になるかも

月と土星が180度のオポジションのアスペクトになるときは、土星が規則やルールとばリラックスできない、ストレスの多い状況になります。

では、この月と土星が重なったコンジャンクションではどうなのでしょうか。残念ながら土星の固さのほうが勝り、月はあまり自由に振る舞えません。つまり、冒険もできず、型にはまったことしかできません。

生活面で具体的にどういう現れ方をするかというと、まずは社交的な活動にこの時間帯は向きません。感情の細やかさが失われ、相手の言葉や振る舞いに敏感に反応できなくなってしまいます。これは、どの人にとっても言えるので、この時間帯にパーティーや女子会などを開くのは避けたほうがよいかもしれません。

いい面としては、土星には余分なものを排除して必要かつ大事なものだけを残すという働きがありますので、この時間帯には掃除や整理整頓をすると効果があるでしょう。

なり、それに月が従うという関係になります。いわば、厳格な土星の言うことを月がおとなしく聞くといったイメージです。

ですから、このアスペクトができる時間帯は、自信がなくなって弱気になったり、ちょっとしたことで神経質になったりしがちです。寛大さや図太さといった、感情面でのやわらかさがなくなり、カタブツ的な言動が多くなるかもしれません。

一方で、身だしなみをキチンとしなきゃいけないようなイベントなどには向いています。秩序正しい行動が求められるような催しや集まりなどは、逆にこの時間帯にしたほうがよいかもしれません。

また、年を取った女性、つまり、おばあちゃんと親しくなるにはうってつけの時間帯です。

120度

規則正しい生活を取り戻すには最適

乱れた生活習慣を規則正しいものに戻すには最適のタイミングです。
食生活から睡眠まで、衣食住に関することすべてにおいて、安定したリズムを取り戻す

Chapter 5
月と惑星のアスペクト・パワーを賢く利用する法

90度

わけもなく不機嫌になるとき

土星が月を脅かすような影響力をふるうのがこのアスペクトです。理由がわからないけど、なんとなく機嫌が悪くなるのがこの時間帯。防衛的になり、新しい人物やモノに対して拒絶反応を見せてしまいます。とはいえ、これは月と土星のアスペクトのせいだと意識してしまえば、機嫌の悪さも治ってしまいます。

朝起きたらなんとなく機嫌が悪い。そういうときは、だいたいこの月と土星がスクエアだったりします。あまり深刻なものではないので、みんなが不機嫌だからといって、気にしすぎないほうがかえってよいかもしれません。

には、このアスペクトの時間帯を利用すると成功しやすいでしょう。また、このときは待ち合わせなど、約束の時間は正確に守ったほうがよいですし、そうすると気分がよくなるはずです。

几帳面であること、規律正しいこと、そんなことが安心感をもたらすアスペクトです。

月と木星

0度

だれもがいい気分なので関係修復のチャンス

木星には増強する、太らせるという働きがあります。月と木星が0度のコンジャンクションのときは、月に象徴されるエーテル体や気のエネルギーというものを木星が膨らませます。すると、こまかいことが気にならず、リラックスして気分がいい状態になりやすくなります。わけもなくニヤッとしてしまう、そんなイメージです。

木星はいて座の支配星でもありますので、旅や移動といった意味もあります。そういった面では、リラックスついでに行動範囲を広げてみるのもよい結果をもたらすでしょう。

このアスペクトの時間帯は、他人とはケンカにならない時間帯です。対人関係が険悪になることがありませんので、たとえば、悪化した友人や恋人との関係を修復するには、この月と木星のコンジャンクションの時間帯はベストかもしれませんね。

180度
だまされやすい状況になりがち

無防備さが目立つ時間帯です。たとえば、何かから被害を受けているのに、防いだり守ったりができない状態。あるいは、迷惑をこうむっても要領悪く、そのまままされるがままの状態。そういう、まわりから突っこまれやすい状況や雰囲気になりやすいでしょう。

とはいえ、全員がそうなるので、結果、全体がアバウトで計画性もなく、流されていくがままの状況になってしまいます。

大風呂敷を広げすぎてあとで後悔したり、お金をうっかり使いすぎたり、あるいは人にだまされたりしやすいアスペクトですので注意しましょう。

もともと不注意な性格の人は、さらに不注意になりますので、詐欺などのターゲットにならないように要注意です。

120度 LUCKY

だれもが明るくハッピーになるとき

ほどよいリラックス感と明るい気分に包まれます。だれもが楽しい気分になりやすいので、大勢で集まる楽しいこと――イベントやパーティーやお祝いごとなどを催すにはベストのタイミングです。

だれもがゴチャゴチャと面倒なことは考えたくなくなるので、裏工作だとか、そういう人の裏をかいたりするようなことは起こりません。多くの人が表も裏もない、素直な人になってしまいます。

感情の複雑さはなくなり、思ったことを率直に口にするような、シンプルであたたかい対人関係が繰り広げられるはずです。

ただし、表現が多少、オーバーアクションになりがちですが。

また、試験や学校に関することにも、このアスペクトのときは幸運がやって来ます。

Chapter 5
月と惑星のアスペクト・パワーを賢く利用する法

90度 期待しすぎると裏切られる

ルーズでアバウトになりやすい時間帯です。お金をちゃんと払わなかったり、借りたものを返さなかったり、そういうだらしなさのようなものが目立ってきます。

こまかい部分でのごまかしが増えたり、他人の権利を無視したりするなど、やりすぎるとあとあと不快になるような出来事も多くなりそうです。

態度が悪いとか、いいかげんなやつだとか、そんなふうにネガティブに見られることのないよう、注意が必要です。

また、見当違いの出来事も増えるでしょう。

予定外の出費になったり、もらえるものがもらえなかったり。

幸運を期待して裏切られる、または幸運を過信しすぎるなどといったことがおこるので、このアスペクトの時間帯はいろいろなものにあまり期待しすぎないことです。

178

VOID ボイド

一人で作業や勉強するにはオススメの時間帯

ボイドとは、月がどの天体ともアスペクトを形作らない時間帯のことを言います。月は惑星の力を個人の生活の中に現象として表します。その月がどの惑星ともアスペクトを作らないということは、いわばなんの影響もない、空白な状態になるということです。

このボイドのときは、対人関係も何かしら手ごたえが感じられず、空回りしやすい状態になります。手ごたえのなさにあせってしまうと、ますます失速するような気持ちになります。

わたしの個人的な経験としては、ボイドのときに講座をすると、わたしが話をしても出席者のリアクションがあまり感じられず、歯車が噛み合わないと思うときが多いようです。ところが、「これはボイドのせいか」と気づいてしまうと、一瞬で解決、講座のようすは普段と同じに戻ります。

アメリカでは一時、ボイドはとてもよくないタイミングとして嫌われていましたが、実際には実害は少ないのです。

大きな事故も起こりませんし、契約はボイドのときは避けようと言われますが、注意深くすればどうということもありません。
あまりに気にしすぎないほうがよいでしょう。
一方、一人で作業をしたり勉強したりするには、ボイドはいい時期です。
何かしら、中空に浮かんだ状態になりますので、周囲からの余計な雑音や邪魔もなく、一人の作業に集中できます。

Chapter 6

リリスとドラゴンで知る あなたの隠れた欲望と出会い

PART 1

リリス

あなたの秘密の欲望が何かがわかる

リリスとは実際に存在している天体のことではありません。月が地球のまわりを公転する軌道上で、地球から最も離れている「遠地点」のことです。

図10を見てもらうと一目瞭然ですが、月の公転軌道は少し楕円を描いています。加えて、この楕円の中心と地球の位置が少しずれており、つまり、月が公転するときの中心点に地球は位置しないので、月が地球に一番近づく点と逆に遠ざかる点がそれぞれ一つずつできてしまうわけです（もしも地球が月が描く楕円の軌道のまん中にあったら、一番近い点も一番離れている点もそれぞれ二つあることになります）。

この月がもっとも地球から離れるところを遠地点というのです。文字通り、月が最も「遠」く「地」球から離れる「点」です。

この天体ではない月の遠地点を、西洋占星術ではリリスと呼び、マイナー（実際の

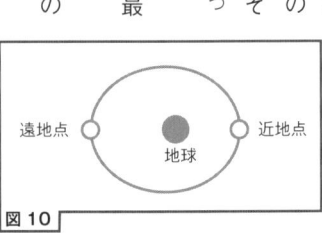

図10

182

決して現実化されないリリスの夢

占い鑑定ではあまり使われないという意味）ではありますが、その人の現実化されない欲望や夢の象徴として読み解く際に利用するのです。

太陽の力は月を介して地球に届けられるとしたとき、月が地球から最も遠くにいるこの遠地点からでは、太陽の力は地球に届かないまま、月に残ってしまうと考えるわけです。つまり、月という気のレベル、エーテル体のレベルには存在するのだけれど、地球上には存在しないので決して実現されないもの──要するに永遠に欲望や夢であり続けるものというわけです。

リリスという名はバビロニアの神話に起源があります。バビロニアではリリスは創造神でしたが、キリスト教では魔女のような扱いをうけるようになりました。そのように、リリスについては時代ごとに評価が異なります。それはおそらく、リリスが決して現実化しない欲求や、いわば社会的に公認されない欲望などを表してきたからではないでしょうか。

占星術上でリリスが象徴する欲望は、決して現世では物質化・現実化しません。物質化・現実化したらそれはリリスではありません。つまりそれは形にならない欲求で、いわば別次元でモヤモヤ動いているものです。また、形にならないということは、一方で気のエネ

Chapter 6
リリスとドラゴンで知るあなたの隠れた欲望と出会い

ルギーである生命力を刺激し、強める働きもします。

リリスの影響が強すぎる出生図を持つ人の場合は、この社会の中では実現しないことがあまりに多いと感じ、現世では満足できなくなります。その結果、リリスに振りまわされて、社会的に不適合な人になる可能性もでてきます。

イブは地上に住むけれど、リリスは空気の中に住んでいると言われるように、リリスは別次元、つまり気のレベルにとどまっている存在ですので、精神性に向かう案内者の役割もときとして果たします。

ヘミシンク経験者などからはビジョンの中にガイドが出てくる話がよく聞かれますが、こういった非物資の存在もまたリリス的なものではないかと思います。

そんなふうにリリスにはさまざまな側面がありますが、現実という目に見える世界とは異なる、異世界の豊かさというものを暗示し、生命力を強める存在でもあるのですね。

リリスは自分の妄想を異性に投影

では、このリリスがあるサインによって、どんな影響があるのでしょう。

ひと言で言えば、そのサインに色づけされた妄想、幻想と言えるでしょう。

たとえば、このリリスが異性関係に結びつくと、相手に妄想や幻想を抱く、つまり自分

の理想像を相手に託してしまいやすくなるのです。

でも、リリスの欲求は決してこの世界では現実化されませんので、その相手は決して理想の人ではありえないのです。

ところが、無理にこの異性関係を現実化させようとすると、社会的には「不適切な関係」として反対されてしまうなど、よい結果を生まないことがあります。

そういった、現実化されないままの恋愛になるという意味では、リリスは芸術的な作品上での恋愛など、創造へのイマジネーションとして力を発揮するものとも言えるでしょう。

さて、このChapter6では、あなたのリリスが生まれたときにどのサインに位置していたかで、どのような異性にあこがれやすいかなどを解説します。

ただし、現実の結婚相手としてはリリスとは別の人を選ぶことが多いでしょう。このリリスによって引き寄せられる異性はずっとあこがれのままで終わるか、あるいは恋愛関係になったとしても、多くの場合、それはおおっぴらにされたり、周囲に祝福されたりすることはなく、自分しか知らない秘密の恋のままで終わることになります。

さて、まずは、あなたのリリスがどのサインにあるかを調べましょう。

Chapter 6
リリスとドラゴンで知るあなたの隠れた欲望と出会い

リリスの見つけ方

HOW TO LOOK UP

STEP 1

246ページの「リリスのイングレス」から、あなたの生年月日が含まれる表を探しましょう。

あなたがたとえば1990年4月1日の生まれなら、250ページを見ます。

STEP 2

あなたの生年月日が含まれる期間のサインを調べましょう。

1990年4月1日生まれの例で言えば、［1990-03-27 20:32 天秤］から［1990-04-06 11:42 蠍］の間に生年月日が含まれるので、この人のリリスはてんびん（天秤）座ということになります。なお、生まれた時間がわからない人で、なおかつ星座の切り替え日が誕生日の人は、両方どちらかの可能性があります。たとえば、1990年4月6日生まれで生まれた時間が不明な人は、てんびん座かさそり（蠍）座のどちらかわかりませんので、両方の解説を読んでおくとよいでしょう。

リリスがおひつじ座

自由気ままな異性へのあこがれ

自由であること、管理されないこと、自然児的なもの、そういったものにあこがれます。

直感力のような、文明化されていない本能的な力への思い入れが強いでしょう。

異性に対しても、不良っぽくて、だれにも管理されていない自由人のような人にグッときます。

とくに女性の場合は、気ままで好き勝手に生きているような男性を見るとあこがれの気持ちが高まります。たとえば、スティーブ・ジョブズのように、会社の中を裸足で歩き、仕事でも自分の意見を通し、自由に生きているかのような男性が、理想だったりします。

反対に組織に縛られ、管理されている男性には魅力を感じません。

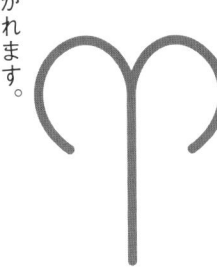

リリスがおうし座

感覚に独特のスイッチを持つ人

五感への特殊な嗜好がある人でしょう。

色や音、臭い、味などで、その人の何かのスイッチを入れてしまうような、お気に入りのものがあるはずです。たとえば、ある楽器の音を聴くと反応して心がうずいたり、ある独特の臭いを嗅ぐと創造的な行為のスイッチがオンになったり。

そんなふうに、自分のツボにはまる独特の五感の要素がありますので、それを探してみるのも楽しいでしょう。

異性面では、美しいものや快いものなどに自分なりの価値基準を持っているような、いわば貴族趣味的な持ち主に振りまわされそうになります。

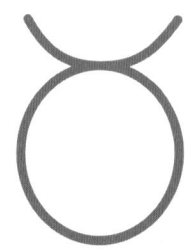

リリスがふたご座

あてにならない異性に引かれるかも

小旅行で訪れるような国内の場所の中で、パワースポットなどの神秘的なところに妙にひかれてしまうところがあります。

また、報道記事から友だちのゴシップまで、情報の中にリリスがもたらすいろいろな妄想が混じってしまい、それに振りまわされて何かしら腰がすわらないところがあります。

あてにならないことを自由と錯覚するところがあるので、自分をあてにならない存在にしておきたがります。そのため、自分の性格などをだれかに言い当てられることを嫌います。

異性関係においても、あてにならない無責任な異性に理想像を投影することも。

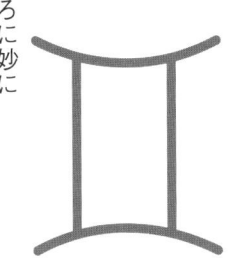

Chapter 6
リリスとドラゴンで知るあなたの隠れた欲望と出会い

リリスがかに座

古い時代のものや人物にひかれます

家族、あるいは古い時代のものへの思い入れが強くなります。

たとえば失われた民族などに興味があったり、役行者（えんのぎょうじゃ）（奈良時代の伝説的な山岳修行者）や非業の死を遂げた歴史上の人物にひかれたり、歴史の裏面などに好奇心をつのらせます。つまり、過去の失われた人物に理想像を投影する人です。歴女タイプには多いかもしれません。または、死に別れた兄弟など、家族の中の失われた人物への思い入れも強い人でしょう。

「魂の家族」と感じるような異性に引かれます。今の家族はニセ者で、ほんとうの家族は、むしろ見えない世界にいるのではないかと感じます。そのために、縁がないのに、直感的に「この人とは前世で親密だった」と思うような人に入れ込み、相手とは言葉を交わさなくても心は通じ合うと思い込むようなところがあります。

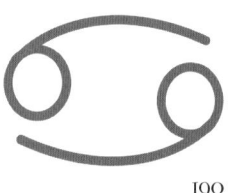

リリスがしし座

売れない芸人や芸術家が好き

異端の芸術家や奇矯なパフォーマーなど、ちょっとひねった表現をするクリエーターやサブカルの人気者などへの思い入れが強いでしょう。旅芸人やサーカスなどといったものにもひかれます。

こういった王道からはずれてしまったアーチストや芸人などに異性としての理想を投影してしまうと、いつまでも端役ばかりしか仕事のない役者の卵や、ちっとも売れない芸人の彼／彼女を自分が働いて食べさせるといった、相手を甘やかし、相手に依存される恋愛関係をつくってしまいがちです。極端になると、社会性のない経済的にも無能な異性としか恋愛ができないということも。

Chapter 6
リリスとドラゴンで知るあなたの隠れた欲望と出会い

リリスがおとめ座

年下趣味で人形を偏愛する

少年や少女といった子供っぽさに引かれます。人形的なものへの偏愛という面もありますから、少女の顔をしたフランス人形などが大好きかもしれません。

年下の人が好きで、その人を自分がしつけたい、教えたいという気持ちがあります。ですから、たとえば職場などでも、年下で仕事のスキルが未熟であればあるほど、その人に興味を持ちます。

恋愛対象ももちろん年下の異性が多くなるでしょう。線が細く、傷つきやすいイメージの異性にあこがれをいだきます。

なお、とても几帳面できれい好きな人ですが、それが人への排他性に結びつかないように注意しましょう。

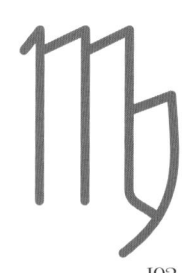

リリスがてんびん座

美しいものへの強い思い入れ

バランスが取れた完全な美というものへの思い入れがあり、華美な家具や絵画、装飾品などにも無意識に強く引かれます。

対人関係においては、いろんな相手とのあいだに垣根をもうけず、広くつきあいます。

そのため、自分と他人との間の境界線が壊れてしまい、たとえば、知り合ったばかりの人があつかましい要求をしてきたときでも、むしろそれを嬉しいと感じます。また、自分が関わり合う人に過剰な期待を持ちすぎることも。

つきあいたいと思う異性は一般的な感性や容貌の人ではダメ。突出した容姿の持ち主で、自分の夢を強く刺激してくれるような人を探します。ときには、素晴らしい容姿だけが重要で、社会性や内面性などはまったくどうでもよかったりすることもあります。

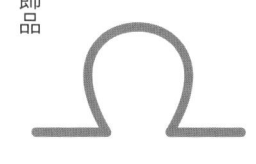

Chapter 6
リリスとドラゴンで知るあなたの隠れた欲望と出会い

193

リリスがさそり座

運命共同体的なものへのあこがれ

自分が所属する集団や仲間に対して過剰に思い入れをします。その集団の中で、仲間と強いつながりをもって、何かをいっしょにしたり、共有したりすることにあこがれます。

たとえば、ロックバンドをつくって仲間全員でスターになりたいとか、小さな劇団をつくって旗揚げしてみたいとか、そういった小さな運命共同体に幻想をいだきがちです。連帯感や絆というイメージにも引かれます。

また、さそり座の支配星は死と再生の冥王星ですから、死のイメージに知らずと引きつけられます。死の彼方からやって来るものにリリス的な影響が入り込んできます。

引かれてしまう異性も、たとえば映画『羊たちの沈黙』のレクター博士のような人が多いでしょう。男性で言えば、破壊して再生するというようなキャラクタの持ち主が多いでしょう。

リリスがいて座

異端思想や外国人に引かれます

異端的な思想などにひかれます。

たとえば、一般にはあまり知られていないけれども少数の熱狂的な崇拝者がいる天才的な人物の考え方だったり、または社会的に認められていない過激な哲学思想であったり、そういった異端的なものに興味が向きます。

とくに海外の思想家や活動家などへの関心が高いでしょう。

外国人にも無意識に反応しますので、お店などに入っても、そばに外国人がいると気になって落ち着きません。

恋愛対象としても、外国人の異性にあこがれや幻想をもちます。実際に外国人ではなくても、異国的な容貌の持ち主であればそういう異性に引かれます。

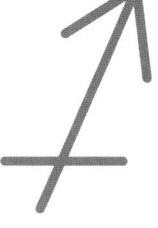

リリスがやぎ座

年長者に関心が向きがちです

年長者や成熟したものなどに引きつけられます。

たとえば落ち着いた雰囲気をした年上の人や専門家的な人、またはフィクサーのような全体を取り仕切るような人などに関心が向きます。

逆に自分がそのような雰囲気を持った人物になろうとする場合もあります。その場合は、裏側にまわり、人から見えないところで支配力をふるおうとするでしょう。

恋愛対象としても、しっかりと地に足のついたイメージがある、社会的ステータスの高い年上の人、しかもだいぶ年の離れた人などに無意識にひかれることが多いでしょう。

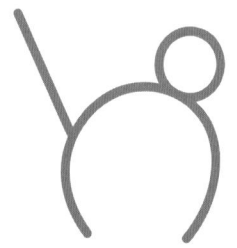

リリスがみずがめ座

バーチャルな存在に幻想をいだく

インターネットなどのメディアの世界のもの、つまりバーチャルなものに引かれます。

電波や電気の世界にしか存在しないものに、夢やあこがれをいだくのです。

たとえばCGで作られた実在しないキャラクター——初音ミクやゲームのキャラクター、ロボット、サイボーグなどに、リアルな人間に対してと同じような幻想をいだくことでしょう。

また、友人には社会適応があまりうまくいっていない変人タイプ、おたくタイプの人が多くなるでしょう。

恋愛対象としての異性でも、地に足が着いていない、フワフワとして社会に適応できていないような人にひかれてしまいます。

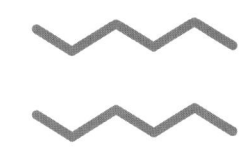

Chapter 6
リリスとドラゴンで知るあなたの隠れた欲望と出会い

リリスがうお座

夢の世界にしか存在しないものにあこがれ

現実世界には実在せず、そのためにつかまえることができない、かすかな予感めいたもの——そういう希薄な存在にこそ真実があるという考えをする人です。

夢の世界の中にしかないものこそが素晴らしいという、一種、現世否定的なものの見方やロマン的な気分にあこがれを持つでしょう。自然界の中に溶けこんでいる昔の神様の世界のような気配に、敏感に反応します。

恋愛対象としての異性は、現実に肉体を持って存在している必要はないと思っているかもしれません。想像で理想の恋人の姿を作ってしまい、毎晩、その空想の恋人と夢の中で会うということもあるでしょう。

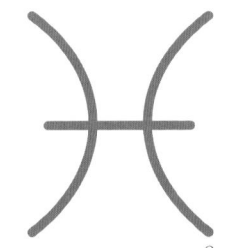

PART 2

ドラゴンヘッド／ドラゴンテイル

あなたと縁がある月星座の人を探そう

リリスと同じように、ドラゴンヘッド、ドラゴンテイルと呼ばれるものも実際に存在する天体ではありません。

太陽の通り道である黄道と、月の通り道である白道が交わる場所（交点）のことをノードと呼びますが、この二ヵ所あるノードのうち、南から北へ上昇するようにして白道が黄道を横切る交点のことをノース・ノード、逆に北から南へ下降するようにして横切る交点をサウス・ノードと言います（図11）。

占星術ではこのノースノードをドラゴンヘッドと呼び、同じくサウス・ノードのことをドラゴンテイルと呼ぶのです。

ほかの惑星やリリス同様、生まれた瞬間、このドラゴンヘッドとドラゴンテイルがどの位置にあるかで占星術ではいろいろなことを解読していくわけです。

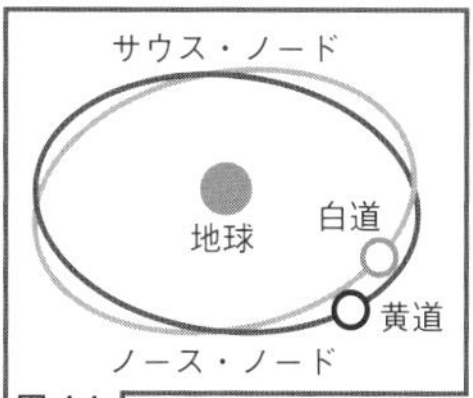

図11

Chapter 6
リリスとドラゴンで知るあなたの隠れた欲望と出会い

ちなみに、ドラゴンヘッドとドラゴンテイルは互いに常に180度の正反対の位置にあります。

縁に関係するポイント

では、いったい、ドラゴンヘッドとドラゴンテイルで何がわかるのでしょうか。

二つとも「縁」にかかわることがポイントになります。

ドラゴンヘッドは新しい縁で、未来の可能性を示します。新しい縁をどんどん広げようとしますが、未知の領域へ進むことも意味しますので、失敗も多くなります。

一方のドラゴンテイルは過去の縁を示します。自信がなくなったときに戻るところという意味もあります。未練がつのり、やめたくてもやめられない、離れたくても離れられない縁ということになります。

もともとドラゴンヘッドとドラゴンテイルはインド占星術からもたらされた考えですが、インド占星術ではドラゴンヘッドはよくない感受点とされています。なぜなら、限界をわきまえず、あくなく求めることで運が尽きてしまうと考えられたからです。たとえばお金がないのに買い物しまくるような、そんな限度をこえた貪欲さの象徴とされているのです。

西洋占星術では、インド占星術とは異なり、一方的に悪いものとは見なしません。働きは似ていますが、たとえばドラゴンヘッドは境界線のなくなるポイントと考えます。つまり、インド占星術の言うような貪欲さは、西洋占星術では、対象に対しての境界線がなくなることで過剰な思い入れがあがるというふうに見なされます。

一方で、境界線がなくなるということは、対象が人間であれば、相手に親しみを感じ、疑わずに受け入れるということでもあります。また、境界線がないということは侵入する相手から自分をガードできなくなるということも意味します。

月星座とドラゴンヘッドからわかること

さて、このドラゴンヘッドと月星座の二つから興味深いことが調べられます。それは縁ができやすい人の月星座です。

あなたの出生図（生まれた瞬間のホロスコープ）でのドラゴンヘッドが位置するサインと同じ月星座のサインを持っている人は、あなたととても強い縁ができやすいのです。

たとえばあなたの出生図のドラゴンヘッドがおひつじ座だとしたら、月星座がおひつじ座の人に親しみを感じて、あなたは自然と引かれてしまい、強い思い入れをいだいてしまうのです。その結果、仲のよい友人、うまのあう上司と部下、あるいは恋人どうしになる

Chapter 6
リリスとドラゴンで知るあなたの隠れた欲望と出会い

かもしれません。

一方で気をつけなくてはいけないのは、あなたは相手との境界線を失ってしまうので、いわば安請け合いをしがちになるのです。自分もそれほどお金がないのに、相手のかわりにお金を払ってあげるなど、限度を超えたことをしがちですので、注意しましょう。

それでは、あなたのドラゴンヘッドが生まれた瞬間、何座にあったのかを調べてみましょう。そのサインが、とりもなおさず、あなたに縁がある月星座です。

ドラゴンヘッドの位置を調べよう

STEP 1

253ページの「ノード・イングレス」から、あなたの誕生年月日が含まれるサインを見つけましょう。

たとえば、あなたが1985年7月1日生まれだとします。

[1984-09-12 02:34 牡牛]の次が[1986-04-06 16:22 牡羊]となっています。これは1984年9月12日午前2時34分からおひつじ（牡羊）座にあり、1986年4月6日午後4時22分におひつじ（牡羊）座に変わるということを意味しますので、1985年7月1日生まれのあなたのドラゴンヘッドはおうし座ということになります。

STEP 2

あなたのドラゴンヘッドのサインと、同じ月星座の人を思い出してみましょう。

その人こそが、あなたと深い縁で結ばれた人です。

Chapter 6
リリスとドラゴンで知るあなたの隠れた欲望と出会い

Moon sign astrology

Data 1

誕生月星座表

＊誕生月星座表の表記について

各星座（サイン）名は、本文では「おひつじ座」のようにひらがなで表記していますが、「誕生月星座表」をはじめとしたデータページでは、表示スペースを節約するために漢字表記にしてあります。下を参考にしてください。

牡羊……　おひつじ座
牡牛……　おうし座
双子……　ふたご座
蟹………　かに座
獅子……　しし座
乙女……　おとめ座
天秤……　てんびん座
蠍………　さそり座
射手……　いて座
山羊……　やぎ座
水瓶……　みずがめ座
魚………　うお座

1950年

日付	時間	月星座
01-01	06:13	双子
01-03	15:56	蟹
01-05	22:58	獅子
01-08	04:06	乙女
01-10	08:08	天秤
01-12	11:28	蠍
01-14	14:16	射手
01-16	17:06	山羊
01-18	21:07	水瓶
01-21	03:41	魚
01-23	13:37	牡羊
01-26	02:08	牡牛
01-28	14:57	双子
01-31	00:50	蟹
02-02	07:34	獅子
02-04	11:37	乙女
02-06	14:19	天秤
02-08	16:50	蠍
02-10	19:51	射手
02-12	23:45	山羊
02-15	12:11	魚
02-19	22:01	牡羊
02-22	10:12	牡牛
02-24	23:03	双子
02-27	10:03	蟹
03-01	17:30	獅子
03-03	21:24	乙女
03-05	23:00	天秤
03-07	23:55	蠍
03-10	01:37	射手
03-12	05:07	山羊
03-14	10:52	水瓶
03-16	18:59	魚
03-19	05:21	牡羊
03-21	17:32	牡牛
03-24	06:28	双子
03-26	18:17	蟹
03-29	03:05	獅子
03-31	08:01	乙女
04-02	09:41	天秤
04-04	09:35	蠍
04-06	09:37	射手
04-08	11:29	山羊
04-10	16:24	水瓶
04-13	00:38	魚
04-15	11:32	牡羊
04-18	00:00	牡牛
04-20	12:54	双子
04-23	01:02	蟹
04-25	10:57	獅子
04-27	17:30	乙女
04-29	20:25	天秤
05-01	20:37	蠍
05-03	19:50	射手
05-05	20:08	山羊
05-07	23:22	水瓶
05-10	06:34	魚
05-12	17:18	牡羊
05-15	05:59	牡牛
05-17	18:52	双子
05-20	06:50	蟹
05-22	17:06	獅子
05-25	00:51	乙女
05-27	05:26	天秤
05-29	07:01	蠍
05-31	06:43	射手
06-02	06:27	山羊
06-04	08:18	水瓶
06-06	13:57	魚
06-08	23:44	牡羊
06-11	12:12	牡牛
06-14	01:01	双子
06-16	12:45	蟹
06-18	22:37	獅子
06-21	06:12	乙女
06-23	12:09	天秤
06-25	15:19	蠍
06-27	16:26	射手
06-29	16:48	山羊
07-01	18:19	水瓶
07-03	22:51	魚
07-06	07:24	牡羊
07-08	19:13	牡牛
07-11	08:02	双子
07-13	19:34	蟹
07-16	04:52	獅子
07-18	12:05	乙女
07-20	17:34	天秤
07-22	21:27	蠍
07-24	23:55	射手
07-27	01:39	山羊
07-29	03:55	水瓶
07-31	08:19	魚
08-02	16:03	牡羊
08-05	03:06	牡牛
08-07	15:44	双子
08-10	03:27	蟹
08-12	12:36	獅子
08-14	19:03	乙女
08-16	23:31	天秤
08-19	02:49	蠍
08-21	05:36	射手
08-23	08:23	山羊
08-25	11:53	水瓶
08-27	17:02	魚
08-30	00:44	牡羊
09-01	11:19	牡牛
09-03	23:45	双子
09-06	11:54	蟹
09-08	21:34	獅子
09-11	03:55	乙女
09-13	07:28	天秤
09-15	09:27	蠍
09-17	11:22	射手
09-19	13:49	山羊
09-21	17:59	水瓶
09-24	00:09	魚
09-26	08:32	牡羊
09-28	19:08	牡牛
10-01	07:26	双子
10-03	19:59	蟹
10-06	06:40	獅子
10-08	13:54	乙女
10-10	17:29	天秤
10-12	18:31	蠍
10-14	18:44	射手
10-16	19:55	山羊
10-18	23:27	水瓶
10-21	05:53	魚
10-23	14:59	牡羊
10-26	02:03	牡牛
10-28	14:22	双子
10-31	03:03	蟹
11-02	14:38	獅子
11-04	23:21	乙女
11-07	04:10	天秤
11-09	05:29	蠍
11-11	04:51	射手
11-13	04:25	山羊
11-15	06:14	水瓶
11-17	11:38	魚
11-19	20:39	牡羊
11-22	08:08	牡牛
11-24	20:38	双子
11-27	09:13	蟹
11-29	21:02	獅子
12-02	06:53	乙女
12-04	13:29	天秤
12-06	16:19	蠍
12-08	16:17	射手
12-10	15:16	山羊
12-12	15:34	水瓶
12-14	19:10	魚
12-17	02:58	牡羊
12-19	14:10	牡牛
12-22	02:49	双子
12-24	15:18	蟹
12-27	02:45	獅子
12-29	12:41	乙女
12-31	20:20	天秤

1951年

日付	時間	月星座
01-03	00:58	蠍
01-05	02:38	射手
01-07	02:32	山羊
01-09	02:35	水瓶
01-11	04:56	魚
01-13	11:05	牡羊
01-15	21:10	牡牛
01-18	09:36	双子
01-20	22:06	蟹
01-23	09:12	獅子
01-25	18:26	乙女
01-28	01:46	天秤
01-30	07:04	蠍
02-01	10:16	射手
02-03	11:52	山羊
02-05	13:01	水瓶
02-07	15:29	魚
02-09	20:43	牡羊
02-12	05:33	牡牛
02-14	17:18	双子
02-17	05:51	蟹
02-19	17:01	獅子
02-22	01:43	乙女
02-24	08:01	天秤
02-26	12:31	蠍
02-28	15:49	射手
03-02	18:29	山羊
03-04	21:11	水瓶
03-07	00:45	魚
03-09	06:16	牡羊
03-11	14:33	牡牛
03-14	01:36	双子
03-16	14:06	蟹
03-19	01:44	獅子
03-21	10:39	乙女
03-23	16:21	天秤
03-25	19:36	蠍
03-27	21:40	射手
03-29	23:51	山羊
04-01	03:02	水瓶
04-03	07:45	魚
04-05	14:16	牡羊
04-07	22:52	牡牛
04-10	09:41	双子
04-12	22:04	蟹
04-15	10:18	獅子
04-17	20:07	乙女
04-20	02:13	天秤
04-22	04:55	蠍
04-24	05:40	射手
04-26	06:19	山羊
04-28	08:32	水瓶
04-30	13:13	魚
05-02	20:26	牡羊
05-05	05:47	牡牛
05-07	16:51	双子
05-10	05:13	蟹
05-12	17:49	獅子
05-15	04:44	乙女
05-17	12:05	天秤
05-19	15:23	蠍
05-21	15:44	射手
05-23	15:07	山羊
05-25	15:41	水瓶
05-27	19:05	魚
05-30	01:50	牡羊
06-01	11:53	牡牛
06-03	23:03	双子
06-06	11:31	蟹
06-09	00:12	獅子
06-11	11:47	乙女
06-13	20:31	天秤
06-16	01:17	蠍
06-18	02:26	射手
06-20	01:38	山羊
06-22	01:04	水瓶
06-24	02:49	魚
06-26	08:13	牡羊
06-28	17:17	牡牛
07-01	04:51	双子
07-03	17:27	蟹
07-06	06:00	獅子
07-08	17:36	乙女
07-11	03:04	天秤
07-13	09:21	蠍
07-15	12:03	射手
07-17	12:14	山羊
07-19	11:47	水瓶
07-21	12:29	魚
07-23	16:21	牡羊
07-26	00:07	牡牛
07-28	11:08	双子
07-30	23:42	蟹
08-02	12:08	獅子
08-04	23:18	乙女
08-07	08:34	天秤
08-09	15:24	蠍
08-11	19:31	射手
08-13	21:18	山羊
08-15	21:53	水瓶
08-17	22:52	魚
08-20	01:58	牡羊
08-22	08:26	牡牛
08-24	18:27	双子
08-27	06:44	蟹
08-29	19:10	獅子
09-01	06:00	乙女
09-03	14:32	天秤
09-05	20:49	蠍
09-08	01:13	射手
09-10	04:06	山羊
09-12	06:11	水瓶
09-14	08:21	魚
09-16	11:47	牡羊
09-18	17:41	牡牛
09-21	02:47	双子
09-23	14:34	蟹
09-26	03:08	獅子
09-28	14:05	乙女
09-30	22:08	天秤
10-03	03:23	蠍
10-05	06:48	射手
10-07	09:30	山羊
10-09	12:19	水瓶
10-11	15:46	魚
10-13	20:19	牡羊
10-16	02:37	牡牛
10-18	11:22	双子
10-20	22:42	蟹
10-23	11:25	獅子
10-25	23:01	乙女
10-28	07:25	天秤
10-30	12:09	蠍
11-01	14:20	射手
11-03	15:40	山羊
11-05	17:43	水瓶
11-07	21:23	魚
11-10	02:53	牡羊
11-12	10:07	牡牛
11-14	19:15	双子
11-17	06:27	蟹
11-19	19:12	獅子
11-22	07:36	乙女
11-24	17:09	天秤
11-26	22:32	蠍
11-29	00:20	射手
12-01	00:22	山羊
12-03	00:45	水瓶
12-05	03:08	魚
12-07	08:18	牡羊
12-09	16:04	牡牛
12-12	01:54	双子
12-14	13:22	蟹
12-17	02:05	獅子
12-19	14:52	乙女
12-22	01:41	天秤
12-24	08:49	蠍
12-26	11:27	射手
12-28	11:24	山羊
12-30	10:36	水瓶

1952年

日付	時間	月星座
01-01	11:10	魚
01-03	14:42	牡羊
01-05	21:43	牡牛
01-08	07:42	双子
01-10	19:34	蟹
01-13	08:19	獅子
01-15	21:00	乙女
01-18	08:19	天秤
01-20	16:44	蠍
01-22	21:22	射手
01-24	22:39	山羊
01-26	22:06	水瓶
01-28	21:45	魚
01-30	23:32	牡羊
02-02	04:51	牡牛
02-04	13:55	双子
02-07	01:44	蟹
02-09	14:36	獅子
02-12	03:02	乙女
02-14	14:00	天秤
02-16	22:45	蠍
02-19	04:42	射手
02-21	07:49	山羊
02-23	08:48	水瓶
02-25	09:01	魚
02-27	10:11	牡羊
02-29	14:02	牡牛
03-02	21:36	双子
03-05	08:40	蟹
03-07	21:30	獅子
03-10	09:51	乙女
03-12	20:16	天秤
03-15	04:20	蠍
03-17	10:15	射手
03-19	14:11	山羊
03-21	16:55	水瓶
03-23	18:49	魚
03-25	20:34	牡羊
03-28	00:05	牡牛
03-30	06:36	双子
04-01	16:39	蟹
04-04	05:10	獅子
04-06	17:40	乙女
04-09	03:56	天秤
04-11	11:13	蠍
04-13	16:08	射手
04-15	19:41	山羊
04-17	22:43	水瓶
04-20	01:40	魚
04-22	04:56	牡羊
04-24	09:15	牡牛
04-26	15:40	双子
04-29	01:06	蟹
05-01	13:12	獅子
05-04	01:57	乙女
05-06	12:39	天秤
05-08	19:49	蠍
05-10	23:50	射手
05-13	02:09	山羊
05-15	04:14	水瓶
05-17	07:05	魚
05-19	11:07	牡羊
05-21	16:29	牡牛
05-23	23:37	双子
05-26	09:06	蟹
05-28	20:59	獅子
05-31	09:57	乙女
06-02	21:26	天秤
06-05	05:19	蠍
06-07	09:21	射手
06-09	10:46	山羊
06-11	11:26	水瓶
06-13	13:05	魚
06-15	16:29	牡羊
06-17	22:11	牡牛
06-20	06:03	双子
06-22	16:04	蟹
06-25	04:02	獅子
06-27	17:06	乙女
06-30	05:18	天秤
07-02	14:25	蠍
07-04	19:27	射手
07-06	21:02	山羊
07-08	20:54	水瓶
07-10	20:59	魚
07-12	22:56	牡羊
07-15	03:45	牡牛
07-17	11:37	双子
07-19	22:05	蟹
07-22	10:20	獅子
07-24	23:25	乙女
07-27	11:54	天秤
07-29	22:04	蠍
08-01	04:37	射手
08-03	07:27	山羊
08-05	07:41	水瓶
08-07	07:05	魚
08-09	07:33	牡羊
08-11	10:46	牡牛
08-13	17:36	双子
08-16	03:52	蟹
08-18	16:19	獅子
08-21	05:22	乙女
08-23	17:42	天秤
08-26	04:10	蠍
08-28	11:53	射手
08-30	16:24	山羊
09-01	18:03	水瓶
09-03	18:00	魚
09-05	17:57	牡羊
09-07	19:48	牡牛
09-10	01:07	双子
09-12	10:24	蟹
09-14	22:38	獅子
09-17	11:42	乙女
09-19	23:41	天秤
09-22	09:43	蠍
09-24	17:33	射手
09-26	23:06	山羊
09-29	02:24	水瓶
10-01	03:52	魚
10-03	04:34	牡羊
10-05	06:05	牡牛
10-07	10:15	双子
10-09	18:16	蟹
10-12	05:50	獅子
10-14	18:51	乙女
10-17	06:44	天秤
10-19	16:10	蠍
10-21	23:12	射手
10-24	04:28	山羊
10-26	08:28	水瓶
10-28	11:23	魚
10-30	13:54	牡羊
11-01	15:58	牡牛
11-03	20:02	双子
11-06	03:12	蟹
11-08	13:56	獅子
11-11	02:47	乙女
11-13	14:57	天秤
11-16	00:18	蠍
11-18	06:33	射手
11-20	10:40	山羊
11-22	13:52	水瓶
11-24	16:55	魚
11-26	20:09	牡羊
11-28	23:54	牡牛
12-01	04:53	双子
12-03	12:09	蟹
12-05	22:23	獅子
12-08	10:57	乙女
12-10	23:35	天秤
12-13	09:39	蠍
12-15	16:00	射手
12-17	19:17	山羊
12-19	21:02	水瓶
12-21	22:45	魚
12-24	01:30	牡羊
12-26	05:46	牡牛
12-28	11:48	双子
12-30	19:53	蟹

1953年

日付	時間	月星座
01-02	06:17	獅子
01-04	18:41	乙女
01-07	07:36	天秤
01-09	18:44	蠍
01-12	02:14	射手
01-14	05:55	山羊
01-16	06:57	水瓶
01-18	07:07	魚
01-20	08:08	牡羊
01-22	11:20	牡牛
01-24	17:21	双子
01-27	02:07	蟹
01-29	13:06	獅子
02-01	01:35	乙女
02-03	14:31	天秤
02-06	02:21	蠍
02-08	11:20	射手
02-10	16:32	山羊
02-12	18:17	水瓶
02-14	17:58	魚
02-16	17:30	牡羊
02-18	18:50	牡牛
02-20	23:27	双子
02-23	07:48	蟹
02-25	19:05	獅子
02-28	07:51	乙女
03-02	20:41	天秤
03-05	08:31	蠍
03-07	18:20	射手
03-10	01:10	山羊
03-12	04:37	水瓶
03-14	05:17	魚
03-16	04:39	牡羊
03-18	04:44	牡牛
03-20	07:35	双子
03-22	14:29	蟹
03-25	01:14	獅子
03-27	14:04	乙女
03-30	02:51	天秤
04-01	14:19	蠍
04-03	23:58	射手
04-06	07:29	山羊
04-08	12:27	水瓶
04-10	14:49	魚
04-12	15:19	牡羊
04-14	15:31	牡牛
04-16	17:27	双子
04-18	22:53	蟹
04-21	08:17	獅子
04-23	20:53	乙女
04-26	09:40	天秤
04-28	21:12	蠍
05-01	05:52	射手
05-03	12:55	山羊
05-05	18:12	水瓶
05-07	21:46	魚
05-09	23:49	牡羊
05-12	01:12	牡牛
05-14	03:27	双子
05-16	08:16	蟹
05-18	16:47	獅子
05-21	04:31	乙女
05-23	17:16	天秤
05-26	04:32	蠍
05-28	13:08	射手
05-30	19:17	山羊
06-01	23:45	水瓶
06-04	03:12	魚
06-06	06:01	牡羊
06-08	08:41	牡牛
06-10	12:03	双子
06-12	17:17	蟹
06-15	01:27	獅子
06-17	12:37	乙女
06-20	01:16	天秤
06-22	12:57	蠍
06-24	21:48	射手
06-27	03:29	山羊
06-29	06:51	水瓶
07-01	09:08	魚
07-03	11:23	牡羊
07-05	14:23	牡牛
07-07	18:42	双子
07-10	00:54	蟹
07-12	09:27	獅子
07-14	20:28	乙女
07-17	09:04	天秤
07-19	21:17	蠍
07-22	06:59	射手
07-24	13:07	山羊
07-26	16:15	水瓶
07-28	17:07	魚
07-30	17:56	牡羊
08-01	19:57	牡牛
08-04	00:10	双子
08-06	06:59	蟹
08-08	16:16	獅子
08-11	03:33	乙女
08-13	16:08	天秤
08-16	04:43	蠍
08-18	15:30	射手
08-20	22:53	山羊
08-23	02:46	水瓶
08-25	03:12	魚
08-27	02:46	牡羊
08-29	03:10	牡牛
08-31	06:07	双子
09-02	12:30	蟹
09-04	22:05	獅子
09-07	09:47	乙女
09-09	22:27	天秤
09-12	11:05	蠍
09-14	22:32	射手
09-17	07:21	山羊
09-19	12:30	水瓶
09-21	14:06	魚
09-23	13:30	牡羊
09-25	12:45	牡牛
09-27	14:01	双子
09-29	18:56	蟹
10-02	03:53	獅子
10-04	15:40	乙女
10-07	04:28	天秤
10-09	16:56	蠍
10-12	04:19	射手
10-14	13:51	山羊
10-16	20:34	水瓶
10-18	23:55	魚
10-21	00:27	牡羊
10-22	23:47	牡牛
10-25	00:04	双子
10-27	03:24	蟹
10-29	10:55	獅子
10-31	22:04	乙女
11-03	10:51	天秤
11-05	23:12	蠍
11-08	10:06	射手
11-10	19:18	山羊
11-13	02:31	水瓶
11-15	07:17	魚
11-17	09:35	牡羊
11-19	10:15	牡牛
11-21	10:55	双子
11-23	13:31	蟹
11-25	19:40	獅子
11-28	05:41	乙女
11-30	18:06	天秤
12-03	06:30	蠍
12-05	17:09	射手
12-08	01:33	山羊
12-10	07:59	水瓶
12-12	12:46	魚
12-14	16:06	牡羊
12-16	18:27	牡牛
12-18	20:27	双子
12-20	23:40	蟹
12-23	05:23	獅子
12-25	14:24	乙女
12-28	02:11	天秤
12-30	14:43	蠍

1954年

日付	時間	月星座
01-02	01:39	射手
01-04	09:45	山羊
01-06	15:09	水瓶
01-08	18:43	魚
01-10	21:27	牡羊
01-13	00:10	牡牛
01-15	03:29	双子
01-17	08:01	蟹
01-19	14:24	獅子
01-21	23:14	乙女
01-24	10:30	天秤
01-26	23:03	蠍
01-29	10:16	射手
01-31	19:27	山羊
02-03	00:38	水瓶
02-05	03:03	魚
02-07	04:14	牡羊
02-09	05:47	牡牛
02-11	08:54	双子
02-13	14:10	蟹
02-15	21:35	獅子
02-18	07:00	乙女
02-20	18:14	天秤
02-23	06:43	蠍
02-25	19:00	射手
02-28	04:58	山羊
03-02	11:07	水瓶
03-04	13:32	魚
03-06	13:40	牡羊
03-08	13:32	牡牛
03-10	15:06	双子
03-12	19:37	蟹
03-15	03:17	獅子
03-17	13:21	乙女
03-20	00:57	天秤
03-22	13:26	蠍
03-25	01:56	射手
03-27	12:55	山羊
03-29	20:37	水瓶
04-01	00:16	魚
04-03	00:40	牡羊
04-04	23:43	牡牛
04-06	23:40	双子
04-09	02:29	蟹
04-11	09:05	獅子
04-13	19:03	乙女
04-16	06:58	天秤
04-18	19:32	蠍
04-21	07:55	射手
04-23	19:11	山羊
04-26	04:02	水瓶
04-28	09:21	魚
04-30	11:08	牡羊
05-02	10:42	牡牛
05-04	10:06	双子
05-06	11:30	蟹
05-08	16:29	獅子
05-11	01:23	乙女
05-13	13:03	天秤
05-16	01:42	蠍
05-18	13:53	射手
05-21	00:49	山羊
05-23	09:48	水瓶
05-25	16:08	魚
05-27	19:32	牡羊
05-29	20:33	牡牛
05-31	20:40	双子
06-02	21:46	蟹
06-05	01:34	獅子
06-07	09:06	乙女
06-09	19:59	天秤
06-12	08:30	蠍
06-14	20:37	射手
06-17	07:05	山羊
06-19	15:26	水瓶
06-21	21:37	魚
06-24	01:44	牡羊
06-26	04:09	牡牛
06-28	05:37	双子
06-30	07:35	蟹
07-02	11:16	獅子
07-04	17:56	乙女
07-07	03:53	天秤
07-09	16:04	蠍
07-12	04:19	射手
07-14	14:40	山羊
07-16	22:19	水瓶
07-19	03:33	魚
07-21	07:07	牡羊
07-23	09:52	牡牛
07-25	12:30	双子
07-27	15:41	蟹
07-29	20:17	獅子
08-01	02:49	乙女
08-03	12:14	天秤
08-06	00:03	蠍
08-08	12:32	射手
08-10	23:20	山羊
08-13	06:54	水瓶
08-15	11:17	魚
08-17	13:37	牡羊
08-19	15:26	牡牛
08-21	17:56	双子
08-23	21:50	蟹
08-26	03:22	獅子
08-28	10:44	乙女
08-30	20:12	天秤
09-02	07:49	蠍
09-04	20:32	射手
09-07	08:10	山羊
09-09	16:31	水瓶
09-11	20:55	魚
09-13	22:22	牡羊
09-15	22:44	牡牛
09-17	23:55	双子
09-20	03:13	蟹
09-22	09:04	獅子
09-24	17:11	乙女
09-27	03:11	天秤
09-29	14:52	蠍
10-02	03:41	射手
10-04	16:04	山羊
10-07	01:45	水瓶
10-09	07:17	魚
10-11	08:58	牡羊
10-13	08:32	牡牛
10-15	08:10	双子
10-17	09:50	蟹
10-19	14:41	獅子
10-21	22:44	乙女
10-24	09:12	天秤
10-26	21:11	蠍
10-29	09:59	射手
10-31	22:36	山羊
11-03	09:22	水瓶
11-05	16:34	魚
11-07	19:42	牡羊
11-09	19:48	牡牛
11-11	18:50	双子
11-13	18:59	蟹
11-15	22:03	獅子
11-18	04:52	乙女
11-20	15:02	天秤
11-23	03:13	蠍
11-25	16:01	射手
11-28	04:24	山羊
11-30	15:19	水瓶
12-02	23:38	魚
12-05	04:35	牡羊
12-07	06:23	牡牛
12-09	06:16	双子
12-11	06:06	蟹
12-13	07:48	獅子
12-15	12:54	乙女
12-17	21:51	天秤
12-20	09:43	蠍
12-22	22:35	射手
12-25	10:40	山羊
12-27	21:00	水瓶
12-30	05:09	魚

1955年

日付	時間	月星座
01-01	10:56	牡羊
01-03	14:24	牡牛
01-05	16:04	双子
01-07	17:00	蟹
01-09	18:41	獅子
01-11	22:43	乙女
01-14	06:15	天秤
01-16	17:15	蠍
01-19	06:01	射手
01-21	18:09	山羊
01-24	03:49	水瓶
01-26	11:11	魚
01-28	16:19	牡羊
01-30	20:06	牡牛
02-01	23:02	双子
02-04	01:36	蟹
02-06	04:28	獅子
02-08	08:43	乙女
02-10	15:33	天秤
02-13	01:38	蠍
02-15	14:07	射手
02-18	02:34	山羊
02-20	12:33	水瓶
02-22	19:09	魚
02-24	23:06	牡羊
02-27	01:46	牡牛
03-01	04:24	双子
03-03	07:40	蟹
03-05	11:48	獅子
03-07	17:09	乙女
03-10	00:20	天秤
03-12	10:04	蠍
03-14	22:13	射手
03-17	11:01	山羊
03-19	21:47	水瓶
03-22	04:45	魚
03-24	08:09	牡羊
03-26	09:31	牡牛
03-28	10:42	双子
03-30	13:05	蟹
04-01	17:20	獅子
04-03	23:31	乙女
04-06	07:34	天秤
04-08	17:38	蠍
04-11	05:41	射手
04-13	18:40	山羊
04-16	06:20	水瓶
04-18	14:28	魚
04-20	18:29	牡羊
04-22	19:29	牡牛
04-24	19:24	双子
04-26	20:09	蟹
04-28	23:08	獅子
05-01	04:58	乙女
05-03	13:26	天秤
05-06	00:04	蠍
05-08	12:19	射手
05-11	01:19	山羊
05-13	13:29	水瓶
05-15	22:53	魚
05-18	04:21	牡羊
05-20	06:12	牡牛
05-22	05:56	双子
05-24	05:33	蟹
05-26	06:52	獅子
05-28	11:16	乙女
05-30	19:08	天秤
06-02	05:54	蠍
06-04	18:24	射手
06-07	07:21	山羊
06-09	19:30	水瓶
06-12	05:32	魚
06-14	12:24	牡羊
06-16	15:50	牡牛
06-18	16:37	双子
06-20	16:15	蟹
06-22	16:36	獅子
06-24	19:26	乙女
06-27	01:55	天秤
06-29	12:04	蠍
07-02	00:34	射手
07-04	13:29	山羊
07-07	01:18	水瓶
07-09	11:09	魚
07-11	18:33	牡羊
07-13	23:20	牡牛
07-16	01:43	双子
07-18	02:37	蟹
07-20	03:03	獅子
07-22	05:06	乙女
07-24	10:25	天秤
07-26	19:34	蠍
07-29	07:24	射手
07-31	20:18	山羊
08-03	07:52	水瓶
08-05	17:04	魚
08-08	00:00	牡羊
08-10	05:03	牡牛
08-12	08:33	双子
08-14	10:50	蟹
08-16	12:34	獅子
08-18	14:57	乙女
08-20	19:34	天秤
08-23	03:37	蠍
08-25	15:03	射手
08-28	03:57	山羊
08-30	15:35	水瓶
09-02	00:23	魚
09-04	06:24	牡羊
09-06	10:36	牡牛
09-08	13:58	双子
09-10	17:01	蟹
09-12	20:02	獅子
09-14	23:33	乙女
09-17	04:35	天秤
09-19	12:18	蠍
09-21	23:11	射手
09-24	12:01	山羊
09-27	00:07	水瓶
09-29	09:12	魚
10-01	15:04	牡羊
10-03	17:52	牡牛
10-05	19:59	双子
10-07	22:25	蟹
10-10	01:41	獅子
10-12	06:11	乙女
10-14	12:13	天秤
10-16	20:23	蠍
10-19	07:07	射手
10-21	19:52	山羊
10-24	08:33	水瓶
10-26	18:37	魚
10-29	00:46	牡羊
10-31	03:30	牡牛
11-02	04:23	双子
11-04	05:11	蟹
11-06	07:20	獅子
11-08	11:36	乙女
11-10	18:15	天秤
11-13	03:12	蠍
11-15	14:17	射手
11-18	02:59	山羊
11-20	15:58	水瓶
11-23	03:10	魚
11-25	10:47	牡羊
11-27	14:27	牡牛
11-29	15:11	双子
12-01	14:46	蟹
12-03	15:07	獅子
12-05	17:50	乙女
12-07	23:48	天秤
12-10	08:59	蠍
12-12	20:34	射手
12-15	09:23	山羊
12-17	22:19	水瓶
12-20	10:02	魚
12-22	19:05	牡羊
12-25	00:33	牡牛
12-27	02:33	双子
12-29	02:17	蟹
12-31	01:36	獅子

208

1956年

日付	時間	月星座
01-02	02:31	乙女
01-04	06:44	天秤
01-06	15:00	蠍
01-09	02:32	射手
01-11	15:33	山羊
01-14	04:19	水瓶
01-16	15:47	魚
01-19	01:17	牡羊
01-21	08:11	牡牛
01-23	12:06	双子
01-25	13:20	蟹
01-27	13:06	獅子
01-29	13:17	乙女
01-31	15:56	天秤
02-02	22:33	蠍
02-05	09:13	射手
02-07	22:08	山羊
02-10	10:52	水瓶
02-12	21:52	魚
02-15	06:48	牡羊
02-17	13:48	牡牛
02-19	18:50	双子
02-21	21:50	蟹
02-23	23:10	獅子
02-26	00:05	乙女
02-28	02:20	天秤
03-01	07:45	蠍
03-03	17:09	射手
03-06	05:32	山羊
03-08	18:19	水瓶
03-11	05:11	魚
03-13	13:26	牡羊
03-15	19:32	牡牛
03-18	00:11	双子
03-20	03:47	蟹
03-22	06:31	獅子
03-24	08:53	乙女
03-26	12:00	天秤
03-28	17:18	蠍
03-31	01:54	射手
04-02	13:37	山羊
04-05	02:24	水瓶
04-07	13:37	魚
04-09	21:47	牡羊
04-12	03:03	牡牛
04-14	06:30	双子
04-16	09:15	蟹
04-18	12:00	獅子
04-20	15:17	乙女
04-22	19:36	天秤
04-25	01:44	蠍
04-27	10:25	射手
04-29	21:44	山羊
05-02	10:27	水瓶
05-04	22:15	魚
05-07	07:05	牡羊
05-09	12:24	牡牛
05-11	15:00	双子
05-13	16:21	蟹
05-15	17:52	獅子
05-17	20:40	乙女
05-20	01:25	天秤
05-22	08:26	蠍
05-24	17:46	射手
05-27	05:11	山羊
05-29	17:52	水瓶
06-01	06:09	魚
06-03	16:05	牡羊
06-05	22:22	牡牛
06-08	01:09	双子
06-10	01:42	蟹
06-12	01:45	獅子
06-14	03:03	乙女
06-16	06:58	天秤
06-18	14:03	蠍
06-20	23:55	射手
06-23	11:43	山羊
06-26	00:26	水瓶
06-28	12:54	魚
06-30	23:43	牡羊
07-03	07:26	牡牛
07-05	11:26	双子
07-07	12:20	蟹
07-09	11:42	獅子
07-11	11:34	乙女
07-13	13:54	天秤
07-15	19:56	蠍
07-18	05:38	射手
07-20	17:41	山羊
07-23	06:25	水瓶
07-25	18:50	魚
07-28	05:54	牡羊
07-30	14:40	牡牛
08-01	20:16	双子
08-03	22:32	蟹
08-05	22:27	獅子
08-07	21:50	乙女
08-09	22:50	天秤
08-12	03:20	蠍
08-14	12:00	射手
08-16	23:47	山羊
08-19	12:38	水瓶
08-22	00:47	魚
08-24	11:30	牡羊
08-26	20:23	牡牛
08-29	02:59	双子
08-31	06:51	蟹
09-02	08:14	獅子
09-04	08:20	乙女
09-06	09:04	天秤
09-08	12:26	蠍
09-10	19:46	射手
09-13	06:46	山羊
09-15	19:28	水瓶
09-18	07:34	魚
09-20	17:47	牡羊
09-23	02:01	牡牛
09-25	08:25	双子
09-27	13:00	蟹
09-29	15:49	獅子
10-01	17:24	乙女
10-03	19:01	天秤
10-05	22:19	蠍
10-08	04:46	射手
10-10	14:48	山羊
10-13	03:09	水瓶
10-15	15:25	魚
10-18	01:35	牡羊
10-20	09:07	牡牛
10-22	14:29	双子
10-24	18:23	蟹
10-26	21:27	獅子
10-29	00:09	乙女
10-31	03:10	天秤
11-02	07:24	蠍
11-04	13:56	射手
11-06	23:24	山羊
11-09	11:19	水瓶
11-11	23:51	魚
11-14	10:36	牡羊
11-16	18:12	牡牛
11-18	22:45	双子
11-21	01:18	蟹
11-23	03:10	獅子
11-25	05:32	乙女
11-27	09:11	天秤
11-29	14:34	蠍
12-01	21:59	射手
12-04	07:36	山羊
12-06	19:16	水瓶
12-09	07:57	魚
12-11	19:37	牡羊
12-14	04:15	牡牛
12-16	09:06	双子
12-18	10:52	蟹
12-20	11:11	獅子
12-22	11:56	乙女
12-24	14:39	天秤
12-26	20:09	蠍
12-29	04:20	射手
12-31	14:37	山羊

1957年

日付	時間	月星座
01-03	02:25	水瓶
01-05	15:04	魚
01-08	03:23	牡羊
01-10	13:27	牡牛
01-12	19:44	双子
01-14	22:06	蟹
01-16	21:50	獅子
01-18	21:03	乙女
01-20	21:55	天秤
01-23	02:02	蠍
01-25	09:52	射手
01-27	20:32	山羊
01-30	08:42	水瓶
02-01	21:20	魚
02-04	09:42	牡羊
02-06	20:37	牡牛
02-09	04:34	双子
02-11	08:39	蟹
02-13	09:19	獅子
02-15	08:17	乙女
02-17	07:50	天秤
02-19	10:06	蠍
02-21	16:23	射手
02-24	02:27	山羊
02-26	14:42	水瓶
03-01	03:25	魚
03-03	15:31	牡羊
03-06	02:20	牡牛
03-08	11:03	双子
03-10	16:45	蟹
03-12	19:12	獅子
03-14	19:20	乙女
03-16	18:59	天秤
03-18	20:15	蠍
03-21	00:53	射手
03-23	09:34	山羊
03-25	21:17	水瓶
03-28	10:00	魚
03-30	21:55	牡羊
04-02	08:11	牡牛
04-04	16:30	双子
04-06	22:37	蟹
04-09	02:24	獅子
04-11	04:13	乙女
04-13	05:08	天秤
04-15	06:45	蠍
04-17	10:43	射手
04-19	18:08	山羊
04-22	04:53	水瓶
04-24	17:23	魚
04-27	05:22	牡羊
04-29	15:18	牡牛
05-01	22:47	双子
05-04	04:08	蟹
05-06	07:54	獅子
05-08	10:37	乙女
05-10	12:57	天秤
05-12	16:12	蠍
05-14	20:13	射手
05-17	03:13	山羊
05-19	13:12	水瓶
05-22	01:20	魚
05-24	13:34	牡羊
05-26	23:43	牡牛
05-29	06:47	双子
05-31	11:05	蟹
06-02	13:45	獅子
06-04	15:59	乙女
06-06	18:45	天秤
06-08	22:41	蠍
06-11	04:09	射手
06-13	11:36	山羊
06-15	21:23	水瓶
06-18	09:15	魚
06-20	21:46	牡羊
06-23	08:38	牡牛
06-25	16:07	双子
06-27	20:01	蟹
06-29	21:31	獅子
07-01	22:23	乙女
07-04	00:16	天秤
07-06	04:10	蠍
07-08	10:20	射手
07-10	18:35	山羊
07-13	04:55	水瓶
07-15	16:32	魚
07-18	05:14	牡羊
07-20	16:58	牡牛
07-23	01:34	双子
07-25	06:05	蟹
07-27	06:59	獅子
07-29	06:59	乙女
07-31	07:20	天秤
08-02	10:01	蠍
08-04	15:47	射手
08-07	00:23	山羊
08-09	11:01	水瓶
08-11	23:02	魚
08-14	11:46	牡羊
08-17	00:00	牡牛
08-19	09:51	双子
08-21	15:48	蟹
08-23	17:51	獅子
08-25	17:26	乙女
08-27	16:41	天秤
08-29	17:45	蠍
08-31	22:07	射手
09-03	06:05	山羊
09-05	16:50	水瓶
09-08	05:04	魚
09-10	17:45	牡羊
09-13	05:57	牡牛
09-15	16:25	双子
09-17	23:50	蟹
09-20	03:31	獅子
09-22	04:11	乙女
09-24	03:33	天秤
09-26	03:40	蠍
09-28	06:27	射手
09-30	12:59	山羊
10-02	23:04	水瓶
10-05	11:17	魚
10-07	23:57	牡羊
10-10	11:48	牡牛
10-12	22:01	双子
10-15	05:54	蟹
10-17	10:59	獅子
10-19	13:23	乙女
10-21	14:03	天秤
10-23	14:31	蠍
10-25	16:33	射手
10-27	21:41	山羊
10-30	06:32	水瓶
11-01	18:18	魚
11-04	07:00	牡羊
11-06	18:38	牡牛
11-09	04:09	双子
11-11	11:24	蟹
11-13	16:36	獅子
11-15	20:07	乙女
11-17	22:25	天秤
11-20	00:17	蠍
11-22	02:55	射手
11-24	07:29	山羊
11-26	15:16	水瓶
11-29	02:16	魚
12-01	14:56	牡羊
12-04	02:48	牡牛
12-06	12:02	双子
12-08	18:16	蟹
12-10	21:23	獅子
12-13	01:28	乙女
12-15	04:23	天秤
12-17	07:35	蠍
12-19	11:30	射手
12-21	16:47	山羊
12-24	00:19	水瓶
12-26	10:41	魚
12-28	23:13	牡羊
12-31	11:37	牡牛

1958年

日付	時間	月星座
01-02	21:21	魚
01-05	03:22	牡羊
01-07	06:21	獅子
01-09	07:59	乙女
01-11	09:52	天秤
01-13	13:02	蠍
01-15	17:49	射手
01-18	00:13	山羊
01-20	08:22	水瓶
01-22	18:42	魚
01-25	07:03	牡羊
01-27	19:56	牡牛
01-30	06:47	双子
02-01	13:41	蟹
02-03	16:38	獅子
02-05	17:11	乙女
02-07	17:23	天秤
02-09	19:03	蠍
02-11	23:11	射手
02-14	05:55	山羊
02-16	14:51	水瓶
02-19	01:39	魚
02-21	14:02	牡羊
02-24	03:05	牡牛
02-26	14:52	双子
02-28	23:17	蟹
03-03	03:27	獅子
03-05	04:15	乙女
03-07	03:35	天秤
03-09	03:34	蠍
03-11	05:56	射手
03-13	11:36	山羊
03-15	20:28	水瓶
03-18	07:41	魚
03-20	20:17	牡羊
03-23	09:16	牡牛
03-25	21:20	双子
03-28	06:53	蟹
03-30	12:46	獅子
04-01	15:01	乙女
04-03	14:54	天秤
04-05	14:16	蠍
04-07	15:07	射手
04-09	19:00	山羊
04-12	02:41	水瓶
04-14	13:38	魚
04-17	02:23	牡羊
04-19	15:16	牡牛
04-22	03:03	双子
04-24	12:46	蟹
04-26	19:44	獅子
04-28	23:41	乙女
05-01	01:06	天秤
05-03	01:14	蠍
05-05	01:43	射手
05-07	04:21	山羊
05-09	10:29	水瓶
05-11	20:27	魚
05-14	08:58	牡羊
05-16	21:50	牡牛
05-19	09:14	双子
05-21	18:23	蟹
05-24	01:15	獅子
05-26	05:56	乙女
05-28	08:55	天秤
05-30	10:33	蠍
06-01	11:54	射手
06-03	14:23	山羊
06-05	19:34	水瓶
06-08	04:24	魚
06-10	16:20	牡羊
06-13	05:12	牡牛
06-15	16:31	双子
06-18	01:04	蟹
06-20	07:04	獅子
06-22	11:22	乙女
06-24	14:42	天秤
06-26	17:30	蠍
06-28	20:12	射手
06-30	23:32	山羊
07-03	04:44	水瓶
07-05	12:57	魚
07-08	00:18	牡羊
07-10	13:09	牡牛
07-13	00:47	双子
07-15	09:15	蟹
07-17	14:31	獅子
07-19	17:42	乙女
07-21	20:11	天秤
07-23	22:57	蠍
07-26	02:25	射手
07-28	06:53	山羊
07-30	12:52	水瓶
08-01	21:11	魚
08-04	08:14	牡羊
08-06	21:04	牡牛
08-09	09:16	双子
08-11	18:25	蟹
08-13	23:43	獅子
08-16	02:07	乙女
08-18	03:17	天秤
08-20	04:50	蠍
08-22	07:48	射手
08-24	12:38	山羊
08-26	19:28	水瓶
08-29	04:24	魚
08-31	15:35	牡羊
09-03	04:24	牡牛
09-05	17:07	双子
09-08	03:22	蟹
09-10	09:42	獅子
09-12	12:19	乙女
09-14	12:44	天秤
09-16	12:49	蠍
09-18	14:16	射手
09-20	18:13	山羊
09-23	01:03	水瓶
09-25	10:33	魚
09-27	22:07	牡羊
09-30	10:58	牡牛
10-02	23:50	双子
10-05	11:00	蟹
10-07	18:51	獅子
10-09	22:49	乙女
10-11	23:44	天秤
10-13	23:11	蠍
10-15	23:09	射手
10-18	01:23	山羊
10-20	07:04	水瓶
10-22	16:19	魚
10-25	04:10	牡羊
10-27	17:07	牡牛
10-30	05:49	双子
11-01	17:09	蟹
11-04	02:02	獅子
11-06	07:45	乙女
11-08	10:16	天秤
11-10	10:30	蠍
11-12	10:03	射手
11-14	10:54	山羊
11-16	14:53	水瓶
11-18	22:56	魚
11-21	10:28	牡羊
11-23	23:30	牡牛
11-26	12:00	双子
11-28	22:51	蟹
12-01	07:41	獅子
12-03	14:18	乙女
12-05	18:31	天秤
12-07	20:28	蠍
12-09	21:02	射手
12-11	21:46	山羊
12-14	00:38	水瓶
12-16	07:12	魚
12-18	17:45	牡羊
12-21	06:38	牡牛
12-23	19:09	双子
12-26	05:33	蟹
12-28	13:33	獅子
12-30	19:41	乙女

1959年

日付	時間	月星座
01-02	00:21	天秤
01-04	03:42	蠍
01-06	05:56	射手
01-08	07:50	山羊
01-10	10:52	水瓶
01-12	16:39	魚
01-15	02:09	牡羊
01-17	14:33	牡牛
01-20	03:16	双子
01-22	13:47	蟹
01-24	21:13	獅子
01-27	02:13	乙女
01-29	05:54	天秤
01-31	09:05	蠍
02-02	12:11	射手
02-04	15:29	山羊
02-06	19:40	水瓶
02-09	01:50	魚
02-11	10:55	牡羊
02-13	22:47	牡牛
02-16	11:39	双子
02-18	22:51	蟹
02-21	06:38	獅子
02-23	11:06	乙女
02-25	13:29	天秤
02-27	15:14	蠍
03-01	17:46	射手
03-03	21:06	山羊
03-06	02:16	水瓶
03-08	09:25	魚
03-10	18:53	牡羊
03-13	06:37	牡牛
03-15	19:31	双子
03-18	07:28	蟹
03-20	16:22	獅子
03-22	21:28	乙女
03-24	23:27	天秤
03-26	23:53	蠍
03-29	00:31	射手
03-31	02:49	山羊
04-02	07:41	水瓶
04-04	15:23	魚
04-07	01:33	牡羊
04-09	13:32	牡牛
04-12	02:25	双子
04-14	14:48	蟹
04-17	00:55	獅子
04-19	07:28	乙女
04-21	10:19	天秤
04-23	10:34	蠍
04-25	09:59	射手
04-27	10:32	山羊
04-29	13:55	水瓶
05-01	20:58	魚
05-04	07:19	牡羊
05-06	19:39	牡牛
05-09	08:34	双子
05-11	20:57	蟹
05-14	07:40	獅子
05-16	15:38	乙女
05-18	20:06	天秤
05-20	21:24	蠍
05-22	20:51	射手
05-24	20:24	山羊
05-26	22:09	水瓶
05-29	03:42	魚
05-31	13:18	牡羊
06-03	01:37	牡牛
06-05	14:35	双子
06-08	02:44	蟹
06-10	13:19	獅子
06-12	21:50	乙女
06-15	03:42	天秤
06-17	06:38	蠍
06-19	07:14	射手
06-21	07:01	山羊
06-23	08:00	水瓶
06-25	12:09	魚
06-27	20:28	牡羊
06-30	08:11	牡牛
07-02	21:05	双子
07-05	09:03	蟹
07-07	19:08	獅子
07-10	03:15	乙女
07-12	09:07	天秤
07-14	13:33	蠍
07-16	15:42	射手
07-18	16:42	山羊
07-20	18:05	水瓶
07-22	21:41	魚
07-25	04:53	牡羊
07-27	15:43	牡牛
07-30	04:23	双子
08-01	16:24	蟹
08-04	02:09	獅子
08-06	09:29	乙女
08-08	14:56	天秤
08-10	19:00	蠍
08-12	21:58	射手
08-15	00:18	山羊
08-17	02:53	水瓶
08-19	06:59	魚
08-21	13:51	牡羊
08-23	23:58	牡牛
08-26	12:18	双子
08-29	00:33	蟹
08-31	10:33	獅子
09-02	17:31	乙女
09-04	21:56	天秤
09-07	00:53	蠍
09-09	00:50	射手
09-11	06:04	山羊
09-13	09:43	水瓶
09-15	14:54	魚
09-17	22:16	牡羊
09-20	08:12	牡牛
09-22	20:16	双子
09-25	08:49	蟹
09-27	19:36	獅子
09-30	03:04	乙女
10-02	07:08	天秤
10-04	08:54	蠍
10-06	09:54	射手
10-08	11:38	山羊
10-10	15:12	水瓶
10-12	21:06	魚
10-15	05:20	牡羊
10-17	15:40	牡牛
10-20	03:40	双子
10-22	16:22	蟹
10-25	04:03	獅子
10-27	12:48	乙女
10-29	17:41	天秤
10-31	19:14	蠍
11-02	19:02	射手
11-04	19:05	山羊
11-06	21:14	水瓶
11-09	02:35	魚
11-11	11:10	牡羊
11-13	22:04	牡牛
11-16	10:16	双子
11-18	22:56	蟹
11-21	11:04	獅子
11-23	21:08	乙女
11-26	03:41	天秤
11-28	06:22	蠍
11-30	06:12	射手
12-02	05:11	山羊
12-04	05:35	水瓶
12-06	09:16	魚
12-08	16:59	牡羊
12-11	03:56	牡牛
12-13	16:24	双子
12-16	05:00	蟹
12-18	16:58	獅子
12-21	03:29	乙女
12-23	11:29	天秤
12-25	16:01	蠍
12-27	17:16	射手
12-29	16:38	山羊
12-31	16:15	水瓶

210

1960年

日付	時間	月星座
01-02	18:19	魚
01-05	00:21	牡羊
01-07	10:22	牡牛
01-09	22:45	双子
01-12	11:23	蟹
01-14	22:59	獅子
01-17	09:03	乙女
01-19	17:14	天秤
01-21	22:59	蠍
01-24	02:03	射手
01-26	03:00	山羊
01-28	03:19	水瓶
01-30	04:56	魚
02-01	09:39	牡羊
02-03	18:16	牡牛
02-06	05:58	双子
02-08	18:37	蟹
02-11	06:08	獅子
02-13	15:35	乙女
02-15	22:55	天秤
02-18	04:24	蠍
02-20	08:12	射手
02-22	10:39	山羊
02-24	12:32	水瓶
02-26	15:04	魚
02-28	19:37	牡羊
03-02	03:18	牡牛
03-04	14:08	双子
03-07	02:37	蟹
03-09	14:25	獅子
03-11	23:47	乙女
03-14	06:19	天秤
03-16	10:37	蠍
03-18	13:37	射手
03-20	16:14	山羊
03-22	19:10	水瓶
03-24	23:02	魚
03-27	04:29	牡羊
03-29	12:13	牡牛
03-31	22:32	双子
04-03	10:46	蟹
04-05	23:01	獅子
04-08	09:02	乙女
04-10	15:36	天秤
04-12	19:01	蠍
04-14	20:37	射手
04-16	22:01	山羊
04-19	00:30	水瓶
04-21	04:55	魚
04-23	11:23	牡羊
04-25	19:50	牡牛
04-28	06:16	双子
04-30	18:22	蟹
05-03	06:59	獅子
05-05	17:59	乙女
05-08	01:30	天秤
05-10	05:07	蠍
05-12	05:55	射手
05-14	05:50	山羊
05-16	06:51	水瓶
05-18	10:23	魚
05-20	16:55	牡羊
05-23	02:00	牡牛
05-25	12:55	双子
05-28	01:06	蟹
05-30	13:50	獅子
06-02	01:38	乙女
06-04	10:31	天秤
06-06	15:20	蠍
06-08	16:17	射手
06-10	15:48	山羊
06-12	15:23	水瓶
06-14	17:17	魚
06-16	22:42	牡羊
06-19	07:45	牡牛
06-21	18:46	双子
06-24	07:10	蟹
06-26	19:51	獅子
06-29	07:53	乙女
07-01	17:46	天秤
07-04	00:08	蠍
07-06	02:42	射手
07-08	02:34	山羊
07-10	01:43	水瓶
07-12	02:19	魚
07-14	06:07	牡羊
07-16	13:47	牡牛
07-19	00:40	双子
07-21	13:09	蟹
07-24	01:46	獅子
07-26	13:31	乙女
07-28	23:33	天秤
07-31	06:55	蠍
08-02	11:04	射手
08-04	12:26	山羊
08-06	12:21	水瓶
08-08	12:42	魚
08-10	15:21	牡羊
08-12	21:36	牡牛
08-15	07:29	双子
08-17	19:43	蟹
08-20	08:18	獅子
08-22	19:41	乙女
08-25	05:09	天秤
08-27	12:24	蠍
08-29	17:19	射手
08-31	20:09	山羊
09-02	21:35	水瓶
09-04	22:51	魚
09-07	01:26	牡羊
09-09	06:44	牡牛
09-11	15:31	双子
09-14	03:10	蟹
09-16	15:46	獅子
09-19	03:07	乙女
09-21	11:58	天秤
09-23	18:19	蠍
09-25	22:42	射手
09-28	01:54	山羊
09-30	04:32	水瓶
10-02	07:14	魚
10-04	10:46	牡羊
10-06	16:09	牡牛
10-09	00:16	双子
10-11	11:08	蟹
10-13	23:55	獅子
10-16	11:40	乙女
10-18	20:32	天秤
10-21	02:06	蠍
10-23	05:16	射手
10-25	07:28	山羊
10-27	09:57	水瓶
10-29	13:50	魚
10-31	18:11	牡羊
11-03	00:27	牡牛
11-05	08:44	双子
11-07	19:26	蟹
11-10	07:59	獅子
11-12	20:23	乙女
11-15	06:07	天秤
11-17	11:53	蠍
11-19	14:17	射手
11-21	15:02	山羊
11-23	16:04	水瓶
11-25	18:49	魚
11-27	23:51	牡羊
11-30	07:00	牡牛
12-02	16:01	双子
12-05	02:52	蟹
12-07	15:23	獅子
12-10	04:13	乙女
12-12	15:10	天秤
12-14	22:13	蠍
12-17	01:07	射手
12-19	01:16	山羊
12-21	00:49	水瓶
12-23	01:47	魚
12-25	05:34	牡羊
12-27	12:30	牡牛
12-29	22:01	双子

1961年

日付	時間	月星座
01-01	09:22	蟹
01-03	21:54	獅子
01-06	10:48	乙女
01-08	22:31	天秤
01-11	07:09	蠍
01-13	11:40	射手
01-15	12:41	山羊
01-17	11:55	水瓶
01-19	11:32	魚
01-21	13:26	牡羊
01-23	18:51	牡牛
01-26	03:50	双子
01-28	15:22	蟹
01-31	04:05	獅子
02-02	16:48	乙女
02-05	04:27	天秤
02-07	13:51	蠍
02-09	20:01	射手
02-11	22:51	山羊
02-13	23:14	水瓶
02-15	22:53	魚
02-17	23:41	牡羊
02-20	03:21	牡牛
02-22	10:51	双子
02-24	21:49	蟹
02-27	10:34	獅子
03-01	23:12	乙女
03-04	10:21	天秤
03-06	19:24	蠍
03-09	02:04	射手
03-11	06:19	山羊
03-13	08:29	水瓶
03-15	09:26	魚
03-17	10:32	牡羊
03-19	13:25	牡牛
03-21	19:32	双子
03-24	05:22	蟹
03-26	17:48	獅子
03-29	06:30	乙女
03-31	17:21	天秤
04-03	01:36	蠍
04-05	07:34	射手
04-07	11:52	山羊
04-09	15:03	水瓶
04-11	17:31	魚
04-13	19:55	牡羊
04-15	23:16	牡牛
04-18	04:55	双子
04-20	13:50	蟹
04-23	01:43	獅子
04-25	14:31	乙女
04-28	01:34	天秤
04-30	09:27	蠍
05-02	14:25	射手
05-04	17:40	山羊
05-06	20:24	水瓶
05-08	23:23	魚
05-11	02:56	牡羊
05-13	07:25	牡牛
05-15	13:34	双子
05-17	22:17	蟹
05-20	09:45	獅子
05-22	22:38	乙女
05-25	10:18	天秤
05-27	18:34	蠍
05-29	23:11	射手
06-01	01:20	山羊
06-03	02:45	水瓶
06-05	04:50	魚
06-07	08:23	牡羊
06-09	13:38	牡牛
06-11	20:40	双子
06-14	05:50	蟹
06-16	17:16	獅子
06-19	06:12	乙女
06-21	18:32	天秤
06-24	03:51	蠍
06-26	09:05	射手
06-28	11:00	山羊
06-30	11:18	水瓶
07-02	11:52	魚
07-04	14:17	牡羊
07-06	19:01	牡牛
07-09	02:27	双子
07-11	12:17	蟹
07-13	23:56	獅子
07-16	12:55	乙女
07-19	01:39	天秤
07-21	12:05	蠍
07-23	18:23	射手
07-25	21:29	山羊
07-27	21:41	水瓶
07-29	21:13	魚
07-31	21:56	牡羊
08-03	01:19	牡牛
08-05	08:04	双子
08-07	17:56	蟹
08-10	05:59	獅子
08-12	19:00	乙女
08-15	07:44	天秤
08-17	18:44	蠍
08-20	02:44	射手
08-22	07:07	山羊
08-24	08:02	水瓶
08-26	08:02	魚
08-28	07:49	牡羊
08-30	09:37	牡牛
09-01	14:52	双子
09-04	00:00	蟹
09-06	12:01	獅子
09-09	01:05	乙女
09-11	13:33	天秤
09-14	00:23	蠍
09-16	08:54	射手
09-18	14:52	山羊
09-20	17:43	水瓶
09-22	18:36	魚
09-24	19:01	牡羊
09-26	19:42	牡牛
09-28	23:31	双子
10-01	07:19	蟹
10-03	18:43	獅子
10-06	07:45	乙女
10-08	20:04	天秤
10-11	06:19	蠍
10-13	14:41	射手
10-15	20:24	山羊
10-18	00:37	水瓶
10-20	03:10	魚
10-22	04:36	牡羊
10-24	06:07	牡牛
10-26	09:24	双子
10-28	16:03	蟹
10-31	02:30	獅子
11-02	15:17	乙女
11-05	03:42	天秤
11-07	13:40	蠍
11-09	20:51	射手
11-12	01:59	山羊
11-14	05:59	水瓶
11-16	09:18	魚
11-18	12:10	牡羊
11-20	15:03	牡牛
11-22	18:59	双子
11-25	01:20	蟹
11-27	11:01	獅子
11-29	23:25	乙女
12-02	12:08	天秤
12-04	22:30	蠍
12-07	05:25	射手
12-09	09:31	山羊
12-11	12:11	水瓶
12-13	14:41	魚
12-15	17:44	牡羊
12-17	21:39	牡牛
12-20	02:47	双子
12-22	09:50	蟹
12-24	19:26	獅子
12-27	07:29	乙女
12-29	20:26	天秤

Data 1 誕生月星座表

1962年

日付	時間	月星座
01-01	07:42	蠍
01-03	15:23	射手
01-05	19:24	山羊
01-07	21:00	水瓶
01-09	21:53	魚
01-11	23:34	牡羊
01-14	03:01	牡牛
01-16	08:42	双子
01-18	16:39	蟹
01-21	02:50	獅子
01-23	14:53	乙女
01-26	03:52	天秤
01-28	15:54	蠍
01-31	00:59	射手
02-02	06:10	山羊
02-04	07:57	水瓶
02-06	07:53	魚
02-08	07:50	牡羊
02-10	09:35	牡牛
02-12	14:18	双子
02-14	22:20	蟹
02-17	09:04	獅子
02-19	21:27	乙女
02-22	10:22	天秤
02-24	22:36	蠍
02-27	08:46	射手
03-01	15:38	山羊
03-03	18:52	水瓶
03-05	19:16	魚
03-07	18:32	牡羊
03-09	18:40	牡牛
03-11	21:35	双子
03-14	04:25	蟹
03-16	14:56	獅子
03-19	03:33	乙女
03-21	16:28	天秤
03-24	04:29	蠍
03-26	14:49	射手
03-28	22:46	山羊
03-31	03:43	水瓶
04-02	05:42	魚
04-04	05:41	牡羊
04-06	05:25	牡牛
04-08	07:00	双子
04-10	12:12	蟹
04-12	21:36	獅子
04-15	09:57	乙女
04-17	22:54	天秤
04-20	10:37	蠍
04-22	20:27	射手
04-25	04:20	山羊
04-27	10:08	水瓶
04-29	13:40	魚
05-01	15:12	牡羊
05-03	15:49	牡牛
05-05	17:16	双子
05-07	21:28	蟹
05-10	05:35	獅子
05-12	17:11	乙女
05-15	06:03	天秤
05-17	17:43	蠍
05-20	03:02	射手
05-22	10:08	山羊
05-24	15:31	水瓶
05-26	19:29	魚
05-28	22:15	牡羊
05-31	00:17	牡牛
06-02	02:40	双子
06-04	06:56	蟹
06-06	14:23	獅子
06-09	01:12	乙女
06-11	13:51	天秤
06-14	01:45	蠍
06-16	11:03	射手
06-18	17:30	山羊
06-20	21:49	水瓶
06-23	00:59	魚
06-25	03:43	牡羊
06-27	06:34	牡牛
06-29	10:09	双子
07-01	15:19	蟹
07-03	22:55	獅子
07-06	09:22	乙女
07-08	21:48	天秤
07-11	10:05	蠍
07-13	20:00	射手
07-16	02:32	山羊
07-18	06:07	水瓶
07-20	08:00	魚
07-22	09:34	牡羊
07-24	11:57	牡牛
07-26	15:57	双子
07-28	22:00	蟹
07-31	06:21	獅子
08-02	16:57	乙女
08-05	05:17	天秤
08-07	17:56	蠍
08-10	04:48	射手
08-12	12:18	山羊
08-14	16:07	水瓶
08-16	17:17	魚
08-18	17:25	牡羊
08-20	18:25	牡牛
08-22	21:28	双子
08-25	03:34	蟹
08-27	12:21	獅子
08-29	23:36	乙女
09-01	12:01	天秤
09-04	00:46	蠍
09-06	12:26	射手
09-08	21:20	山羊
09-11	02:26	水瓶
09-13	04:02	魚
09-15	03:33	牡羊
09-17	03:00	牡牛
09-19	04:29	双子
09-21	09:26	蟹
09-23	18:07	獅子
09-26	05:31	乙女
09-28	18:08	天秤
10-01	06:49	蠍
10-03	18:40	射手
10-06	04:35	山羊
10-08	11:22	水瓶
10-10	14:29	魚
10-12	14:41	牡羊
10-14	13:43	牡牛
10-16	13:50	双子
10-18	17:05	蟹
10-21	00:30	獅子
10-23	11:31	乙女
10-26	00:14	天秤
10-28	12:49	蠍
10-31	00:19	射手
11-02	10:17	山羊
11-04	18:02	水瓶
11-06	22:52	魚
11-09	00:45	牡羊
11-11	00:45	牡牛
11-13	00:43	双子
11-15	02:49	蟹
11-17	08:40	獅子
11-19	18:33	乙女
11-22	06:58	天秤
11-24	19:33	蠍
11-27	06:43	射手
11-29	16:00	山羊
12-01	23:26	水瓶
12-04	04:53	魚
12-06	08:17	牡羊
12-08	09:59	牡牛
12-10	11:07	双子
12-12	13:21	蟹
12-14	18:20	獅子
12-17	02:59	乙女
12-19	14:41	天秤
12-22	03:18	蠍
12-24	14:33	射手
12-26	23:19	山羊
12-29	05:42	水瓶
12-31	10:20	魚

1963年

日付	時間	月星座
01-02	13:48	牡羊
01-04	16:34	牡牛
01-06	19:14	双子
01-08	22:41	蟹
01-11	04:01	獅子
01-13	12:07	乙女
01-15	23:05	天秤
01-18	11:35	蠍
01-20	23:20	射手
01-23	08:24	山羊
01-25	14:14	水瓶
01-27	17:35	魚
01-29	19:44	牡羊
01-31	21:55	牡牛
02-03	01:03	双子
02-05	05:40	蟹
02-07	12:06	獅子
02-09	20:36	乙女
02-12	07:18	天秤
02-14	19:38	蠍
02-17	07:57	射手
02-19	18:00	山羊
02-22	00:23	水瓶
02-24	03:17	魚
02-26	04:05	牡羊
02-28	04:38	牡牛
03-02	06:42	双子
03-04	11:08	蟹
03-06	18:15	獅子
03-09	03:34	乙女
03-11	14:35	天秤
03-14	02:51	蠍
03-16	15:27	射手
03-19	02:35	山羊
03-21	10:21	水瓶
03-23	14:04	魚
03-25	14:38	牡羊
03-27	13:57	牡牛
03-29	14:13	双子
03-31	17:13	蟹
04-02	23:45	獅子
04-05	09:20	乙女
04-07	20:49	天秤
04-10	09:14	蠍
04-12	21:48	射手
04-15	09:27	山羊
04-17	18:34	水瓶
04-19	23:53	魚
04-22	01:30	牡羊
04-24	00:51	牡牛
04-26	00:06	双子
04-28	01:27	蟹
04-30	06:25	獅子
05-02	15:13	乙女
05-05	02:42	天秤
05-07	15:16	蠍
05-10	03:45	射手
05-12	15:13	山羊
05-15	00:51	水瓶
05-17	07:32	魚
05-19	10:48	牡羊
05-21	11:21	牡牛
05-23	10:53	双子
05-25	11:29	蟹
05-27	14:58	獅子
05-29	22:22	乙女
06-01	09:09	天秤
06-03	21:39	蠍
06-06	10:01	射手
06-08	21:07	山羊
06-11	06:22	水瓶
06-13	13:21	魚
06-15	17:46	牡羊
06-17	19:54	牡牛
06-19	20:44	双子
06-21	21:46	蟹
06-24	00:44	獅子
06-26	06:56	乙女
06-28	16:41	天秤
07-01	04:48	蠍
07-03	17:11	射手
07-06	04:03	山羊
07-08	12:36	水瓶
07-10	18:53	魚
07-12	23:16	牡羊
07-15	02:15	牡牛
07-17	04:26	双子
07-19	06:45	蟹
07-21	10:15	獅子
07-23	16:06	乙女
07-26	01:02	天秤
07-28	12:38	蠍
07-31	01:17	射手
08-02	12:12	山羊
08-04	20:25	水瓶
08-07	01:46	魚
08-09	05:07	牡羊
08-11	07:37	牡牛
08-13	10:16	双子
08-15	13:39	蟹
08-17	18:17	獅子
08-20	00:40	乙女
08-22	09:25	天秤
08-24	20:39	蠍
08-27	09:15	射手
08-29	20:57	山羊
09-01	05:37	水瓶
09-03	10:37	魚
09-05	12:52	牡羊
09-07	14:02	牡牛
09-09	15:45	双子
09-11	19:00	蟹
09-14	00:30	獅子
09-16	07:47	乙女
09-18	17:00	天秤
09-21	04:10	蠍
09-23	16:50	射手
09-26	05:15	山羊
09-28	15:03	水瓶
09-30	20:47	魚
10-02	22:48	牡羊
10-04	22:50	牡牛
10-06	22:58	双子
10-09	01:01	蟹
10-11	05:54	獅子
10-13	13:34	乙女
10-15	23:24	天秤
10-18	10:53	蠍
10-20	23:32	射手
10-23	12:21	山羊
10-25	23:20	水瓶
10-28	06:36	魚
10-30	09:40	牡羊
11-01	09:42	牡牛
11-03	08:48	双子
11-05	09:08	蟹
11-07	12:24	獅子
11-09	19:14	乙女
11-12	05:07	天秤
11-14	16:57	蠍
11-17	05:40	射手
11-19	18:23	山羊
11-22	05:51	水瓶
11-24	14:32	魚
11-26	19:25	牡羊
11-28	20:49	牡牛
11-30	20:14	双子
12-02	19:44	蟹
12-04	21:20	獅子
12-07	02:26	乙女
12-09	11:21	天秤
12-11	23:04	蠍
12-14	11:53	射手
12-17	00:21	山羊
12-19	11:29	水瓶
12-21	20:28	魚
12-24	02:41	牡羊
12-26	05:57	牡牛
12-28	06:58	双子
12-30	07:07	蟹

1964年

日付	時間	星座
01-01	08:09	獅子
01-03	11:48	乙女
01-05	19:10	天秤
01-08	06:04	蠍
01-10	18:49	射手
01-13	07:14	山羊
01-15	17:48	水瓶
01-18	02:04	魚
01-20	08:10	牡羊
01-22	12:23	牡牛
01-24	15:05	双子
01-26	16:51	蟹
01-28	18:45	獅子
01-30	22:09	乙女
02-02	04:15	天秤
02-04	14:12	蠍
02-07	02:35	射手
02-09	15:11	山羊
02-12	01:39	水瓶
02-14	09:09	魚
02-16	14:10	牡羊
02-18	17:45	牡牛
02-20	20:48	双子
02-22	23:49	蟹
02-25	03:11	獅子
02-27	07:30	乙女
02-29	13:46	天秤
03-02	22:54	蠍
03-05	10:47	射手
03-07	23:35	山羊
03-10	10:36	水瓶
03-12	18:05	魚
03-14	22:15	牡羊
03-17	00:30	牡牛
03-19	02:26	双子
03-21	05:11	蟹
03-23	09:15	獅子
03-25	14:42	乙女
03-27	21:48	天秤
03-30	07:03	蠍
04-01	18:41	射手
04-04	07:36	山羊
04-06	19:24	水瓶
04-09	03:47	魚
04-11	08:08	牡羊
04-13	09:37	牡牛
04-15	10:06	双子
04-17	11:23	蟹
04-19	14:40	獅子
04-21	20:17	乙女
04-24	04:08	天秤
04-26	14:01	蠍
04-29	01:46	射手
05-01	14:42	山羊
05-04	03:06	水瓶
05-06	12:43	魚
05-08	18:16	牡羊
05-10	20:09	牡牛
05-12	20:01	双子
05-14	19:53	蟹
05-16	21:31	獅子
05-19	02:02	乙女
05-21	09:41	天秤
05-23	19:58	蠍
05-26	08:03	射手
05-28	21:00	山羊
05-31	09:27	水瓶
06-02	20:01	魚
06-05	03:03	牡羊
06-07	06:20	牡牛
06-09	06:50	双子
06-11	06:16	蟹
06-13	06:35	獅子
06-15	09:41	乙女
06-17	15:54	天秤
06-20	01:49	蠍
06-22	14:03	射手
06-25	03:02	山羊
06-27	15:22	水瓶
06-30	01:56	魚
07-02	09:52	牡羊
07-04	14:42	牡牛
07-06	16:43	双子
07-08	16:57	蟹
07-10	17:01	獅子
07-12	18:44	乙女
07-14	23:41	天秤
07-17	08:32	蠍
07-19	20:29	射手
07-22	09:27	山羊
07-24	21:30	水瓶
07-27	07:36	魚
07-29	15:25	牡羊
07-31	21:00	牡牛
08-03	00:28	双子
08-05	02:13	蟹
08-07	03:11	獅子
08-09	04:50	乙女
08-11	08:51	天秤
08-13	16:31	蠍
08-16	03:44	射手
08-18	16:38	山羊
08-21	05:15	水瓶
08-23	14:13	魚
08-25	21:15	牡羊
08-28	02:24	牡牛
08-30	06:16	双子
09-01	09:13	蟹
09-03	11:36	獅子
09-05	14:12	乙女
09-07	18:19	天秤
09-10	01:19	蠍
09-12	11:47	射手
09-15	00:30	山羊
09-17	12:47	水瓶
09-19	22:22	魚
09-22	04:44	牡羊
09-24	08:46	牡牛
09-26	11:46	双子
09-28	14:39	蟹
09-30	17:53	獅子
10-02	21:42	乙女
10-05	02:44	天秤
10-07	09:57	蠍
10-09	20:02	射手
10-12	08:32	山羊
10-14	21:15	水瓶
10-17	07:33	魚
10-19	14:05	牡羊
10-21	17:24	牡牛
10-23	19:03	双子
10-25	20:37	蟹
10-27	23:14	獅子
10-30	03:25	乙女
11-01	09:24	天秤
11-03	17:25	蠍
11-06	03:43	射手
11-08	16:06	山羊
11-11	05:08	水瓶
11-13	16:28	魚
11-16	00:10	牡羊
11-18	03:57	牡牛
11-20	04:58	双子
11-22	05:04	蟹
11-24	05:59	獅子
11-26	09:02	乙女
11-28	14:54	天秤
11-30	23:31	蠍
12-03	10:24	射手
12-05	22:53	山羊
12-08	11:57	水瓶
12-11	00:00	魚
12-13	09:12	牡羊
12-15	14:33	牡牛
12-17	16:21	双子
12-19	16:02	蟹
12-21	15:31	獅子
12-23	16:41	乙女
12-25	21:04	天秤
12-28	05:11	蠍
12-30	16:20	射手

1965年

日付	時間	星座
01-02	05:06	山羊
01-04	18:04	水瓶
01-07	06:06	魚
01-09	16:08	牡羊
01-11	23:10	牡牛
01-14	02:48	双子
01-16	03:35	蟹
01-18	02:57	獅子
01-20	02:55	乙女
01-22	05:28	天秤
01-24	12:01	蠍
01-26	22:32	射手
01-29	11:21	山羊
02-01	00:18	水瓶
02-03	11:56	魚
02-05	21:43	牡羊
02-08	05:24	牡牛
02-10	10:44	双子
02-12	13:14	蟹
02-14	13:54	獅子
02-16	13:53	乙女
02-18	15:45	天秤
02-20	20:45	蠍
02-23	05:59	射手
02-25	18:17	山羊
02-28	07:14	水瓶
03-02	18:32	魚
03-05	03:45	牡羊
03-07	10:49	牡牛
03-09	16:14	双子
03-11	20:03	蟹
03-13	22:23	獅子
03-15	23:55	乙女
03-18	02:04	天秤
03-20	06:32	蠍
03-22	14:37	射手
03-25	02:07	山羊
03-27	14:59	水瓶
03-30	02:32	魚
04-01	11:19	牡羊
04-03	17:29	牡牛
04-05	21:55	双子
04-08	01:24	蟹
04-10	04:24	獅子
04-12	07:14	乙女
04-14	10:38	天秤
04-16	15:42	蠍
04-18	23:31	射手
04-21	10:24	山羊
04-23	23:04	水瓶
04-26	11:02	魚
04-28	20:12	牡羊
05-01	02:04	牡牛
05-03	05:27	双子
05-05	07:39	蟹
05-07	09:50	獅子
05-09	12:47	乙女
05-11	17:04	天秤
05-13	23:10	蠍
05-16	07:32	射手
05-18	18:20	山羊
05-21	06:50	水瓶
05-23	19:14	魚
05-26	05:19	牡羊
05-28	11:48	牡牛
05-30	14:58	双子
06-01	16:05	蟹
06-03	16:46	獅子
06-05	18:33	乙女
06-07	22:31	天秤
06-10	05:04	蠍
06-12	14:10	射手
06-15	01:20	山羊
06-17	13:51	水瓶
06-20	02:29	魚
06-22	13:29	牡羊
06-24	21:16	牡牛
06-27	01:18	双子
06-29	02:25	蟹
07-01	01:59	獅子
07-03	02:11	乙女
07-05	04:43	天秤
07-07	10:38	蠍
07-09	19:46	射手
07-12	07:29	山羊
07-14	20:08	水瓶
07-17	08:45	魚
07-19	20:13	牡羊
07-22	05:14	牡牛
07-24	10:48	双子
07-26	12:53	蟹
07-28	12:37	獅子
07-30	11:55	乙女
08-01	12:54	天秤
08-03	17:20	蠍
08-06	01:49	射手
08-08	13:22	山羊
08-11	02:09	水瓶
08-13	14:37	魚
08-16	01:57	牡羊
08-18	11:27	牡牛
08-20	18:20	双子
08-22	22:04	蟹
08-24	23:01	獅子
08-26	22:36	乙女
08-28	22:52	天秤
08-31	01:54	蠍
09-02	09:00	射手
09-04	19:51	山羊
09-07	08:34	水瓶
09-09	20:57	魚
09-12	07:52	牡羊
09-14	16:56	牡牛
09-17	00:06	双子
09-19	05:01	蟹
09-21	07:35	獅子
09-23	08:30	乙女
09-25	09:15	天秤
09-27	11:47	蠍
09-29	17:42	射手
10-02	03:29	山羊
10-04	15:48	水瓶
10-07	04:27	魚
10-09	14:54	牡羊
10-11	23:16	牡牛
10-14	05:40	双子
10-16	10:27	蟹
10-18	13:51	獅子
10-20	16:13	乙女
10-22	18:21	天秤
10-24	21:31	蠍
10-27	03:09	射手
10-29	12:05	山羊
10-31	23:49	水瓶
11-03	12:23	魚
11-05	23:21	牡羊
11-08	07:29	牡牛
11-10	12:54	双子
11-12	16:29	蟹
11-14	19:13	獅子
11-16	21:55	乙女
11-19	01:11	天秤
11-21	05:37	蠍
11-23	11:57	射手
11-25	20:45	山羊
11-28	08:03	水瓶
11-30	20:40	魚
12-03	08:22	牡羊
12-05	17:11	牡牛
12-07	22:27	双子
12-10	00:57	蟹
12-12	02:08	獅子
12-14	03:35	乙女
12-16	06:33	天秤
12-18	11:40	蠍
12-20	19:01	射手
12-23	04:27	山羊
12-25	15:44	水瓶
12-28	04:17	魚
12-30	16:40	牡羊

Data 1 誕生月星座表

1966年

日付	時間	月星座
01-02	02:46	牡羊
01-04	09:06	双子
01-06	11:40	蟹
01-08	11:50	獅子
01-10	11:34	乙女
01-12	12:53	天秤
01-14	17:08	蠍
01-17	00:39	射手
01-19	10:45	山羊
01-21	22:26	水瓶
01-24	10:58	魚
01-26	23:33	牡羊
01-29	10:43	牡牛
01-31	18:43	双子
02-02	22:41	蟹
02-04	23:14	獅子
02-06	22:11	乙女
02-08	21:50	天秤
02-11	00:15	蠍
02-13	06:33	射手
02-15	16:26	山羊
02-18	04:26	水瓶
02-20	17:05	魚
02-23	05:30	牡羊
02-25	16:53	牡牛
02-28	02:03	双子
03-02	07:48	蟹
03-04	09:57	獅子
03-06	09:36	乙女
03-08	08:48	天秤
03-10	09:47	蠍
03-12	14:18	射手
03-14	22:55	山羊
03-17	10:35	水瓶
03-19	23:19	魚
03-22	11:33	牡羊
03-24	22:32	牡牛
03-27	07:41	双子
03-29	14:23	蟹
03-31	18:12	獅子
04-02	19:31	乙女
04-04	19:40	天秤
04-06	20:30	蠍
04-08	23:54	射手
04-11	07:06	山羊
04-13	17:42	水瓶
04-16	06:13	魚
04-18	18:27	牡羊
04-21	05:00	牡牛
04-23	13:27	双子
04-25	19:48	蟹
04-28	00:09	獅子
04-30	02:50	乙女
05-02	04:31	天秤
05-04	06:23	蠍
05-06	09:52	射手
05-08	16:12	山羊
05-11	01:52	水瓶
05-13	13:55	魚
05-16	02:15	牡羊
05-18	12:49	牡牛
05-20	20:40	双子
05-23	02:00	蟹
05-25	05:37	獅子
05-27	08:22	乙女
05-29	11:00	天秤
05-31	14:11	蠍
06-02	18:38	射手
06-05	01:10	山羊
06-07	10:21	水瓶
06-09	21:57	魚
06-12	10:26	牡羊
06-14	21:30	牡牛
06-17	05:26	双子
06-19	10:05	蟹
06-21	12:29	獅子
06-23	14:08	乙女
06-25	16:23	天秤
06-27	20:04	蠍
06-30	01:31	射手
07-02	08:51	山羊
07-04	18:14	水瓶
07-07	05:39	魚
07-09	18:16	牡羊
07-12	06:03	牡牛
07-14	14:51	双子
07-16	19:44	蟹
07-18	21:27	獅子
07-20	21:46	乙女
07-22	22:38	天秤
07-25	01:32	蠍
07-27	07:04	射手
07-29	15:04	山羊
08-01	01:02	水瓶
08-03	12:36	魚
08-06	01:15	牡羊
08-08	13:38	牡牛
08-10	23:38	双子
08-13	05:41	蟹
08-15	07:50	獅子
08-17	07:35	乙女
08-19	07:05	天秤
08-21	08:24	蠍
08-23	12:51	射手
08-25	20:37	山羊
08-28	06:56	水瓶
08-30	18:48	魚
09-02	07:27	牡羊
09-04	19:59	牡牛
09-07	06:52	双子
09-09	14:26	蟹
09-11	18:01	獅子
09-13	18:26	乙女
09-15	17:33	天秤
09-17	17:34	蠍
09-19	20:21	射手
09-22	02:52	山羊
09-24	12:48	水瓶
09-27	00:48	魚
09-29	13:29	牡羊
10-02	01:47	牡牛
10-04	12:43	双子
10-06	21:12	蟹
10-09	02:25	獅子
10-11	04:27	乙女
10-13	04:29	天秤
10-15	04:21	蠍
10-17	05:59	射手
10-19	10:55	山羊
10-21	19:41	水瓶
10-24	07:20	魚
10-26	20:03	牡羊
10-29	08:06	牡牛
10-31	18:28	双子
11-03	02:43	蟹
11-05	08:36	獅子
11-07	12:10	乙女
11-09	13:54	天秤
11-11	14:53	蠍
11-13	16:36	射手
11-15	20:37	山羊
11-18	04:03	水瓶
11-20	14:53	魚
11-23	03:31	牡羊
11-25	15:37	牡牛
11-28	01:31	双子
11-30	08:50	蟹
12-02	14:02	獅子
12-04	17:48	乙女
12-06	20:43	天秤
12-08	23:18	蠍
12-11	02:13	射手
12-13	06:30	山羊
12-15	13:19	水瓶
12-17	23:17	魚
12-20	11:39	牡羊
12-23	00:07	牡牛
12-25	10:14	双子
12-27	16:58	蟹
12-29	20:57	獅子
12-31	23:33	乙女

1967年

日付	時間	月星座
01-03	02:04	天秤
01-05	05:16	蠍
01-07	09:28	射手
01-09	14:53	山羊
01-11	22:05	水瓶
01-14	07:45	魚
01-16	19:48	牡羊
01-19	08:39	牡牛
01-21	19:38	双子
01-24	02:51	蟹
01-26	06:20	獅子
01-28	07:36	乙女
01-30	08:33	天秤
02-01	10:44	蠍
02-03	14:55	射手
02-05	21:10	山羊
02-08	05:17	水瓶
02-10	15:19	魚
02-13	03:17	牡羊
02-15	16:19	牡牛
02-18	04:16	双子
02-20	12:48	蟹
02-22	17:04	獅子
02-24	18:04	乙女
02-26	17:44	天秤
02-28	18:09	蠍
03-02	20:53	射手
03-05	02:35	山羊
03-07	11:03	水瓶
03-09	21:41	魚
03-12	09:53	牡羊
03-14	22:54	牡牛
03-17	11:19	双子
03-19	21:10	蟹
03-22	03:04	獅子
03-24	05:08	乙女
03-26	04:50	天秤
03-28	04:10	蠍
03-30	05:08	射手
04-01	09:47	山羊
04-03	16:49	水瓶
04-06	03:29	魚
04-08	15:57	牡羊
04-11	04:56	牡牛
04-13	17:15	双子
04-16	03:37	蟹
04-18	10:54	獅子
04-20	14:43	乙女
04-22	15:41	天秤
04-24	15:19	蠍
04-26	15:27	射手
04-28	17:54	山羊
04-30	23:57	水瓶
05-03	09:47	魚
05-05	22:10	牡羊
05-08	11:09	牡牛
05-10	23:23	双子
05-13	09:11	蟹
05-15	16:49	獅子
05-17	21:52	乙女
05-20	00:31	天秤
05-22	01:30	蠍
05-24	02:06	射手
05-26	03:58	山羊
05-28	08:44	水瓶
05-30	17:18	魚
06-02	05:07	牡羊
06-04	18:04	牡牛
06-07	05:52	双子
06-09	15:18	蟹
06-11	22:19	獅子
06-14	03:24	乙女
06-16	06:58	天秤
06-18	09:25	蠍
06-20	11:20	射手
06-22	13:46	山羊
06-24	18:11	水瓶
06-27	01:49	魚
06-29	12:53	牡羊
07-02	01:43	牡牛
07-04	13:39	双子
07-06	22:47	蟹
07-09	04:58	獅子
07-11	09:07	乙女
07-13	12:20	天秤
07-15	15:17	蠍
07-17	18:22	射手
07-19	21:59	山羊
07-22	02:59	水瓶
07-24	10:28	魚
07-26	21:00	牡羊
07-29	09:40	牡牛
07-31	22:07	双子
08-03	07:32	蟹
08-05	13:26	獅子
08-07	16:36	乙女
08-09	18:34	天秤
08-11	20:44	蠍
08-13	23:52	射手
08-16	04:18	山羊
08-18	10:17	水瓶
08-20	18:18	魚
08-23	04:47	牡羊
08-25	17:21	牡牛
08-28	06:08	双子
08-30	16:34	蟹
09-01	23:08	獅子
09-04	02:07	乙女
09-06	03:03	天秤
09-08	03:44	蠍
09-10	05:40	射手
09-12	09:43	山羊
09-14	16:08	水瓶
09-17	00:53	魚
09-19	11:46	牡羊
09-22	00:20	牡牛
09-24	13:21	双子
09-27	00:45	蟹
09-29	08:41	獅子
10-01	12:38	乙女
10-03	13:34	天秤
10-05	13:14	蠍
10-07	13:32	射手
10-09	16:04	山羊
10-11	21:45	水瓶
10-14	06:38	魚
10-16	17:58	牡羊
10-19	06:41	牡牛
10-21	19:38	双子
10-24	07:27	蟹
10-26	16:40	獅子
10-28	22:19	乙女
10-31	00:31	天秤
11-02	00:26	蠍
11-03	23:51	射手
11-06	00:44	山羊
11-08	04:45	水瓶
11-10	12:42	魚
11-12	23:58	牡羊
11-15	12:52	牡牛
11-18	01:40	双子
11-20	13:13	蟹
11-22	22:47	獅子
11-25	05:46	乙女
11-27	09:48	天秤
11-29	11:13	蠍
12-01	11:10	射手
12-03	11:25	山羊
12-05	13:57	水瓶
12-07	20:19	魚
12-10	06:43	牡羊
12-12	19:32	牡牛
12-15	08:18	双子
12-17	19:23	蟹
12-20	04:21	獅子
12-22	11:25	乙女
12-24	16:27	天秤
12-26	19:36	蠍
12-28	21:09	射手
12-30	22:11	山羊

1968年

日付	時間	月星座
01-02	00:23	水瓶
01-04	05:35	魚
01-06	14:45	牡羊
01-09	03:02	牡牛
01-11	15:54	双子
01-14	02:54	蟹
01-16	11:09	獅子
01-18	17:11	乙女
01-20	21:47	天秤
01-23	01:28	蠍
01-25	04:23	射手
01-27	06:57	山羊
01-29	10:06	水瓶
01-31	15:16	魚
02-02	23:39	牡羊
02-05	11:15	牡牛
02-08	00:09	双子
02-10	11:34	蟹
02-12	19:50	獅子
02-15	01:02	乙女
02-17	04:21	天秤
02-19	07:00	蠍
02-21	09:48	射手
02-23	13:12	山羊
02-25	17:37	水瓶
02-27	23:42	魚
03-01	08:14	牡羊
03-03	19:27	牡牛
03-06	08:17	双子
03-08	20:21	蟹
03-11	05:27	獅子
03-13	10:51	乙女
03-15	13:23	天秤
03-17	14:33	蠍
03-19	15:53	射手
03-21	18:34	山羊
03-23	23:16	水瓶
03-26	06:15	魚
03-28	15:32	牡羊
03-31	02:55	牡牛
04-02	15:40	双子
04-05	04:13	蟹
04-07	14:28	獅子
04-09	21:04	乙女
04-12	00:01	天秤
04-14	00:32	蠍
04-16	00:23	射手
04-18	01:23	山羊
04-20	04:57	水瓶
04-22	11:46	魚
04-24	21:32	牡羊
04-27	09:22	牡牛
04-29	22:11	双子
05-02	10:50	蟹
05-04	21:54	獅子
05-07	05:58	乙女
05-09	10:21	天秤
05-11	11:30	蠍
05-13	10:53	射手
05-15	10:31	山羊
05-17	12:22	水瓶
05-19	17:53	魚
05-22	03:14	牡羊
05-24	15:15	牡牛
05-27	04:12	双子
05-29	16:43	蟹
06-01	03:53	獅子
06-03	12:52	乙女
06-05	18:49	天秤
06-07	21:30	蠍
06-09	21:42	射手
06-11	21:05	山羊
06-13	21:46	水瓶
06-16	01:42	魚
06-18	09:50	牡羊
06-20	21:25	牡牛
06-23	10:22	双子
06-25	22:43	蟹
06-28	09:30	獅子
06-30	18:26	乙女
07-03	01:10	天秤
07-05	05:20	蠍
07-07	07:05	射手
07-09	07:24	山羊
07-11	08:03	水瓶
07-13	11:03	魚
07-15	17:51	牡羊
07-18	04:30	牡牛
07-20	17:13	双子
07-23	05:31	蟹
07-25	15:55	獅子
07-28	00:10	乙女
07-30	06:32	天秤
08-01	11:11	蠍
08-03	14:11	射手
08-05	15:57	山羊
08-07	17:37	水瓶
08-09	20:45	魚
08-12	02:53	牡羊
08-14	12:36	牡牛
08-17	00:51	双子
08-19	13:15	蟹
08-21	23:40	獅子
08-24	07:21	乙女
08-26	12:45	天秤
08-28	16:38	蠍
08-30	19:40	射手
09-01	22:22	山羊
09-04	01:19	水瓶
09-06	05:27	魚
09-08	11:49	牡羊
09-10	21:06	牡牛
09-13	08:54	双子
09-15	21:28	蟹
09-18	08:25	獅子
09-20	16:15	乙女
09-22	21:00	天秤
09-24	23:39	蠍
09-27	01:30	射手
09-29	03:44	山羊
10-01	07:11	水瓶
10-03	12:21	魚
10-05	19:35	牡羊
10-08	05:07	牡牛
10-10	16:43	双子
10-13	05:23	蟹
10-15	17:08	獅子
10-18	01:59	乙女
10-20	07:05	天秤
10-22	09:05	蠍
10-24	09:32	射手
10-26	10:13	山羊
10-28	12:43	水瓶
10-30	17:54	魚
11-02	01:51	牡羊
11-04	12:01	牡牛
11-06	23:48	双子
11-09	12:26	蟹
11-12	00:45	獅子
11-14	10:55	乙女
11-16	17:26	天秤
11-18	20:06	蠍
11-20	20:04	射手
11-22	19:19	山羊
11-24	20:02	水瓶
11-26	23:52	魚
11-29	07:26	牡羊
12-01	17:58	牡牛
12-04	06:06	双子
12-06	18:43	蟹
12-09	07:02	獅子
12-11	17:59	乙女
12-14	02:08	天秤
12-16	06:31	蠍
12-18	07:28	射手
12-20	06:32	山羊
12-22	05:59	水瓶
12-24	08:01	魚
12-26	14:02	牡羊
12-28	23:57	牡牛
12-31	12:11	双子

1969年

日付	時間	月星座
01-03	00:53	蟹
01-05	12:55	獅子
01-07	23:42	乙女
01-10	08:32	天秤
01-12	14:32	蠍
01-14	17:19	射手
01-16	17:39	山羊
01-18	17:17	水瓶
01-20	18:20	魚
01-22	22:43	牡羊
01-25	07:13	牡牛
01-27	18:53	双子
01-30	07:36	蟹
02-01	19:29	獅子
02-04	05:40	乙女
02-06	14:00	天秤
02-08	20:18	蠍
02-11	00:23	射手
02-13	02:28	山羊
02-15	03:30	水瓶
02-17	05:03	魚
02-19	08:48	牡羊
02-21	16:02	牡牛
02-24	02:41	双子
02-26	15:11	蟹
03-01	03:12	獅子
03-03	13:07	乙女
03-05	20:34	天秤
03-08	01:56	蠍
03-10	05:48	射手
03-12	08:40	山羊
03-14	11:09	水瓶
03-16	14:04	魚
03-18	18:27	牡羊
03-21	01:20	牡牛
03-23	11:12	双子
03-25	23:18	蟹
03-28	11:37	獅子
03-30	21:54	乙女
04-02	05:03	天秤
04-04	09:22	蠍
04-06	11:57	射手
04-08	14:04	山羊
04-10	16:46	水瓶
04-12	20:41	魚
04-15	02:13	牡羊
04-17	09:43	牡牛
04-19	19:28	双子
04-22	07:17	蟹
04-24	19:51	獅子
04-27	06:57	乙女
04-29	14:44	天秤
05-01	18:50	蠍
05-03	20:19	射手
05-05	20:57	山羊
05-07	22:28	水瓶
05-10	02:04	魚
05-12	08:09	牡羊
05-14	16:28	牡牛
05-17	02:44	双子
05-19	14:30	蟹
05-22	03:12	獅子
05-24	15:07	乙女
05-27	00:07	天秤
05-29	05:05	蠍
05-31	06:30	射手
06-02	06:07	山羊
06-04	06:03	水瓶
06-06	08:13	魚
06-08	13:36	牡羊
06-10	22:06	牡牛
06-13	08:48	双子
06-15	20:52	蟹
06-18	09:35	獅子
06-20	21:53	乙女
06-23	08:03	天秤
06-25	14:31	蠍
06-27	17:00	射手
06-29	16:44	山羊
07-01	15:49	水瓶
07-03	16:26	魚
07-05	20:16	牡羊
07-08	03:53	牡牛
07-10	14:31	双子
07-13	02:47	蟹
07-15	15:29	獅子
07-18	03:42	乙女
07-20	14:20	天秤
07-22	22:04	蠍
07-25	02:11	射手
07-27	03:09	山羊
07-29	02:34	水瓶
07-31	02:26	魚
08-02	04:54	牡羊
08-04	11:02	牡牛
08-06	20:49	双子
08-09	08:57	蟹
08-11	21:38	獅子
08-14	09:32	乙女
08-16	19:51	天秤
08-19	03:54	蠍
08-21	09:12	射手
08-23	11:49	山羊
08-25	12:36	水瓶
08-27	13:03	魚
08-29	14:57	牡羊
08-31	19:50	牡牛
09-03	04:23	双子
09-05	15:57	蟹
09-08	04:36	獅子
09-10	16:20	乙女
09-13	02:01	天秤
09-15	09:25	蠍
09-17	14:42	射手
09-19	18:14	山羊
09-21	20:31	水瓶
09-23	22:22	魚
09-26	00:55	牡羊
09-28	05:29	牡牛
09-30	13:05	双子
10-02	23:52	蟹
10-05	12:25	獅子
10-08	00:21	乙女
10-10	09:48	天秤
10-12	16:19	蠍
10-14	20:36	射手
10-16	23:35	山羊
10-19	02:21	水瓶
10-21	05:26	魚
10-23	09:17	牡羊
10-25	14:32	牡牛
10-27	22:00	双子
10-30	08:13	蟹
11-01	20:35	獅子
11-04	09:00	乙女
11-06	18:59	天秤
11-09	01:18	蠍
11-11	04:30	射手
11-13	06:08	山羊
11-15	07:53	水瓶
11-17	10:52	魚
11-19	15:32	牡羊
11-21	21:52	牡牛
11-24	05:59	双子
11-26	16:10	蟹
11-29	04:22	獅子
12-01	17:14	乙女
12-04	04:17	天秤
12-06	11:30	蠍
12-08	14:43	射手
12-10	15:20	山羊
12-12	15:27	水瓶
12-14	16:56	魚
12-16	20:56	牡羊
12-19	03:35	牡牛
12-21	12:28	双子
12-23	23:09	蟹
12-26	11:21	獅子
12-29	00:20	乙女
12-31	12:18	天秤

1970年

日付	時間	月星座
01-02	21:03	蠍
01-05	01:33	射手
01-07	02:30	山羊
01-09	01:47	水瓶
01-11	01:37	魚
01-13	03:48	牡羊
01-15	09:20	牡牛
01-17	18:07	双子
01-20	05:13	蟹
01-22	17:40	獅子
01-25	06:33	乙女
01-27	18:42	天秤
01-30	04:34	蠍
02-01	10:50	射手
02-03	13:22	山羊
02-05	13:19	水瓶
02-07	12:37	魚
02-09	13:17	牡羊
02-11	16:59	牡牛
02-14	00:29	双子
02-16	11:17	蟹
02-18	23:53	獅子
02-21	12:42	乙女
02-24	00:30	天秤
02-26	10:23	蠍
02-28	17:38	射手
03-02	21:54	山羊
03-04	23:34	水瓶
03-06	23:49	魚
03-09	00:16	牡羊
03-11	02:43	牡牛
03-13	08:37	双子
03-15	18:18	蟹
03-18	06:40	獅子
03-20	19:30	乙女
03-23	06:57	天秤
03-25	16:10	蠍
03-27	23:07	射手
03-30	04:00	山羊
04-01	07:08	水瓶
04-03	09:01	魚
04-05	10:32	牡羊
04-07	13:02	牡牛
04-09	18:02	双子
04-12	02:33	蟹
04-14	14:16	獅子
04-17	03:07	乙女
04-19	14:35	天秤
04-21	23:15	蠍
04-24	05:15	射手
04-26	09:26	山羊
04-28	12:43	水瓶
04-30	15:37	魚
05-02	18:32	牡羊
05-04	22:05	牡牛
05-07	03:17	双子
05-09	11:17	蟹
05-11	22:22	獅子
05-14	11:10	乙女
05-17	00:00	天秤
05-19	07:49	蠍
05-21	13:11	射手
05-23	16:13	山羊
05-25	18:25	水瓶
05-27	20:59	魚
05-30	00:27	牡羊
06-01	05:03	牡牛
06-03	11:10	双子
06-05	19:25	蟹
06-08	06:17	獅子
06-10	19:02	乙女
06-13	07:28	天秤
06-15	17:02	蠍
06-17	22:39	射手
06-20	01:04	山羊
06-22	02:00	水瓶
06-24	03:11	魚
06-26	05:52	牡羊
06-28	10:35	牡牛
06-30	17:24	双子
07-03	02:21	蟹
07-05	13:26	獅子
07-08	02:11	乙女
07-10	15:02	天秤
07-13	01:41	蠍
07-15	08:26	射手
07-17	11:19	山羊
07-19	11:44	水瓶
07-21	11:36	魚
07-23	12:42	牡羊
07-25	16:18	牡牛
07-27	22:53	双子
07-30	08:14	蟹
08-01	19:44	獅子
08-04	08:34	乙女
08-06	21:32	天秤
08-09	08:57	蠍
08-11	17:07	射手
08-13	21:25	山羊
08-15	22:31	水瓶
08-17	22:01	魚
08-19	21:50	牡羊
08-21	23:46	牡牛
08-24	05:03	双子
08-26	13:58	蟹
08-29	01:38	獅子
08-31	14:36	乙女
09-03	03:25	天秤
09-05	14:54	蠍
09-07	23:58	射手
09-10	05:51	山羊
09-12	08:34	水瓶
09-14	08:57	魚
09-16	08:35	牡羊
09-18	09:21	牡牛
09-20	13:02	双子
09-22	20:41	蟹
09-25	07:54	獅子
09-27	20:53	乙女
09-30	09:33	天秤
10-02	20:35	蠍
10-05	05:31	射手
10-07	12:10	山羊
10-09	16:26	水瓶
10-11	18:30	魚
10-13	19:12	牡羊
10-15	20:00	牡牛
10-17	22:43	双子
10-20	04:59	蟹
10-22	15:12	獅子
10-25	03:57	乙女
10-27	16:37	天秤
10-30	03:15	蠍
11-01	11:24	射手
11-03	17:32	山羊
11-05	22:11	水瓶
11-08	01:33	魚
11-10	03:52	牡羊
11-12	05:50	牡牛
11-14	08:48	双子
11-16	14:23	蟹
11-18	23:36	獅子
11-21	11:50	乙女
11-24	00:39	天秤
11-26	11:25	蠍
11-28	19:02	射手
12-01	00:06	山羊
12-03	03:45	水瓶
12-05	06:55	魚
12-07	10:03	牡羊
12-09	13:24	牡牛
12-11	17:33	双子
12-13	23:32	蟹
12-16	08:21	獅子
12-18	20:04	乙女
12-21	09:01	天秤
12-23	20:27	蠍
12-26	04:28	射手
12-28	09:01	山羊
12-30	11:24	水瓶

1971年

日付	時間	月星座
01-01	13:08	魚
01-03	15:26	牡羊
01-05	19:00	牡牛
01-08	00:08	双子
01-10	07:09	蟹
01-12	16:24	獅子
01-15	03:57	乙女
01-17	16:51	天秤
01-20	05:04	蠍
01-22	14:16	射手
01-24	19:33	山羊
01-26	21:36	水瓶
01-28	22:01	魚
01-30	22:36	牡羊
02-02	00:49	牡牛
02-04	05:34	双子
02-06	13:07	蟹
02-08	23:06	獅子
02-11	10:58	乙女
02-13	23:50	天秤
02-16	12:22	蠍
02-18	22:45	射手
02-21	05:37	山羊
02-23	08:43	水瓶
02-25	09:05	魚
02-27	08:30	牡羊
03-01	08:54	牡牛
03-03	12:01	双子
03-05	18:47	蟹
03-08	04:55	獅子
03-10	17:10	乙女
03-13	06:06	天秤
03-15	18:31	蠍
03-18	05:23	射手
03-20	13:37	山羊
03-22	18:29	水瓶
03-24	20:07	魚
03-26	19:45	牡羊
03-28	19:15	牡牛
03-30	20:43	双子
04-02	01:51	蟹
04-04	11:05	獅子
04-06	23:16	乙女
04-09	12:17	天秤
04-12	00:28	蠍
04-14	11:03	射手
04-16	19:38	山羊
04-19	01:46	水瓶
04-21	05:08	魚
04-23	06:08	牡羊
04-25	06:06	牡牛
04-27	06:58	双子
04-29	10:43	蟹
05-01	18:34	獅子
05-04	06:03	乙女
05-06	18:59	天秤
05-09	07:03	蠍
05-11	17:08	射手
05-14	01:09	山羊
05-16	07:19	水瓶
05-18	11:39	魚
05-20	14:11	牡羊
05-22	15:31	牡牛
05-24	17:01	双子
05-26	20:29	蟹
05-29	03:16	獅子
05-31	13:48	乙女
06-03	02:26	天秤
06-05	14:36	蠍
06-08	00:28	射手
06-10	07:45	山羊
06-12	13:03	水瓶
06-14	17:01	魚
06-16	20:03	牡羊
06-18	22:39	牡牛
06-21	01:24	双子
06-23	05:30	蟹
06-25	12:12	獅子
06-27	22:00	乙女
06-30	10:22	天秤
07-02	22:46	蠍
07-05	08:59	射手
07-07	16:03	山羊
07-09	20:26	水瓶
07-11	23:14	魚
07-14	01:32	牡羊
07-16	04:07	牡牛
07-18	07:47	双子
07-20	12:56	蟹
07-22	20:16	獅子
07-25	06:09	乙女
07-27	18:12	天秤
07-30	06:50	蠍
08-01	17:49	射手
08-04	01:32	山羊
08-06	05:47	水瓶
08-08	07:34	魚
08-10	08:27	牡羊
08-12	09:55	牡牛
08-14	13:10	双子
08-16	18:50	蟹
08-19	02:57	獅子
08-21	13:19	乙女
08-24	01:22	天秤
08-26	14:09	蠍
08-29	01:56	射手
08-31	10:54	山羊
09-02	16:04	水瓶
09-04	17:51	魚
09-06	17:43	牡羊
09-08	17:37	牡牛
09-10	19:25	双子
09-13	00:21	蟹
09-15	08:38	獅子
09-17	19:29	乙女
09-20	07:47	天秤
09-22	20:33	蠍
09-25	08:43	射手
09-27	18:53	山羊
09-30	01:39	水瓶
10-02	04:37	魚
10-04	04:40	牡羊
10-06	03:42	牡牛
10-08	03:53	双子
10-10	07:10	蟹
10-12	14:30	獅子
10-15	01:16	乙女
10-17	13:47	天秤
10-20	02:31	蠍
10-22	14:31	射手
10-25	01:05	山羊
10-27	09:11	水瓶
10-29	13:57	魚
10-31	15:26	牡羊
11-02	14:55	牡牛
11-04	14:27	双子
11-06	16:15	蟹
11-08	21:56	獅子
11-11	07:44	乙女
11-13	20:05	天秤
11-16	08:49	蠍
11-18	20:30	射手
11-21	06:36	山羊
11-23	14:52	水瓶
11-25	20:48	魚
11-28	00:21	牡羊
11-30	01:08	牡牛
12-02	01:25	双子
12-04	02:51	蟹
12-06	07:17	獅子
12-08	15:40	乙女
12-11	03:19	天秤
12-13	16:01	蠍
12-16	03:37	射手
12-18	13:07	山羊
12-20	20:32	水瓶
12-23	02:10	魚
12-25	06:09	牡羊
12-27	08:45	牡牛
12-29	10:38	双子
12-31	13:01	蟹

1972年

日付	時間	月星座
01-02	17:22	獅子
01-05	00:50	乙女
01-07	11:33	天秤
01-10	00:03	蠍
01-12	11:57	射手
01-14	21:26	山羊
01-17	04:10	水瓶
01-19	08:28	魚
01-21	11:35	牡羊
01-23	14:17	牡牛
01-25	17:14	双子
01-27	21:01	蟹
01-30	02:21	獅子
02-01	09:56	乙女
02-03	20:06	天秤
02-06	08:18	蠍
02-08	20:38	射手
02-11	06:50	山羊
02-13	13:36	水瓶
02-15	17:11	魚
02-17	18:41	牡羊
02-19	20:11	牡牛
02-21	22:35	双子
02-24	02:57	蟹
02-26	09:15	獅子
02-28	17:39	乙女
03-02	04:07	天秤
03-04	16:00	蠍
03-07	04:36	射手
03-09	15:49	山羊
03-11	23:43	水瓶
03-14	03:39	魚
03-16	04:37	牡羊
03-18	04:27	牡牛
03-20	05:12	双子
03-22	08:26	蟹
03-24	14:46	獅子
03-26	23:48	乙女
03-29	10:42	天秤
03-31	22:48	蠍
04-03	11:27	射手
04-05	23:20	山羊
04-08	08:37	水瓶
04-10	13:58	魚
04-12	15:32	牡羊
04-14	14:54	牡牛
04-16	14:16	双子
04-18	15:46	蟹
04-20	20:46	獅子
04-23	05:24	乙女
04-25	16:34	天秤
04-28	04:56	蠍
04-30	17:31	射手
05-03	05:29	山羊
05-05	15:35	水瓶
05-07	22:28	魚
05-10	01:35	牡羊
05-12	01:47	牡牛
05-14	00:57	双子
05-16	01:16	蟹
05-18	04:38	獅子
05-20	11:56	乙女
05-22	22:36	天秤
05-25	11:01	蠍
05-27	23:33	射手
05-30	11:13	山羊
06-01	21:15	水瓶
06-04	04:52	魚
06-06	09:27	牡羊
06-08	11:15	牡牛
06-10	11:24	双子
06-12	11:45	蟹
06-14	14:10	獅子
06-16	20:03	乙女
06-19	05:39	天秤
06-21	17:43	蠍
06-24	06:14	射手
06-26	17:36	山羊
06-29	03:02	水瓶
07-01	10:18	魚
07-03	15:22	牡羊
07-05	18:25	牡牛
07-07	20:05	双子
07-09	21:29	蟹
07-12	00:05	獅子
07-14	05:16	乙女
07-16	13:49	天秤
07-19	01:15	蠍
07-21	13:46	射手
07-24	01:10	山羊
07-26	10:07	水瓶
07-28	16:29	魚
07-30	20:50	牡羊
08-01	23:57	牡牛
08-04	02:33	双子
08-06	05:18	蟹
08-08	08:56	獅子
08-10	14:23	乙女
08-12	22:27	天秤
08-15	09:19	蠍
08-17	21:49	射手
08-20	09:38	山羊
08-22	18:43	水瓶
08-25	00:28	魚
08-27	03:40	牡羊
08-29	05:46	牡牛
08-31	07:56	双子
09-02	11:11	蟹
09-04	15:54	獅子
09-06	22:15	乙女
09-09	06:36	天秤
09-11	17:17	蠍
09-14	05:42	射手
09-16	18:10	山羊
09-19	04:05	水瓶
09-21	10:09	魚
09-23	12:44	牡羊
09-25	13:27	牡牛
09-27	14:14	双子
09-29	16:39	蟹
10-01	21:25	獅子
10-04	04:31	乙女
10-06	13:40	天秤
10-09	00:27	蠍
10-11	12:52	射手
10-14	01:40	山羊
10-16	12:51	水瓶
10-18	20:12	魚
10-20	23:22	牡羊
10-22	23:37	牡牛
10-24	23:02	双子
10-26	23:44	蟹
10-29	03:14	獅子
10-31	09:59	乙女
11-02	19:27	天秤
11-05	06:46	蠍
11-07	19:16	射手
11-10	08:11	山羊
11-12	20:02	水瓶
11-15	04:56	魚
11-17	09:44	牡羊
11-19	10:53	牡牛
11-21	10:05	双子
11-23	09:31	蟹
11-25	11:12	獅子
11-27	16:24	乙女
11-30	01:15	天秤
12-02	12:42	蠍
12-05	01:22	射手
12-07	14:06	山羊
12-10	01:53	水瓶
12-12	11:33	魚
12-14	17:59	牡羊
12-16	20:59	牡牛
12-18	21:24	双子
12-20	20:57	蟹
12-22	21:34	獅子
12-25	01:03	乙女
12-27	08:21	天秤
12-29	19:10	蠍

1973年

日付	時間	月星座
01-01	07:51	射手
01-03	20:30	山羊
01-06	07:47	水瓶
01-08	17:03	魚
01-10	23:57	牡羊
01-13	04:24	牡牛
01-15	06:41	双子
01-17	07:39	蟹
01-19	08:40	獅子
01-21	11:23	乙女
01-23	17:43	天秤
01-26	02:52	蠍
01-28	15:10	射手
01-31	03:54	山羊
02-02	14:55	水瓶
02-04	23:22	魚
02-07	05:29	牡羊
02-09	09:53	牡牛
02-11	13:08	双子
02-13	15:44	蟹
02-15	18:12	獅子
02-17	21:31	乙女
02-20	02:58	天秤
02-22	11:35	蠍
02-24	23:13	射手
02-27	12:04	山羊
03-01	23:22	水瓶
03-04	07:31	魚
03-06	12:37	牡羊
03-08	15:51	牡牛
03-10	18:31	双子
03-12	21:29	蟹
03-15	01:07	獅子
03-17	05:42	乙女
03-19	11:48	天秤
03-21	20:15	蠍
03-24	07:26	射手
03-26	20:16	山羊
03-29	08:12	水瓶
03-31	16:55	魚
04-02	21:48	牡羊
04-04	23:58	牡牛
04-07	01:12	双子
04-09	03:04	蟹
04-11	06:31	獅子
04-13	11:47	乙女
04-15	18:50	天秤
04-18	03:51	蠍
04-20	15:02	射手
04-23	03:49	山羊
04-25	16:21	水瓶
04-28	02:10	魚
04-30	07:53	牡羊
05-02	10:01	牡牛
05-04	10:16	双子
05-06	10:35	蟹
05-08	12:36	獅子
05-10	17:13	乙女
05-13	00:31	天秤
05-15	10:09	蠍
05-17	21:41	射手
05-20	10:30	山羊
05-22	23:17	水瓶
05-25	10:05	魚
05-27	17:14	牡羊
05-29	20:28	牡牛
05-31	20:53	双子
06-02	20:21	蟹
06-04	20:49	獅子
06-06	23:51	乙女
06-09	06:16	天秤
06-11	15:52	蠍
06-14	03:43	射手
06-16	16:37	山羊
06-19	05:19	水瓶
06-21	16:29	魚
06-24	00:45	牡羊
06-26	05:37	牡牛
06-28	07:18	双子
06-30	07:08	蟹
07-02	06:55	獅子
07-04	08:31	乙女
07-06	13:23	天秤
07-08	22:05	蠍
07-11	09:46	射手
07-13	22:45	山羊
07-16	11:15	水瓶
07-18	22:07	魚
07-21	06:43	牡羊
07-23	12:41	牡牛
07-25	15:58	双子
07-27	17:10	蟹
07-29	17:29	獅子
07-31	18:34	乙女
08-02	22:12	天秤
08-05	05:35	蠍
08-07	16:37	射手
08-10	05:30	山羊
08-12	17:52	水瓶
08-15	04:14	魚
08-17	12:16	牡羊
08-19	18:14	牡牛
08-21	22:26	双子
08-24	01:08	蟹
08-26	02:49	獅子
08-28	04:33	乙女
08-30	07:52	天秤
09-01	14:17	蠍
09-04	00:24	射手
09-06	13:01	山羊
09-09	01:30	水瓶
09-11	11:40	魚
09-13	18:56	牡羊
09-15	23:59	牡牛
09-18	03:48	双子
09-20	07:01	蟹
09-22	09:56	獅子
09-24	12:58	乙女
09-26	17:00	天秤
09-28	23:18	蠍
10-01	08:47	射手
10-03	21:02	山羊
10-06	09:49	水瓶
10-08	20:23	魚
10-11	03:29	牡羊
10-13	07:36	牡牛
10-15	10:09	双子
10-17	12:28	蟹
10-19	15:25	獅子
10-21	19:19	乙女
10-24	00:28	天秤
10-26	07:28	蠍
10-28	16:57	射手
10-31	04:57	山羊
11-02	17:58	水瓶
11-05	05:26	魚
11-07	13:19	牡羊
11-09	17:25	牡牛
11-11	18:59	双子
11-13	19:46	蟹
11-15	21:20	獅子
11-18	00:41	乙女
11-20	06:15	天秤
11-22	14:06	蠍
11-25	00:11	射手
11-27	12:13	山羊
11-30	01:17	水瓶
12-02	13:30	魚
12-04	22:50	牡羊
12-07	04:08	牡牛
12-09	05:58	双子
12-11	05:52	蟹
12-13	05:44	獅子
12-15	07:23	乙女
12-17	11:53	天秤
12-19	19:44	蠍
12-22	06:20	射手
12-24	18:41	山羊
12-27	07:43	水瓶
12-29	20:10	魚

Data 1 誕生月星座表

1974年

日付	時間	月星座
01-01	06:34	牡羊
01-03	13:38	牡牛
01-05	17:00	双子
01-07	17:28	蟹
01-09	16:42	獅子
01-11	16:41	乙女
01-13	19:21	天秤
01-16	01:54	蠍
01-18	12:12	射手
01-21	00:47	山羊
01-23	13:50	水瓶
01-26	02:06	魚
01-28	12:32	牡羊
01-30	20:41	牡牛
02-02	01:53	双子
02-04	04:06	蟹
02-06	04:12	獅子
02-08	03:52	乙女
02-10	05:10	天秤
02-12	09:58	蠍
02-14	19:01	射手
02-17	07:16	山羊
02-19	20:21	水瓶
02-22	08:15	魚
02-24	18:12	牡羊
02-27	02:11	牡牛
03-01	08:10	双子
03-03	12:00	蟹
03-05	13:49	獅子
03-07	14:33	乙女
03-09	15:52	天秤
03-11	19:40	蠍
03-14	03:20	射手
03-16	14:41	山羊
03-19	03:38	水瓶
03-21	15:33	魚
03-24	01:02	牡羊
03-26	08:09	牡牛
03-28	13:33	双子
03-30	17:40	蟹
04-01	20:41	獅子
04-03	22:56	乙女
04-06	01:22	天秤
04-08	05:25	蠍
04-10	12:27	射手
04-12	22:56	山羊
04-15	11:34	水瓶
04-17	23:44	魚
04-20	09:20	牡羊
04-22	15:53	牡牛
04-24	20:11	双子
04-26	23:17	蟹
04-29	02:03	獅子
05-01	05:06	乙女
05-03	08:39	天秤
05-05	13:43	蠍
05-07	21:05	射手
05-10	07:15	山羊
05-12	19:34	水瓶
05-15	08:03	魚
05-17	18:20	牡羊
05-20	01:10	牡牛
05-22	04:54	双子
05-24	06:46	蟹
05-26	08:07	獅子
05-28	10:25	乙女
05-30	14:16	天秤
06-01	20:10	蠍
06-04	04:21	射手
06-06	14:48	山羊
06-09	03:02	水瓶
06-11	15:43	魚
06-14	02:52	牡羊
06-16	10:46	牡牛
06-18	14:59	双子
06-20	16:21	蟹
06-22	16:30	獅子
06-24	17:11	乙女
06-26	19:57	天秤
06-29	01:40	蠍
07-01	10:09	射手
07-03	21:19	山羊
07-06	09:41	水瓶
07-08	22:25	魚
07-11	10:10	牡羊
07-13	19:21	牡牛
07-16	00:54	双子
07-18	02:56	蟹
07-20	02:43	獅子
07-22	02:10	乙女
07-24	03:19	天秤
07-26	07:45	蠍
07-28	16:00	射手
07-31	03:11	山羊
08-02	15:46	水瓶
08-05	04:26	魚
08-07	16:15	牡羊
08-10	02:13	牡牛
08-12	09:15	双子
08-14	12:49	蟹
08-16	13:26	獅子
08-18	12:42	乙女
08-20	12:45	天秤
08-22	15:37	蠍
08-24	22:34	射手
08-27	09:15	山羊
08-29	21:53	水瓶
09-01	10:29	魚
09-03	21:58	牡羊
09-06	07:50	牡牛
09-08	15:36	双子
09-10	20:40	蟹
09-12	22:54	獅子
09-14	23:12	乙女
09-16	23:17	天秤
09-19	01:14	蠍
09-21	06:46	射手
09-23	16:22	山羊
09-26	04:38	水瓶
09-28	17:14	魚
10-01	04:25	牡羊
10-03	13:39	牡牛
10-05	21:00	双子
10-08	02:30	蟹
10-10	06:03	獅子
10-12	07:56	乙女
10-14	09:11	天秤
10-16	11:23	蠍
10-18	16:14	射手
10-21	00:44	山羊
10-23	12:20	水瓶
10-26	00:57	魚
10-28	12:13	牡羊
10-30	21:00	牡牛
11-02	03:23	双子
11-04	08:01	蟹
11-06	11:30	獅子
11-08	14:18	乙女
11-10	16:58	天秤
11-12	20:23	蠍
11-15	01:39	射手
11-17	09:42	山羊
11-19	20:39	水瓶
11-22	09:11	魚
11-24	20:59	牡羊
11-27	06:05	牡牛
11-29	11:58	双子
12-01	15:22	蟹
12-03	17:31	獅子
12-05	19:40	乙女
12-07	22:42	天秤
12-10	03:13	蠍
12-12	09:34	射手
12-14	18:04	山羊
12-17	04:48	水瓶
12-19	17:12	魚
12-22	05:35	牡羊
12-24	15:45	牡牛
12-26	22:15	双子
12-29	01:15	蟹
12-31	02:05	獅子

1975年

日付	時間	月星座
01-02	02:32	乙女
01-04	04:21	天秤
01-06	08:39	蠍
01-08	15:39	射手
01-11	00:58	山羊
01-13	12:03	水瓶
01-16	00:23	魚
01-18	13:03	牡羊
01-21	00:21	牡牛
01-23	08:23	双子
01-25	12:20	蟹
01-27	13:00	獅子
01-29	12:14	乙女
01-31	12:13	天秤
02-02	14:53	蠍
02-04	21:10	射手
02-07	06:42	山羊
02-09	18:16	水瓶
02-12	06:45	魚
02-14	19:22	牡羊
02-17	07:09	牡牛
02-19	16:35	双子
02-21	22:18	蟹
02-24	00:13	獅子
02-25	23:37	乙女
02-27	22:38	天秤
03-01	23:33	蠍
03-04	04:05	射手
03-06	12:39	山羊
03-09	00:09	水瓶
03-11	12:49	魚
03-14	01:18	牡羊
03-16	12:52	牡牛
03-18	22:43	双子
03-21	05:48	蟹
03-23	09:31	獅子
03-25	10:21	乙女
03-27	09:51	天秤
03-29	10:08	蠍
03-31	13:10	射手
04-02	20:08	山羊
04-05	06:45	水瓶
04-07	19:17	魚
04-10	07:44	牡羊
04-12	18:53	牡牛
04-15	04:14	双子
04-17	11:27	蟹
04-19	16:14	獅子
04-21	18:42	乙女
04-23	19:41	天秤
04-25	20:39	蠍
04-27	23:20	射手
04-30	05:08	山羊
05-02	14:34	水瓶
05-05	02:34	魚
05-07	15:03	牡羊
05-10	02:05	牡牛
05-12	10:44	双子
05-14	17:08	蟹
05-16	21:38	獅子
05-19	00:45	乙女
05-21	03:05	天秤
05-23	05:25	蠍
05-25	08:51	射手
05-27	14:31	山羊
05-29	23:09	水瓶
06-01	10:32	魚
06-03	23:01	牡羊
06-06	10:19	牡牛
06-08	18:49	双子
06-11	00:21	蟹
06-13	03:45	獅子
06-15	06:11	乙女
06-17	08:41	天秤
06-19	11:59	蠍
06-21	16:34	射手
06-23	22:56	山羊
06-26	07:33	水瓶
06-28	18:33	魚
07-01	07:02	牡羊
07-03	18:54	牡牛
07-06	03:58	双子
07-08	09:23	蟹
07-10	11:50	獅子
07-12	12:55	乙女
07-14	14:21	天秤
07-16	17:23	蠍
07-18	22:39	射手
07-21	05:46	山羊
07-23	14:56	水瓶
07-26	02:11	魚
07-28	14:27	牡羊
07-31	02:53	牡牛
08-02	13:02	双子
08-04	19:17	蟹
08-06	21:44	獅子
08-08	21:53	乙女
08-10	21:51	天秤
08-12	23:39	蠍
08-15	03:59	射手
08-17	11:25	山羊
08-19	21:09	水瓶
08-22	08:32	魚
08-24	21:02	牡羊
08-27	09:45	牡牛
08-29	20:53	双子
09-01	04:17	蟹
09-03	08:08	獅子
09-05	08:29	乙女
09-07	07:38	天秤
09-09	07:46	蠍
09-11	10:41	射手
09-13	17:11	山羊
09-16	02:51	水瓶
09-18	14:32	魚
09-21	03:07	牡羊
09-23	15:43	牡牛
09-26	03:13	双子
09-28	12:07	蟹
09-30	17:20	獅子
10-02	19:03	乙女
10-04	18:39	天秤
10-06	18:09	蠍
10-08	19:35	射手
10-11	00:29	山羊
10-13	09:10	水瓶
10-15	20:40	魚
10-18	09:20	牡羊
10-20	21:43	牡牛
10-23	08:51	双子
10-25	17:57	蟹
10-28	00:20	獅子
10-30	03:47	乙女
11-01	04:55	天秤
11-03	05:07	蠍
11-05	06:10	射手
11-07	09:45	山羊
11-09	16:59	水瓶
11-12	03:42	魚
11-14	16:17	牡羊
11-17	04:38	牡牛
11-19	15:14	双子
11-21	23:36	蟹
11-24	05:48	獅子
11-26	10:04	乙女
11-28	12:48	天秤
11-30	14:37	蠍
12-02	16:33	射手
12-04	19:58	山羊
12-07	02:12	水瓶
12-09	11:52	魚
12-12	00:06	牡羊
12-14	12:39	牡牛
12-16	23:19	双子
12-19	06:49	蟹
12-21	11:54	獅子
12-23	15:58	乙女
12-25	18:27	天秤
12-27	21:28	蠍
12-30	00:53	射手

1976年

日付	時間	月星座
01-01	05:16	山羊
01-03	11:33	水瓶
01-05	20:35	魚
01-08	08:21	牡羊
01-10	21:10	牡牛
01-13	08:19	双子
01-15	16:00	蟹
01-17	20:15	獅子
01-19	22:25	乙女
01-22	00:10	天秤
01-24	02:48	蠍
01-26	06:51	射手
01-28	12:24	山羊
01-30	19:34	水瓶
02-02	04:47	魚
02-04	16:17	牡羊
02-07	05:13	牡牛
02-09	17:16	双子
02-12	01:59	蟹
02-14	06:32	獅子
02-16	07:59	乙女
02-18	08:14	天秤
02-20	09:14	蠍
02-22	12:18	射手
02-24	17:54	山羊
02-27	01:48	水瓶
02-29	11:42	魚
03-02	23:22	牡羊
03-05	12:18	牡牛
03-08	00:56	双子
03-10	10:59	蟹
03-12	16:55	獅子
03-14	18:59	乙女
03-16	18:44	天秤
03-18	18:17	蠍
03-20	19:34	射手
03-22	23:48	山羊
03-25	07:19	水瓶
03-27	17:34	魚
03-30	05:37	牡羊
04-01	18:34	牡牛
04-04	07:15	双子
04-06	18:06	蟹
04-09	01:36	獅子
04-11	05:16	乙女
04-13	05:54	天秤
04-15	05:14	蠍
04-17	05:15	射手
04-19	07:43	山羊
04-21	13:47	水瓶
04-23	23:28	魚
04-26	11:37	牡羊
04-29	00:37	牡牛
05-01	13:05	双子
05-03	23:53	蟹
05-06	08:09	獅子
05-08	13:21	乙女
05-10	15:39	天秤
05-12	16:03	蠍
05-14	16:04	射手
05-16	17:31	山羊
05-18	22:02	水瓶
05-21	06:27	魚
05-23	18:07	牡羊
05-26	07:07	牡牛
05-28	19:22	双子
05-31	05:35	蟹
06-02	13:37	獅子
06-04	19:21	乙女
06-06	23:00	天秤
06-09	00:58	蠍
06-11	02:07	射手
06-13	03:45	山羊
06-15	07:31	水瓶
06-17	14:43	魚
06-20	01:32	牡羊
06-22	14:21	牡牛
06-25	02:37	双子
06-27	12:29	蟹
06-29	19:39	獅子
07-02	00:46	乙女
07-04	04:34	天秤
07-06	07:33	蠍
07-08	10:05	射手
07-10	12:49	山羊
07-12	16:53	水瓶
07-14	23:36	魚
07-17	09:40	牡羊
07-19	22:11	牡牛
07-22	10:40	双子
07-24	20:39	蟹
07-27	03:19	獅子
07-29	07:23	乙女
07-31	10:13	天秤
08-02	12:55	蠍
08-04	16:03	射手
08-06	19:54	山羊
08-09	00:57	水瓶
08-11	08:00	魚
08-13	17:49	牡羊
08-16	06:05	牡牛
08-18	18:54	双子
08-21	05:34	蟹
08-23	12:31	獅子
08-25	16:04	乙女
08-27	17:42	天秤
08-29	19:05	蠍
08-31	21:28	射手
09-03	01:29	山羊
09-05	07:20	水瓶
09-07	15:23	魚
09-10	01:18	牡羊
09-12	13:30	牡牛
09-15	02:32	双子
09-17	14:07	蟹
09-19	22:11	獅子
09-22	02:16	乙女
09-24	03:28	天秤
09-26	03:34	蠍
09-28	04:21	射手
09-30	07:13	山羊
10-02	12:49	水瓶
10-04	21:10	魚
10-07	07:50	牡羊
10-09	20:11	牡牛
10-12	09:14	双子
10-14	21:24	蟹
10-17	06:49	獅子
10-19	12:25	乙女
10-21	14:26	天秤
10-23	14:17	蠍
10-25	13:49	射手
10-27	14:55	山羊
10-29	19:05	水瓶
11-01	02:53	魚
11-03	13:46	牡羊
11-06	02:23	牡牛
11-08	15:21	双子
11-11	03:28	蟹
11-13	13:36	獅子
11-15	20:46	乙女
11-18	00:34	天秤
11-20	01:32	蠍
11-22	01:03	射手
11-24	01:03	山羊
11-26	03:30	水瓶
11-28	09:47	魚
11-30	20:01	牡羊
12-03	08:41	牡牛
12-05	21:30	双子
12-08	09:21	蟹
12-10	19:12	獅子
12-13	02:55	乙女
12-15	08:13	天秤
12-17	11:01	蠍
12-19	11:54	射手
12-21	11:54	山羊
12-23	13:48	水瓶
12-25	18:36	魚
12-28	03:32	牡羊
12-30	15:43	牡牛

1977年

日付	時間	月星座
01-02	04:43	双子
01-04	16:12	蟹
01-07	01:20	獅子
01-09	08:23	乙女
01-11	13:48	天秤
01-13	17:44	蠍
01-15	20:18	射手
01-17	22:02	山羊
01-20	00:12	水瓶
01-22	04:30	魚
01-24	12:19	牡羊
01-26	23:41	牡牛
01-29	12:37	双子
02-01	00:20	蟹
02-03	09:11	獅子
02-05	15:17	乙女
02-07	19:36	天秤
02-09	23:04	蠍
02-12	02:11	射手
02-14	05:14	山羊
02-16	08:45	水瓶
02-18	14:02	魚
02-20	21:22	牡羊
02-23	08:06	牡牛
02-25	20:50	双子
02-28	09:02	蟹
03-02	18:25	獅子
03-05	00:19	乙女
03-07	03:34	天秤
03-09	05:37	蠍
03-11	07:42	射手
03-13	10:40	山羊
03-15	15:00	水瓶
03-17	21:06	魚
03-20	05:23	牡羊
03-22	16:05	牡牛
03-25	04:39	双子
03-27	17:16	蟹
03-30	03:40	獅子
04-01	10:25	乙女
04-03	13:39	天秤
04-05	14:40	蠍
04-07	15:08	射手
04-09	16:40	山羊
04-11	20:24	水瓶
04-14	02:49	魚
04-16	11:52	牡羊
04-18	23:02	牡牛
04-21	11:37	双子
04-24	00:25	蟹
04-26	11:43	獅子
04-28	19:52	乙女
05-01	00:13	天秤
05-03	01:24	蠍
05-05	00:59	射手
05-07	00:54	山羊
05-09	03:00	水瓶
05-11	08:29	魚
05-13	17:29	牡羊
05-16	05:04	牡牛
05-18	17:50	双子
05-21	06:35	蟹
05-23	18:13	獅子
05-26	03:31	乙女
05-28	09:28	天秤
05-30	11:57	蠍
06-01	11:54	射手
06-03	10:59	山羊
06-05	11:44	水瓶
06-07	15:35	魚
06-09	23:34	牡羊
06-12	10:56	牡牛
06-14	23:50	双子
06-17	12:28	蟹
06-19	23:53	獅子
06-22	09:29	乙女
06-24	16:39	天秤
06-26	20:42	蠍
06-28	22:08	射手
06-30	21:48	山羊
07-02	21:56	水瓶
07-05	00:31	魚
07-07	07:00	牡羊
07-09	17:33	牡牛
07-12	06:15	双子
07-14	18:50	蟹
07-17	05:51	獅子
07-19	14:58	乙女
07-21	22:09	天秤
07-24	03:13	蠍
07-26	06:15	射手
07-28	07:15	山羊
07-30	08:01	水瓶
08-01	10:23	魚
08-03	15:54	牡羊
08-06	01:18	牡牛
08-08	13:29	双子
08-11	02:04	蟹
08-13	12:57	獅子
08-15	21:26	乙女
08-18	03:49	天秤
08-20	08:35	蠍
08-22	12:03	射手
08-24	14:30	山羊
08-26	16:41	水瓶
08-28	19:46	魚
08-31	01:17	牡羊
09-02	09:52	牡牛
09-04	21:27	双子
09-07	10:03	蟹
09-09	21:14	獅子
09-12	05:34	乙女
09-14	11:07	天秤
09-16	14:45	蠍
09-18	17:38	射手
09-20	20:04	山羊
09-22	23:12	水瓶
09-25	03:30	魚
09-27	09:40	牡羊
09-29	18:21	牡牛
10-02	05:53	双子
10-04	18:35	蟹
10-07	05:58	獅子
10-09	14:59	乙女
10-11	20:29	天秤
10-13	23:11	蠍
10-16	00:27	射手
10-18	01:51	山羊
10-20	04:36	水瓶
10-22	09:26	魚
10-24	16:34	牡羊
10-27	01:53	牡牛
10-29	13:08	双子
11-01	01:40	蟹
11-03	14:03	獅子
11-06	00:17	乙女
11-08	06:51	天秤
11-10	09:42	蠍
11-12	10:03	射手
11-14	09:50	山羊
11-16	11:00	水瓶
11-18	14:58	魚
11-20	22:13	牡羊
11-23	08:09	牡牛
11-25	19:48	双子
11-28	08:20	蟹
11-30	20:53	獅子
12-03	08:05	乙女
12-05	16:18	天秤
12-07	20:33	蠍
12-09	21:22	射手
12-11	20:26	山羊
12-13	19:59	水瓶
12-15	22:09	魚
12-18	04:11	牡羊
12-20	13:54	牡牛
12-23	01:51	双子
12-25	14:30	蟹
12-28	02:52	獅子
12-30	14:13	乙女

Data I 誕生月星座表

1978年

日付	時間	月星座									
-01-01	23:31	天秤	03-08	04:45	魚	05-22	20:31	射手	08-05	23:29	乙女	10-19	11:05	双子
01-04	05:35	蠍	03-10	08:08	牡羊	05-24	20:41	山羊	08-08	10:30	天秤	10-21	20:52	蟹
01-06	08:03	射手	03-12	14:18	牡牛	05-26	21:10	水瓶	08-10	19:11	蠍	10-24	09:04	獅子
01-08	07:55	山羊	03-14	23:48	双子	05-28	23:36	魚	08-13	00:43	射手	10-26	21:32	乙女
01-10	07:05	水瓶	03-17	11:49	蟹	05-31	04:52	牡羊	08-15	03:03	山羊	10-29	07:51	天秤
01-12	07:50	魚	03-20	00:12	獅子	06-02	12:50	牡牛	08-17	03:15	水瓶	10-31	14:53	蠍
01-14	12:05	牡羊	03-22	10:49	乙女	06-04	22:53	双子	08-19	03:04	魚	11-02	19:03	射手
01-16	20:30	牡牛	03-24	18:41	天秤	06-07	10:30	蟹	08-21	04:29	牡羊	11-04	21:40	山羊
01-19	08:04	双子	03-27	00:01	蠍	06-09	23:07	獅子	08-23	09:06	牡牛	11-07	00:04	水瓶
01-21	20:50	蟹	03-29	03:37	射手	06-12	11:35	乙女	08-25	17:31	双子	11-09	03:06	魚
01-24	09:02	獅子	03-31	06:13	山羊	06-14	21:55	天秤	08-28	04:59	蟹	11-11	07:11	牡羊
01-26	19:56	乙女	04-02	09:05	水瓶	06-17	04:28	蠍	08-30	17:40	獅子	11-13	12:35	牡牛
01-29	05:08	天秤	04-04	12:20	魚	06-19	07:01	射手	09-02	05:46	乙女	11-15	19:45	双子
01-31	12:04	蠍	04-06	16:51	牡羊	06-21	06:52	山羊	09-04	16:15	天秤	11-18	05:16	蟹
02-02	16:13	射手	04-08	23:21	牡牛	06-23	06:07	水瓶	09-07	00:38	蠍	11-20	17:09	獅子
02-04	17:50	山羊	04-11	08:27	双子	06-25	06:57	魚	09-09	06:39	射手	11-23	05:57	乙女
02-06	18:04	水瓶	04-13	19:59	蟹	06-27	10:53	牡羊	09-11	10:20	山羊	11-25	17:07	天秤
02-08	18:47	魚	04-16	08:30	獅子	06-29	18:21	牡牛	09-13	12:09	水瓶	11-28	00:39	蠍
02-10	21:56	牡羊	04-18	19:44	乙女	07-02	04:37	双子	09-15	13:09	魚	11-30	04:23	射手
02-13	04:50	牡牛	04-21	03:53	天秤	07-04	16:33	蟹	09-17	14:50	牡羊	12-02	05:44	山羊
02-15	15:24	双子	04-23	08:39	蠍	07-07	05:13	獅子	09-19	18:43	牡牛	12-04	06:35	水瓶
02-18	03:56	蟹	04-25	11:00	射手	07-09	17:44	乙女	09-22	01:56	双子	12-06	08:36	魚
02-20	16:10	獅子	04-27	12:27	山羊	07-12	04:48	天秤	09-24	12:31	蟹	12-08	12:40	牡羊
02-23	02:39	乙女	04-29	14:28	水瓶	07-14	12:47	蠍	09-27	01:02	獅子	12-10	18:50	牡牛
02-25	11:03	天秤	05-01	18:06	魚	07-16	16:50	射手	09-29	13:17	乙女	12-13	02:54	双子
02-27	17:28	蠍	05-03	23:27	牡羊	07-18	17:33	山羊	10-01	23:17	天秤	12-15	12:50	蟹
03-01	22:02	射手	05-06	06:52	牡牛	07-20	16:41	水瓶	10-04	06:48	蠍	12-18	00:37	獅子
03-04	00:58	山羊	05-08	16:18	双子	07-22	16:26	魚	10-06	12:07	射手	12-20	13:34	乙女
03-06	02:51	水瓶	05-11	03:41	蟹	07-24	18:46	牡羊	10-08	15:52	山羊	12-23	01:40	天秤
			05-13	16:17	獅子	07-27	00:50	牡牛	10-10	18:42	水瓶	12-25	10:32	蠍
			05-16	04:15	乙女	07-29	10:31	双子	10-12	21:12	魚	12-27	15:07	射手
			05-18	13:24	天秤	07-31	22:28	蟹	10-15	00:06	牡羊	12-29	16:15	山羊
			05-20	18:39	蠍	08-03	11:10	獅子	10-17	04:22	牡牛	12-31	15:53	水瓶

1979年

日付	時間	月星座									
01-02	16:08	魚	03-09	19:47	獅子	05-23	20:20	牡羊	08-07	12:28	水瓶	10-21	17:02	蠍
01-04	18:41	牡羊	03-12	08:42	乙女	05-26	01:28	双子	08-09	12:05	魚	10-24	02:09	射手
01-07	00:17	牡牛	03-14	20:42	天秤	05-28	08:51	蟹	08-11	12:10	牡羊	10-26	09:11	山羊
01-09	08:42	双子	03-17	06:49	蠍	05-30	19:08	獅子	08-13	14:21	牡牛	10-28	14:16	水瓶
01-11	19:14	蟹	03-19	14:38	射手	06-02	07:41	乙女	08-15	19:41	双子	10-30	17:29	魚
01-14	07:16	獅子	03-21	19:56	山羊	06-04	20:21	天秤	08-18	04:17	蟹	11-01	19:09	牡羊
01-16	20:10	乙女	03-23	22:52	水瓶	06-07	06:05	蠍	08-20	15:28	獅子	11-03	20:16	牡牛
01-19	08:40	天秤	03-26	00:04	魚	06-09	12:15	射手	08-23	04:11	乙女	11-05	22:25	双子
01-21	18:51	蠍	03-28	00:47	牡羊	06-11	15:25	山羊	08-25	17:06	天秤	11-08	03:24	蟹
01-24	01:08	射手	03-30	02:36	牡牛	06-13	17:06	水瓶	08-28	05:12	蠍	11-10	12:14	獅子
01-26	03:27	山羊	04-01	07:08	双子	06-15	18:56	魚	08-30	14:39	射手	11-13	00:20	乙女
01-28	03:12	水瓶	04-03	15:24	蟹	06-17	21:58	牡羊	09-01	20:18	山羊	11-15	13:16	天秤
01-30	02:25	魚	04-06	02:58	獅子	06-20	02:18	牡牛	09-03	22:59	水瓶	11-18	00:29	蠍
02-01	03:11	牡羊	04-08	15:44	乙女	06-22	08:25	双子	09-05	23:05	魚	11-20	08:56	射手
02-03	07:03	牡牛	04-11	03:45	天秤	06-24	16:24	蟹	09-07	22:29	牡羊	11-22	15:01	山羊
02-05	14:33	双子	04-13	13:16	蠍	06-27	02:47	獅子	09-09	23:12	牡牛	11-24	19:37	水瓶
02-08	01:06	蟹	04-15	20:18	射手	06-29	15:19	乙女	09-12	02:54	双子	11-26	23:17	魚
02-10	13:25	獅子	04-18	01:23	山羊	07-02	04:08	天秤	09-14	10:27	蟹	11-29	02:17	牡羊
02-13	02:18	乙女	04-20	05:02	水瓶	07-04	14:57	蠍	09-16	21:25	獅子	12-01	04:54	牡牛
02-15	14:37	天秤	04-22	07:41	魚	07-06	21:56	射手	09-19	10:15	乙女	12-03	08:02	双子
02-18	01:12	蠍	04-24	09:51	牡羊	07-09	01:07	山羊	09-21	23:11	天秤	12-05	13:01	蟹
02-20	08:51	射手	04-26	12:27	牡牛	07-11	01:59	水瓶	09-24	10:54	蠍	12-07	21:09	獅子
02-22	13:00	山羊	04-28	16:49	双子	07-13	02:23	魚	09-26	20:36	射手	12-10	08:33	乙女
02-24	14:12	水瓶	05-01	00:11	蟹	07-15	03:57	牡羊	09-29	03:40	山羊	12-12	21:29	天秤
02-26	13:52	魚	05-03	10:56	獅子	07-17	07:43	牡牛	10-01	07:49	水瓶	12-15	09:08	蠍
02-28	13:54	牡羊	05-05	23:41	乙女	07-19	14:00	双子	10-03	09:29	魚	12-17	17:36	射手
03-02	16:05	牡牛	05-08	11:48	天秤	07-21	22:40	蟹	10-05	09:28	牡羊	12-19	22:55	山羊
03-04	21:58	双子	05-10	21:10	蠍	07-24	09:32	獅子	10-07	09:21	牡牛	12-22	02:13	水瓶
03-07	07:34	蟹	05-13	03:25	射手	07-26	22:01	乙女	10-09	12:07	双子	12-24	04:50	魚
			05-15	07:25	山羊	07-29	11:06	天秤	10-11	18:09	蟹	12-26	07:40	牡羊
			05-17	10:26	水瓶	07-31	22:52	蠍	10-14	04:00	獅子	12-28	11:08	牡牛
			05-19	13:18	魚	08-03	07:05	射手	10-16	16:51	乙女	12-30	15:32	双子
			05-21	16:30	牡羊	08-05	11:23	山羊	10-19	05:44	天秤			

1980年

日付	時間	月星座
01-01	21:29	蟹
01-04	05:47	獅子
01-06	16:48	乙女
01-09	05:47	天秤
01-11	17:55	蠍
01-14	03:17	射手
01-16	08:51	山羊
01-18	11:25	水瓶
01-20	12:33	魚
01-22	13:52	牡羊
01-24	16:31	牡牛
01-26	21:11	双子
01-29	04:00	蟹
01-31	13:08	獅子
02-03	00:21	乙女
02-05	13:04	天秤
02-08	01:46	蠍
02-10	12:19	射手
02-12	19:12	山羊
02-14	22:20	水瓶
02-16	23:10	魚
02-18	22:42	牡羊
02-20	23:35	牡牛
02-23	02:58	双子
02-25	09:34	蟹
02-27	19:10	獅子
03-01	06:53	乙女
03-03	19:40	天秤
03-06	08:22	蠍
03-08	19:38	射手
03-11	04:02	山羊
03-13	08:45	水瓶
03-15	10:10	魚
03-17	09:41	牡羊
03-19	09:13	牡牛
03-21	10:47	双子
03-23	15:55	蟹
03-26	00:58	獅子
03-28	12:52	乙女
03-31	01:49	天秤
04-02	14:21	蠍
04-05	01:35	射手
04-07	10:43	山羊
04-09	17:00	水瓶
04-11	20:07	魚
04-13	20:40	牡羊
04-15	20:11	牡牛
04-17	20:41	双子
04-20	00:11	蟹
04-22	07:52	獅子
04-24	19:12	乙女
04-27	08:09	天秤
04-29	20:35	蠍
05-02	07:22	射手
05-04	16:14	山羊
05-06	23:04	水瓶
05-09	03:33	魚
05-11	05:44	牡羊
05-13	06:24	牡牛
05-15	07:07	双子
05-17	09:52	蟹
05-19	16:14	獅子
05-22	02:32	乙女
05-24	15:11	天秤
05-27	03:37	蠍
05-29	14:05	射手
05-31	22:14	山羊
06-03	04:29	水瓶
06-05	09:10	魚
06-07	12:23	牡羊
06-09	14:30	牡牛
06-11	16:22	双子
06-13	19:29	蟹
06-16	01:22	獅子
06-18	10:47	乙女
06-20	22:55	天秤
06-23	11:26	蠍
06-25	22:02	射手
06-28	05:46	山羊
06-30	11:04	水瓶
07-02	14:48	魚
07-04	17:46	牡羊
07-06	20:30	牡牛
07-08	23:33	双子
07-11	03:44	蟹
07-13	10:03	獅子
07-15	19:11	乙女
07-18	06:55	天秤
07-20	19:33	蠍
07-23	06:42	射手
07-25	14:45	山羊
07-27	19:34	水瓶
07-29	22:11	魚
07-31	23:53	牡羊
08-03	01:55	牡牛
08-05	05:10	双子
08-07	10:12	蟹
08-09	17:23	獅子
08-12	02:54	乙女
08-14	14:32	天秤
08-17	03:15	蠍
08-19	15:08	射手
08-22	00:11	山羊
08-24	05:32	水瓶
08-26	07:43	魚
08-28	08:11	牡羊
08-30	08:41	牡牛
09-01	10:50	双子
09-03	15:39	蟹
09-05	23:22	獅子
09-08	09:31	乙女
09-10	21:21	天秤
09-13	10:06	蠍
09-15	22:28	射手
09-18	08:45	山羊
09-20	15:31	水瓶
09-22	18:25	魚
09-24	18:37	牡羊
09-26	17:53	牡牛
09-28	18:21	双子
09-30	21:46	蟹
10-03	04:57	獅子
10-05	15:19	乙女
10-08	03:30	天秤
10-10	16:15	蠍
10-13	04:37	射手
10-15	15:37	山羊
10-17	23:54	水瓶
10-20	04:31	魚
10-22	05:43	牡羊
10-24	04:55	牡牛
10-26	04:17	双子
10-28	06:00	蟹
10-30	11:38	獅子
11-01	21:19	乙女
11-04	09:31	天秤
11-06	22:19	蠍
11-09	10:25	射手
11-11	21:15	山羊
11-14	06:10	水瓶
11-16	12:21	魚
11-18	15:22	牡羊
11-20	15:51	牡牛
11-22	15:27	双子
11-24	16:18	蟹
11-26	20:23	獅子
11-29	04:37	乙女
12-01	16:13	天秤
12-04	05:00	蠍
12-06	16:57	射手
12-09	03:12	山羊
12-11	11:36	水瓶
12-13	18:03	魚
12-15	22:21	牡羊
12-18	00:36	牡牛
12-20	01:39	双子
12-22	03:03	蟹
12-24	06:34	獅子
12-26	13:32	乙女
12-29	00:05	天秤
12-31	12:36	蠍

1981年

日付	時間	月星座
01-03	00:42	射手
01-05	10:41	山羊
01-07	18:12	水瓶
01-09	23:42	魚
01-12	03:43	牡羊
01-14	06:45	牡牛
01-16	09:17	双子
01-18	12:14	蟹
01-20	16:21	獅子
01-22	23:02	乙女
01-25	08:45	天秤
01-27	20:49	蠍
01-30	09:12	射手
02-01	19:37	山羊
02-04	02:55	水瓶
02-06	07:21	魚
02-08	10:01	牡羊
02-10	12:11	牡牛
02-12	14:51	双子
02-14	18:43	蟹
02-17	00:10	獅子
02-19	07:34	乙女
02-21	17:12	天秤
02-24	04:54	蠍
02-26	17:29	射手
03-01	04:46	山羊
03-03	12:51	水瓶
03-05	17:21	魚
03-07	18:48	牡羊
03-09	19:22	牡牛
03-11	20:42	双子
03-14	00:06	蟹
03-16	06:02	獅子
03-18	14:20	乙女
03-21	00:31	天秤
03-23	12:14	蠍
03-26	00:51	射手
03-28	12:52	山羊
03-30	22:15	水瓶
04-02	03:41	魚
04-04	05:25	牡羊
04-06	05:04	牡牛
04-08	04:47	双子
04-10	06:34	蟹
04-12	11:36	獅子
04-14	19:56	乙女
04-17	06:38	天秤
04-19	18:39	蠍
04-22	07:17	射手
04-24	19:31	山羊
04-27	05:57	水瓶
04-29	12:56	魚
05-01	15:57	牡羊
05-03	15:59	牡牛
05-05	15:01	双子
05-07	15:18	蟹
05-09	18:40	獅子
05-12	01:55	乙女
05-14	12:24	天秤
05-17	00:37	蠍
05-19	13:14	射手
05-22	01:20	山羊
05-24	12:01	水瓶
05-26	20:05	魚
05-29	00:44	牡羊
05-31	02:10	牡牛
06-02	01:48	双子
06-04	01:38	蟹
06-06	03:43	獅子
06-08	09:25	乙女
06-10	18:55	天秤
06-13	06:54	蠍
06-15	19:31	射手
06-18	07:21	山羊
06-20	17:36	水瓶
06-23	01:44	魚
06-25	07:18	牡羊
06-27	10:16	牡牛
06-29	11:21	双子
07-01	11:57	蟹
07-03	13:47	獅子
07-05	18:26	乙女
07-08	02:42	天秤
07-10	14:02	蠍
07-13	02:55	射手
07-15	14:19	山羊
07-18	00:02	水瓶
07-20	07:57	魚
07-22	12:44	牡羊
07-24	16:18	牡牛
07-26	19:07	双子
07-28	20:41	蟹
07-30	23:20	獅子
08-02	03:54	乙女
08-04	11:24	天秤
08-06	21:58	蠍
08-09	10:22	射手
08-11	22:20	山羊
08-14	07:56	水瓶
08-16	14:34	魚
08-18	18:49	牡羊
08-20	21:43	牡牛
08-23	00:18	双子
08-25	03:17	蟹
08-27	07:10	獅子
08-29	12:32	乙女
08-31	20:02	天秤
09-03	06:10	蠍
09-05	18:24	射手
09-08	06:48	山羊
09-10	16:59	水瓶
09-12	23:34	魚
09-15	02:55	牡羊
09-17	04:30	牡牛
09-19	05:59	双子
09-21	08:39	蟹
09-23	13:08	獅子
09-25	19:22	乙女
09-28	03:40	天秤
09-30	13:53	蠍
10-03	01:59	射手
10-05	14:49	山羊
10-08	02:01	水瓶
10-10	09:52	魚
10-12	13:01	牡羊
10-14	13:43	牡牛
10-16	13:41	双子
10-18	14:52	蟹
10-20	18:34	獅子
10-23	01:05	乙女
10-25	09:57	天秤
10-27	20:38	蠍
10-30	08:48	射手
11-01	21:46	山羊
11-04	09:51	水瓶
11-06	18:52	魚
11-08	23:39	牡羊
11-11	00:44	牡牛
11-12	23:59	双子
11-14	23:37	蟹
11-17	01:32	獅子
11-19	06:53	乙女
11-21	15:33	天秤
11-24	02:37	蠍
11-26	15:00	射手
11-29	03:53	山羊
12-01	16:09	水瓶
12-04	02:16	魚
12-06	08:49	牡羊
12-08	11:31	牡牛
12-10	11:30	双子
12-12	10:40	蟹
12-14	11:08	獅子
12-16	14:38	乙女
12-18	21:58	天秤
12-21	08:39	蠍
12-23	21:17	射手
12-26	09:59	山羊
12-28	21:54	水瓶
12-31	08:01	魚

Data 1 誕生月星座表

1982年

日付	時間	月星座
01-02	15:33	牡牛
01-04	20:02	牡牛
01-06	21:49	双子
01-08	22:01	蟹
01-10	22:21	獅子
01-13	00:37	乙女
01-15	06:17	天秤
01-17	15:46	蠍
01-20	04:00	射手
01-22	16:51	山羊
01-25	04:25	水瓶
01-27	13:49	魚
01-29	20:58	牡羊
02-01	02:03	牡牛
02-03	05:20	双子
02-05	07:18	蟹
02-07	08:50	獅子
02-09	11:15	乙女
02-11	16:02	天秤
02-14	00:16	蠍
02-16	11:45	射手
02-19	00:36	山羊
02-21	12:15	水瓶
02-23	21:09	魚
02-26	03:17	牡羊
02-28	07:32	牡牛
03-02	10:50	双子
03-04	13:48	蟹
03-06	16:50	獅子
03-08	20:27	乙女
03-11	01:34	天秤
03-13	09:17	蠍
03-15	20:03	射手
03-18	08:47	山羊
03-20	20:53	水瓶
03-23	06:01	魚
03-25	11:37	牡羊
03-27	14:39	牡牛
03-29	16:44	双子
03-31	19:09	蟹
04-02	22:36	獅子
04-05	03:18	乙女
04-07	09:26	天秤
04-09	17:33	蠍
04-12	04:07	射手
04-14	16:41	山羊
04-17	05:18	水瓶
04-19	15:20	魚
04-21	21:23	牡羊
04-23	23:59	牡牛
04-26	00:48	双子
04-28	01:43	蟹
04-30	04:09	獅子
05-02	08:45	乙女
05-04	15:32	天秤
05-07	00:24	蠍
05-09	11:17	射手
05-11	23:50	山羊
05-14	12:44	水瓶
05-16	23:46	魚
05-19	07:04	牡羊
05-21	10:22	牡牛
05-23	10:54	双子
05-25	10:38	蟹
05-27	11:27	獅子
05-29	14:43	乙女
05-31	21:02	天秤
06-03	06:12	蠍
06-05	17:31	射手
06-08	06:12	山羊
06-10	19:08	水瓶
06-13	06:44	魚
06-15	15:02	牡羊
06-17	20:07	牡牛
06-19	21:34	双子
06-21	21:53	蟹
06-23	20:57	獅子
06-25	22:03	乙女
06-28	03:30	天秤
06-30	12:02	蠍
07-02	23:25	射手
07-05	12:15	山羊
07-08	01:03	水瓶
07-10	12:35	魚
07-12	21:49	牡羊
07-15	04:00	牡牛
07-17	07:03	双子
07-19	07:46	蟹
07-21	07:35	獅子
07-23	08:20	乙女
07-25	11:45	天秤
07-27	18:58	蠍
07-30	06:00	射手
08-01	18:36	山羊
08-04	07:17	水瓶
08-06	18:23	魚
08-09	03:21	牡羊
08-11	10:00	牡牛
08-13	14:22	双子
08-15	16:40	蟹
08-17	17:40	獅子
08-19	18:40	乙女
08-21	21:02	天秤
08-24	03:21	蠍
08-26	13:11	射手
08-29	01:42	山羊
08-31	14:23	水瓶
09-03	01:11	魚
09-05	09:24	牡羊
09-07	15:27	牡牛
09-09	19:57	双子
09-11	23:18	蟹
09-14	01:46	獅子
09-16	03:57	乙女
09-18	07:03	天秤
09-20	12:32	蠍
09-22	21:17	射手
09-25	09:31	山羊
09-27	22:21	水瓶
09-30	09:18	魚
10-02	17:06	牡羊
10-04	22:09	牡牛
10-07	01:39	双子
10-09	04:39	蟹
10-11	07:44	獅子
10-13	11:09	乙女
10-15	15:23	天秤
10-17	21:21	蠍
10-20	06:02	射手
10-22	17:38	山羊
10-25	06:36	水瓶
10-27	18:12	魚
10-30	02:25	牡羊
11-01	07:04	牡牛
11-03	09:23	双子
11-05	10:59	蟹
11-07	13:10	獅子
11-09	16:40	乙女
11-11	21:46	天秤
11-14	04:42	蠍
11-16	13:52	射手
11-19	01:21	山羊
11-21	14:20	水瓶
11-24	02:43	魚
11-26	12:07	牡羊
11-28	17:31	牡牛
11-30	19:36	双子
12-02	19:58	蟹
12-04	20:26	獅子
12-06	22:32	乙女
12-09	03:11	天秤
12-11	10:35	蠍
12-13	20:27	射手
12-16	08:15	山羊
12-18	21:12	水瓶
12-21	09:56	魚
12-23	20:34	牡羊
12-26	03:37	牡牛
12-28	06:49	双子
12-30	07:12	蟹

1983年

日付	時間	月星座
01-01	06:33	獅子
01-03	06:49	乙女
01-05	09:44	天秤
01-07	16:16	蠍
01-10	02:14	射手
01-12	14:26	山羊
01-15	03:26	水瓶
01-17	16:02	魚
01-20	03:08	牡羊
01-22	11:36	牡牛
01-24	16:40	双子
01-26	18:28	蟹
01-28	18:16	獅子
01-30	17:35	乙女
02-01	18:47	天秤
02-03	23:32	蠍
02-06	08:28	射手
02-08	20:33	山羊
02-11	09:40	水瓶
02-13	22:02	魚
02-16	08:46	牡羊
02-18	17:30	牡牛
02-20	23:52	双子
02-23	03:31	蟹
02-25	04:47	獅子
02-27	04:49	乙女
03-01	05:20	天秤
03-03	08:51	蠍
03-05	16:15	射手
03-08	03:29	山羊
03-10	16:30	水瓶
03-13	04:47	魚
03-15	15:00	牡羊
03-17	23:04	牡牛
03-20	05:20	双子
03-22	09:52	蟹
03-24	12:43	獅子
03-26	14:18	乙女
03-28	15:48	天秤
03-30	18:57	蠍
04-02	01:20	射手
04-04	11:30	山羊
04-07	00:06	水瓶
04-09	12:30	魚
04-11	22:37	牡羊
04-14	05:59	牡牛
04-16	11:15	双子
04-18	15:14	蟹
04-20	18:26	獅子
04-22	21:12	乙女
04-25	00:04	天秤
04-27	04:04	蠍
04-29	10:28	射手
05-01	20:01	山羊
05-04	08:06	水瓶
05-06	20:43	魚
05-09	07:16	牡羊
05-11	14:36	牡牛
05-13	19:03	双子
05-15	21:48	蟹
05-18	00:01	獅子
05-20	02:37	乙女
05-22	06:11	天秤
05-24	11:17	蠍
05-26	18:27	射手
05-29	04:07	山羊
05-31	16:00	水瓶
06-03	04:42	魚
06-05	15:59	牡羊
06-08	00:05	牡牛
06-10	04:37	双子
06-12	06:32	蟹
06-14	07:21	獅子
06-16	11:36	乙女
06-20	16:59	蠍
06-23	00:59	射手
06-25	11:08	山羊
06-27	23:07	水瓶
06-30	11:52	魚
07-02	23:47	牡羊
07-05	09:05	牡牛
07-07	14:41	双子
07-09	16:50	蟹
07-11	16:54	獅子
07-13	16:43	乙女
07-15	18:10	天秤
07-17	22:38	蠍
07-20	06:31	射手
07-22	17:11	山羊
07-25	05:26	水瓶
07-27	18:11	魚
07-30	06:17	牡羊
08-01	16:37	牡牛
08-03	23:43	双子
08-06	03:09	蟹
08-08	03:37	獅子
08-10	02:49	乙女
08-12	02:51	天秤
08-14	05:44	蠍
08-16	12:33	射手
08-18	22:59	山羊
08-21	11:25	水瓶
08-24	00:10	魚
08-26	12:00	牡羊
08-28	22:38	牡牛
08-31	06:09	双子
09-02	11:53	蟹
09-04	13:47	獅子
09-06	13:36	乙女
09-08	13:13	天秤
09-10	14:49	蠍
09-12	20:08	射手
09-15	05:34	山羊
09-17	17:46	水瓶
09-20	06:30	魚
09-22	18:10	牡羊
09-25	04:11	牡牛
09-27	12:24	双子
09-29	18:24	蟹
10-01	15:41	獅子
10-03	23:15	乙女
10-05	23:42	天秤
10-08	01:06	蠍
10-10	05:21	射手
10-12	13:30	山羊
10-15	01:00	水瓶
10-17	13:41	魚
10-20	01:18	牡羊
10-22	10:47	牡牛
10-24	18:10	双子
10-26	23:47	蟹
10-29	03:50	獅子
10-31	06:33	乙女
11-02	08:31	天秤
11-04	10:53	蠍
11-06	15:09	射手
11-08	22:31	山羊
11-11	09:10	水瓶
11-13	21:41	魚
11-16	09:36	牡羊
11-18	19:06	牡牛
11-21	01:45	双子
11-23	06:10	蟹
11-25	09:19	獅子
11-27	12:02	乙女
11-29	14:57	天秤
12-01	18:47	蠍
12-03	23:56	射手
12-06	07:28	山羊
12-08	17:25	水瓶
12-11	05:53	魚
12-13	18:17	牡羊
12-16	04:33	牡牛
12-18	11:24	双子
12-20	15:02	蟹
12-22	16:44	獅子
12-24	18:01	乙女
12-26	20:18	天秤
12-29	00:27	蠍
12-31	06:44	射手

1984年

日付	時間	月星座
01-02	15:07	山羊
01-05	01:30	水瓶
01-07	13:34	魚
01-10	02:15	牡羊
01-12	13:36	牡牛
01-14	21:40	双子
01-17	01:48	蟹
01-19	02:50	獅子
01-21	02:35	乙女
01-23	03:07	天秤
01-25	06:04	蠍
01-27	12:12	射手
01-29	21:12	山羊
02-01	08:11	水瓶
02-03	20:22	魚
02-06	09:04	牡羊
02-08	21:05	牡牛
02-11	06:39	双子
02-13	12:20	蟹
02-15	14:09	獅子
02-17	13:32	乙女
02-19	12:39	天秤
02-21	13:44	蠍
02-23	18:22	射手
02-26	02:49	山羊
02-28	14:02	水瓶
03-02	02:29	魚
03-04	15:07	牡羊
03-07	03:09	牡牛
03-09	13:30	双子
03-11	20:48	蟹
03-14	00:21	獅子
03-16	00:47	乙女
03-17	23:51	天秤
03-19	23:49	蠍
03-22	02:41	射手
03-24	09:36	山羊
03-26	20:09	水瓶
03-29	08:37	魚
03-31	21:14	牡羊
04-03	08:55	牡牛
04-05	19:04	双子
04-08	02:59	蟹
04-10	08:01	獅子
04-12	10:11	乙女
04-14	10:29	天秤
04-16	10:41	蠍
04-18	12:44	射手
04-20	18:10	山羊
04-23	03:27	水瓶
04-25	15:26	魚
04-28	04:03	牡羊
04-30	15:30	牡牛
05-03	01:02	双子
05-05	08:26	蟹
05-07	13:43	獅子
05-09	17:02	乙女
05-11	18:54	天秤
05-13	20:22	蠍
05-15	22:50	射手
05-18	03:43	山羊
05-20	11:55	水瓶
05-22	23:09	魚
05-25	11:39	牡羊
05-28	23:13	牡牛
05-30	08:23	双子
06-01	14:54	蟹
06-03	19:19	獅子
06-05	22:27	乙女
06-08	01:14	天秤
06-10	03:48	蠍
06-12	07:26	射手
06-14	12:48	山羊
06-16	20:41	水瓶
06-19	07:18	魚
06-21	19:40	牡羊
06-24	07:38	牡牛
06-26	17:04	双子
06-28	23:21	蟹
07-01	02:30	獅子
07-03	04:28	乙女
07-05	06:27	天秤
07-07	09:28	蠍
07-09	14:03	射手
07-11	20:23	山羊
07-14	04:41	水瓶
07-16	15:10	魚
07-19	03:26	牡羊
07-21	15:52	牡牛
07-24	02:10	双子
07-26	08:44	蟹
07-28	11:41	獅子
07-30	12:29	乙女
08-01	13:03	天秤
08-03	15:04	蠍
08-05	19:30	射手
08-08	02:24	山羊
08-10	11:23	水瓶
08-12	22:13	魚
08-15	10:28	牡羊
08-17	23:13	牡牛
08-20	10:31	双子
08-22	18:20	蟹
08-24	22:00	獅子
08-26	22:32	乙女
08-28	21:57	天秤
08-30	22:23	蠍
09-02	01:30	射手
09-04	07:55	山羊
09-06	17:11	水瓶
09-09	04:24	魚
09-11	16:47	牡羊
09-14	05:33	牡牛
09-16	17:26	双子
09-19	02:36	蟹
09-21	07:49	獅子
09-23	09:19	乙女
09-25	08:41	天秤
09-27	08:04	蠍
09-29	09:32	射手
10-01	14:28	山羊
10-03	23:03	水瓶
10-06	10:19	魚
10-08	22:51	牡羊
10-11	11:28	牡牛
10-13	23:14	双子
10-16	09:00	蟹
10-18	15:41	獅子
10-20	18:56	乙女
10-22	19:32	天秤
10-24	19:08	蠍
10-26	19:43	射手
10-28	23:05	山羊
10-31	06:13	水瓶
11-02	16:50	魚
11-05	05:20	牡羊
11-07	17:53	牡牛
11-10	05:10	双子
11-12	14:31	蟹
11-14	21:34	獅子
11-17	02:08	乙女
11-19	04:29	天秤
11-21	05:31	蠍
11-23	06:34	射手
11-25	09:17	山羊
11-27	15:06	水瓶
11-30	00:33	魚
12-02	12:42	牡羊
12-05	01:20	牡牛
12-07	12:24	双子
12-09	20:56	蟹
12-12	03:08	獅子
12-14	07:35	乙女
12-16	10:52	天秤
12-18	13:27	蠍
12-20	15:58	射手
12-22	19:21	山羊
12-25	00:47	水瓶
12-27	09:18	魚
12-29	20:49	牡羊

1985年

日付	時間	月星座
01-01	09:36	牡牛
01-03	21:00	双子
01-06	05:18	蟹
01-08	10:28	獅子
01-10	13:40	乙女
01-12	16:13	天秤
01-14	19:07	蠍
01-16	22:48	射手
01-19	03:29	山羊
01-21	09:38	水瓶
01-23	18:02	魚
01-26	05:05	牡羊
01-28	17:53	牡牛
01-31	06:01	双子
02-02	14:59	蟹
02-04	20:02	獅子
02-06	22:09	乙女
02-08	23:10	天秤
02-11	00:49	蠍
02-13	04:09	射手
02-15	09:27	山羊
02-17	16:36	水瓶
02-20	01:38	魚
02-22	12:43	牡羊
02-25	01:27	牡牛
02-27	14:11	双子
03-02	00:23	蟹
03-04	06:28	獅子
03-06	08:43	乙女
03-08	08:47	天秤
03-10	08:47	蠍
03-12	10:29	射手
03-14	14:55	山羊
03-16	22:11	水瓶
03-19	07:50	魚
03-21	19:20	牡羊
03-24	08:06	牡牛
03-26	21:02	双子
03-29	08:13	蟹
03-31	15:51	獅子
04-02	19:25	乙女
04-04	19:54	天秤
04-06	19:10	蠍
04-08	19:17	射手
04-10	21:57	山羊
04-13	04:04	水瓶
04-15	13:31	魚
04-18	01:18	牡羊
04-20	14:01	牡牛
04-23	03:01	双子
04-25	14:26	蟹
04-27	23:10	獅子
04-30	04:24	乙女
05-02	06:22	天秤
05-04	06:17	蠍
05-06	05:56	射手
05-08	07:11	山羊
05-10	11:38	水瓶
05-12	19:56	魚
05-15	07:25	牡羊
05-17	20:23	牡牛
05-20	09:01	双子
05-22	20:05	蟹
05-25	04:54	獅子
05-27	11:06	乙女
05-29	14:45	天秤
05-31	16:07	蠍
06-02	16:33	射手
06-04	17:34	山羊
06-06	20:52	水瓶
06-09	03:46	魚
06-11	14:24	牡羊
06-14	03:11	牡牛
06-16	15:45	双子
06-19	02:22	蟹
06-21	10:32	獅子
06-23	16:32	乙女
06-25	20:48	天秤
06-27	23:37	蠍
06-30	01:37	射手
07-02	03:22	山羊
07-04	06:36	水瓶
07-06	12:40	魚
07-08	22:20	牡羊
07-11	10:44	牡牛
07-13	23:23	双子
07-16	09:54	蟹
07-18	17:25	獅子
07-20	22:29	乙女
07-23	02:10	天秤
07-25	05:16	蠍
07-27	08:12	射手
07-29	11:21	山羊
07-31	15:25	水瓶
08-02	21:33	魚
08-05	06:43	牡羊
08-07	18:41	牡牛
08-10	07:31	双子
08-12	18:28	蟹
08-15	01:57	獅子
08-17	06:15	乙女
08-19	08:44	天秤
08-21	10:51	蠍
08-23	13:36	射手
08-25	17:24	山羊
08-27	22:31	水瓶
08-30	05:25	魚
09-01	14:42	牡羊
09-04	02:28	牡牛
09-06	15:27	双子
09-09	03:10	蟹
09-11	11:27	獅子
09-13	15:52	乙女
09-15	17:34	天秤
09-17	18:17	蠍
09-19	19:40	射手
09-21	22:49	山羊
09-24	04:11	水瓶
09-26	11:50	魚
09-28	21:43	牡羊
10-01	09:35	牡牛
10-03	22:36	双子
10-06	10:59	蟹
10-08	20:33	獅子
10-11	02:09	乙女
10-13	04:12	天秤
10-15	04:13	蠍
10-17	04:05	射手
10-19	05:35	山羊
10-21	09:54	水瓶
10-23	17:27	魚
10-26	03:47	牡羊
10-28	15:59	牡牛
10-31	04:59	双子
11-02	17:31	蟹
11-05	04:04	獅子
11-07	11:18	乙女
11-09	14:52	天秤
11-11	15:31	蠍
11-13	14:52	射手
11-15	14:53	山羊
11-17	17:25	水瓶
11-19	23:42	魚
11-22	09:42	牡羊
11-24	22:07	牡牛
11-27	11:08	双子
11-29	23:23	蟹
12-02	09:59	獅子
12-04	18:14	乙女
12-06	23:33	天秤
12-09	01:56	蠍
12-11	02:13	射手
12-13	01:59	山羊
12-15	03:15	水瓶
12-17	07:50	魚
12-19	16:37	牡羊
12-22	04:41	牡牛
12-24	17:45	双子
12-27	05:44	蟹
12-29	15:44	獅子
12-31	23:43	乙女

1986年

日付	時間	月星座
01-03	05:45	天秤
01-05	09:44	蠍
01-07	11:47	射手
01-09	12:42	山羊
01-11	14:01	水瓶
01-13	17:39	魚
01-16	01:03	牡羊
01-18	12:14	牡牛
01-21	01:12	双子
01-23	13:15	蟹
01-25	22:47	獅子
01-28	05:51	乙女
01-30	11:10	天秤
02-01	15:19	蠍
02-03	18:32	射手
02-05	21:02	山羊
02-07	23:35	水瓶
02-10	03:32	魚
02-12	10:21	牡羊
02-14	20:38	牡牛
02-17	09:17	双子
02-19	21:39	蟹
02-22	07:25	獅子
02-24	13:58	乙女
02-26	18:07	天秤
02-28	21:06	蠍
03-02	23:51	射手
03-05	02:56	山羊
03-07	06:42	水瓶
03-09	11:48	魚
03-11	19:03	牡羊
03-14	05:04	牡牛
03-16	17:23	双子
03-19	06:04	蟹
03-21	16:38	獅子
03-23	23:40	乙女
03-26	03:22	天秤
03-28	05:05	蠍
03-30	06:20	射手
04-01	08:25	山羊
04-03	12:11	水瓶
04-05	18:03	魚
04-08	02:12	牡羊
04-10	12:36	牡牛
04-13	00:51	双子
04-15	13:42	蟹
04-18	01:10	獅子
04-20	09:24	乙女
04-22	13:50	天秤
04-24	15:15	蠍
04-26	15:16	射手
04-28	15:41	山羊
04-30	18:06	水瓶
05-02	23:30	魚
05-05	08:01	牡羊
05-07	18:59	牡牛
05-10	07:26	双子
05-12	20:18	蟹
05-15	08:15	獅子
05-17	17:45	乙女
05-19	23:41	天秤
05-22	02:02	蠍
05-24	01:57	射手
05-26	01:15	山羊
05-28	02:00	水瓶
05-30	05:54	魚
06-01	13:43	牡羊
06-04	00:45	牡牛
06-06	13:26	双子
06-09	02:16	蟹
06-11	14:11	獅子
06-14	00:18	乙女
06-16	07:38	天秤
06-18	11:36	蠍
06-20	12:36	射手
06-22	11:50	山羊
06-24	11:50	水瓶
06-26	14:12	魚
06-28	20:35	牡羊
07-01	06:54	牡牛
07-03	19:32	双子
07-06	08:19	蟹
07-08	19:56	獅子
07-11	05:40	乙女
07-13	13:40	天秤
07-15	18:58	蠍
07-17	21:34	射手
07-19	22:10	山羊
07-21	22:17	水瓶
07-23	23:59	魚
07-26	05:02	牡羊
07-28	14:11	牡牛
07-31	02:27	双子
08-02	15:04	蟹
08-05	02:26	獅子
08-07	11:44	乙女
08-09	19:05	天秤
08-12	00:36	蠍
08-14	04:17	射手
08-16	06:22	山羊
08-18	07:44	水瓶
08-20	09:52	魚
08-22	14:27	牡羊
08-24	22:36	牡牛
08-27	10:00	双子
08-29	22:40	蟹
09-01	10:08	獅子
09-03	19:06	乙女
09-06	01:33	天秤
09-08	06:12	蠍
09-10	09:40	射手
09-12	12:37	山羊
09-14	15:07	水瓶
09-16	18:27	魚
09-18	23:33	牡羊
09-21	07:25	牡牛
09-23	18:13	双子
09-26	06:44	蟹
09-28	18:39	獅子
10-01	03:57	乙女
10-03	10:03	天秤
10-05	13:35	蠍
10-07	15:48	射手
10-09	17:52	山羊
10-11	20:45	水瓶
10-14	01:03	魚
10-16	07:13	牡羊
10-18	15:35	牡牛
10-21	02:15	双子
10-23	14:37	蟹
10-26	03:02	獅子
10-28	13:20	乙女
10-30	20:05	天秤
11-01	23:19	蠍
11-04	00:19	射手
11-06	00:48	山羊
11-08	02:28	水瓶
11-10	06:30	魚
11-12	13:14	牡羊
11-14	22:24	牡牛
11-17	09:26	双子
11-19	21:46	蟹
11-22	10:25	獅子
11-24	21:46	乙女
11-27	05:59	天秤
11-29	10:13	蠍
12-01	11:08	射手
12-03	10:28	山羊
12-05	10:23	水瓶
12-07	12:48	魚
12-09	18:49	牡羊
12-12	04:10	牡牛
12-14	15:41	双子
12-17	04:09	蟹
12-19	16:44	獅子
12-22	04:30	乙女
12-24	14:05	天秤
12-26	20:06	蠍
12-28	22:20	射手
12-30	21:54	山羊

1987年

日付	時間	月星座
01-01	20:53	水瓶
01-03	21:36	魚
01-06	01:51	牡羊
01-08	10:13	牡牛
01-10	21:39	双子
01-13	10:18	蟹
01-15	22:45	獅子
01-18	10:15	乙女
01-20	20:09	天秤
01-23	03:30	蠍
01-25	07:38	射手
01-27	08:42	山羊
01-29	08:17	水瓶
01-31	08:24	魚
02-02	11:09	牡羊
02-04	17:53	牡牛
02-07	04:23	双子
02-09	16:55	蟹
02-12	05:21	獅子
02-14	16:26	乙女
02-17	01:44	天秤
02-19	09:04	蠍
02-21	14:09	射手
02-23	16:57	山羊
02-25	18:05	水瓶
02-27	19:07	魚
03-01	21:37	牡羊
03-04	03:11	牡牛
03-06	12:26	双子
03-09	00:24	蟹
03-11	12:54	獅子
03-13	23:55	乙女
03-16	08:34	天秤
03-18	14:57	蠍
03-20	19:32	射手
03-22	22:48	山羊
03-25	01:18	水瓶
03-27	03:46	魚
03-29	07:12	牡羊
03-31	12:46	牡牛
04-02	21:16	双子
04-05	08:33	蟹
04-07	21:04	獅子
04-10	08:28	乙女
04-12	17:06	天秤
04-14	22:41	蠍
04-17	02:02	射手
04-19	04:21	山羊
04-21	06:45	水瓶
04-23	10:02	魚
04-25	14:41	牡羊
04-27	21:06	牡牛
04-30	05:43	双子
05-02	16:39	蟹
05-05	05:06	獅子
05-07	17:07	乙女
05-10	02:29	天秤
05-12	08:00	蠍
05-14	10:41	射手
05-16	11:37	山羊
05-18	12:42	水瓶
05-20	15:24	魚
05-22	20:23	牡羊
05-25	03:39	牡牛
05-27	12:55	双子
05-29	23:59	蟹
06-01	12:25	獅子
06-04	00:56	乙女
06-06	11:24	天秤
06-08	18:06	蠍
06-10	20:53	射手
06-12	21:05	山羊
06-14	20:45	水瓶
06-16	21:54	魚
06-19	01:56	牡羊
06-21	09:09	牡牛
06-23	18:54	双子
06-26	06:22	蟹
06-28	18:52	獅子
07-01	07:34	乙女
07-03	18:55	天秤
07-06	03:05	蠍
07-08	07:05	射手
07-10	07:43	山羊
07-12	06:56	水瓶
07-14	06:36	魚
07-16	09:00	牡羊
07-18	15:04	牡牛
07-21	00:33	双子
07-23	12:13	蟹
07-26	00:50	獅子
07-28	13:26	乙女
07-31	00:59	天秤
08-02	10:09	蠍
08-04	15:47	射手
08-06	17:52	山羊
08-08	17:37	水瓶
08-10	17:01	魚
08-12	18:09	牡羊
08-14	22:38	牡牛
08-17	06:59	双子
08-19	18:19	蟹
08-22	06:58	獅子
08-24	19:23	乙女
08-27	06:35	天秤
08-29	15:49	蠍
08-31	22:04	射手
09-03	02:04	山羊
09-05	03:22	水瓶
09-07	03:37	魚
09-09	04:34	牡羊
09-11	07:57	牡牛
09-13	14:54	双子
09-16	01:22	蟹
09-18	13:50	獅子
09-21	02:13	乙女
09-23	12:58	天秤
09-25	21:41	蠍
09-28	03:49	射手
09-30	08:08	山羊
10-02	10:51	水瓶
10-04	12:39	魚
10-06	14:35	牡羊
10-08	18:09	牡牛
10-11	00:03	双子
10-13	09:31	蟹
10-15	21:34	獅子
10-18	10:06	乙女
10-20	20:50	天秤
10-23	04:41	蠍
10-25	09:57	射手
10-27	13:33	山羊
10-29	16:27	水瓶
10-31	19:19	魚
11-02	22:40	牡羊
11-05	03:02	牡牛
11-07	09:16	双子
11-09	18:10	蟹
11-12	05:45	獅子
11-14	18:29	乙女
11-17	05:48	天秤
11-19	13:47	蠍
11-21	18:15	射手
11-23	20:32	山羊
11-25	22:13	水瓶
11-28	00:40	魚
11-30	04:36	牡羊
12-02	10:06	牡牛
12-04	17:13	双子
12-07	02:20	蟹
12-09	13:40	獅子
12-12	02:30	乙女
12-14	14:40	天秤
12-16	23:41	蠍
12-19	04:33	射手
12-21	06:08	山羊
12-23	06:05	水瓶
12-25	07:10	魚
12-27	10:05	牡羊
12-29	15:37	牡牛
12-31	23:29	双子

1988年

日付	時間	月星座
01-03	09:17	蟹
01-05	20:47	獅子
01-08	09:35	乙女
01-10	22:17	天秤
01-13	08:39	蠍
01-15	14:58	射手
01-17	17:15	山羊
01-19	17:02	水瓶
01-21	16:27	魚
01-23	17:31	牡羊
01-25	21:36	牡牛
01-28	05:02	双子
01-30	15:11	蟹
02-02	03:06	獅子
02-04	15:54	乙女
02-07	04:36	天秤
02-09	15:42	蠍
02-11	23:36	射手
02-14	03:36	山羊
02-16	04:25	水瓶
02-18	03:44	魚
02-20	03:35	牡羊
02-22	05:50	牡牛
02-24	11:42	双子
02-26	21:12	蟹
02-29	09:12	獅子
03-02	22:06	乙女
03-05	10:32	天秤
03-07	21:27	蠍
03-10	05:59	射手
03-12	11:31	山羊
03-14	14:08	水瓶
03-16	14:42	魚
03-18	14:45	牡羊
03-20	16:05	牡牛
03-22	20:21	双子
03-25	04:27	蟹
03-27	15:54	獅子
03-30	04:49	乙女
04-01	17:19	天秤
04-04	03:26	蠍
04-06	11:29	射手
04-08	17:19	山羊
04-10	21:10	水瓶
04-12	23:24	魚
04-15	00:47	牡羊
04-17	02:31	牡牛
04-19	06:10	双子
04-21	13:04	蟹
04-23	23:34	獅子
04-26	12:16	乙女
04-29	00:37	天秤
05-01	10:39	蠍
05-03	17:52	射手
05-05	22:54	山羊
05-08	02:37	水瓶
05-10	05:39	魚
05-12	08:23	牡羊
05-14	11:22	牡牛
05-16	15:31	双子
05-18	22:05	蟹
05-21	07:51	獅子
05-23	20:12	乙女
05-26	08:49	天秤
05-28	19:06	蠍
05-31	01:57	射手
06-02	05:58	山羊
06-04	08:34	水瓶
06-06	11:00	魚
06-08	14:04	牡羊
06-10	18:02	牡牛
06-12	23:14	双子
06-15	06:10	蟹
06-17	15:57	獅子
06-20	04:03	乙女
06-22	16:57	天秤
06-25	03:58	蠍
06-27	11:18	射手
06-29	15:00	山羊
07-01	16:30	水瓶
07-03	17:33	魚
07-05	19:37	牡羊
07-07	23:27	牡牛
07-10	05:16	双子
07-12	13:08	蟹
07-14	23:11	獅子
07-17	11:17	乙女
07-20	00:22	天秤
07-22	12:13	蠍
07-24	20:42	射手
07-27	01:07	山羊
07-29	02:25	水瓶
07-31	02:23	魚
08-02	02:53	牡羊
08-04	05:24	牡牛
08-06	10:43	双子
08-08	18:52	蟹
08-11	05:26	獅子
08-13	17:46	乙女
08-16	06:52	天秤
08-18	19:12	蠍
08-21	04:55	射手
08-23	10:49	山羊
08-25	13:05	水瓶
08-27	13:01	魚
08-29	12:15	牡羊
08-31	13:22	牡牛
09-02	17:11	双子
09-05	00:37	蟹
09-07	11:14	獅子
09-09	23:48	乙女
09-12	12:51	天秤
09-15	01:07	蠍
09-17	11:25	射手
09-19	18:45	山羊
09-21	22:43	水瓶
09-23	23:51	魚
09-25	23:29	牡羊
09-27	23:29	牡牛
09-30	01:43	双子
10-02	07:39	蟹
10-04	17:31	獅子
10-07	06:01	乙女
10-09	19:03	天秤
10-12	06:58	蠍
10-14	16:58	射手
10-17	00:44	山羊
10-19	06:05	水瓶
10-21	08:58	魚
10-23	09:59	牡羊
10-25	10:22	牡牛
10-27	11:55	双子
10-29	16:28	蟹
11-01	01:03	獅子
11-03	13:02	乙女
11-06	02:04	天秤
11-08	13:46	蠍
11-10	23:06	射手
11-13	06:12	山羊
11-15	11:36	水瓶
11-17	15:34	魚
11-19	18:17	牡羊
11-21	20:02	牡牛
11-23	22:12	双子
11-26	02:19	蟹
11-28	09:52	獅子
11-30	21:00	乙女
12-03	09:56	天秤
12-05	21:51	蠍
12-08	06:55	射手
12-10	13:07	山羊
12-12	17:25	水瓶
12-14	20:53	魚
12-17	00:05	牡羊
12-19	03:11	牡牛
12-21	06:43	双子
12-23	11:35	蟹
12-25	18:57	獅子
12-28	05:27	乙女
12-30	18:09	天秤

1989年

日付	時間	月星座
01-02	06:34	蠍
01-04	16:12	射手
01-06	22:14	山羊
01-09	01:31	水瓶
01-11	03:31	魚
01-13	05:36	牡羊
01-15	08:36	牡牛
01-17	12:57	双子
01-19	18:57	蟹
01-22	03:02	獅子
01-24	13:32	乙女
01-27	02:01	天秤
01-29	14:49	蠍
02-01	01:30	射手
02-03	08:30	山羊
02-05	11:51	水瓶
02-07	12:52	魚
02-09	13:18	牡羊
02-11	14:58	牡牛
02-13	18:22	双子
02-16	00:40	蟹
02-18	09:33	獅子
02-20	20:34	乙女
02-23	09:05	天秤
02-25	21:57	蠍
02-28	09:29	射手
03-02	17:52	山羊
03-04	22:36	水瓶
03-06	23:59	魚
03-08	23:36	牡羊
03-10	23:25	牡牛
03-13	01:16	双子
03-15	06:27	蟹
03-17	15:13	獅子
03-20	02:39	乙女
03-22	15:24	天秤
03-25	04:10	蠍
03-27	15:54	射手
03-30	01:25	山羊
04-01	07:45	水瓶
04-03	10:37	魚
04-05	10:51	牡羊
04-07	10:07	牡牛
04-09	10:31	双子
04-11	13:58	蟹
04-13	21:31	獅子
04-16	08:39	乙女
04-18	21:31	天秤
04-21	10:13	蠍
04-23	21:38	射手
04-26	07:15	山羊
04-28	14:33	水瓶
04-30	19:03	魚
05-02	20:51	牡羊
05-04	20:55	牡牛
05-06	21:03	双子
05-08	23:19	蟹
05-11	05:23	獅子
05-13	15:30	乙女
05-16	04:07	天秤
05-18	16:48	蠍
05-21	03:52	射手
05-23	12:54	山羊
05-25	20:01	水瓶
05-28	01:03	魚
05-30	04:25	牡羊
06-01	05:59	牡牛
06-03	07:02	双子
06-05	09:17	蟹
06-07	14:28	獅子
06-09	23:47	乙女
06-12	11:31	天秤
06-15	00:11	蠍
06-17	11:12	射手
06-19	19:41	山羊
06-22	01:45	水瓶
06-24	06:36	魚
06-26	10:06	牡羊
06-28	12:45	牡牛
06-30	15:08	双子
07-02	18:19	蟹
07-04	23:37	獅子
07-07	08:04	乙女
07-09	19:30	天秤
07-12	08:09	蠍
07-14	19:31	射手
07-17	04:01	山羊
07-19	09:41	水瓶
07-21	13:07	魚
07-23	15:41	牡羊
07-25	18:10	牡牛
07-27	21:15	双子
07-30	01:07	蟹
08-01	07:41	獅子
08-03	16:19	乙女
08-06	03:28	天秤
08-08	16:05	蠍
08-11	04:02	射手
08-13	13:16	山羊
08-15	18:59	水瓶
08-17	21:46	魚
08-19	22:59	牡羊
08-22	00:10	牡牛
08-24	02:39	双子
08-26	07:11	蟹
08-28	14:12	獅子
08-30	23:29	乙女
09-02	10:47	天秤
09-04	23:23	蠍
09-07	11:51	射手
09-09	22:13	山羊
09-12	05:02	水瓶
09-14	08:08	魚
09-16	08:38	牡羊
09-18	08:22	牡牛
09-20	09:16	双子
09-22	12:50	蟹
09-24	19:44	獅子
09-27	05:32	乙女
09-29	17:15	天秤
10-02	05:55	蠍
10-04	18:29	射手
10-07	05:45	山羊
10-09	14:01	水瓶
10-11	18:37	魚
10-13	19:41	牡羊
10-15	18:52	牡牛
10-17	18:19	双子
10-19	20:09	蟹
10-22	01:47	獅子
10-24	11:15	乙女
10-26	23:11	天秤
10-29	11:56	蠍
11-01	00:23	射手
11-03	11:46	山羊
11-05	21:09	水瓶
11-08	03:25	魚
11-10	06:08	牡羊
11-12	06:09	牡牛
11-14	05:51	双子
11-16	05:51	蟹
11-18	09:45	獅子
11-20	17:54	乙女
11-23	05:25	天秤
11-25	18:13	蠍
11-28	06:30	射手
11-30	17:26	山羊
12-03	02:42	水瓶
12-05	09:48	魚
12-07	14:11	牡羊
12-09	15:55	牡牛
12-11	16:15	双子
12-13	16:49	蟹
12-15	19:17	獅子
12-18	02:19	乙女
12-20	12:45	天秤
12-23	01:28	蠍
12-25	13:37	射手
12-28	00:10	山羊
12-30	08:38	水瓶

1990年

日付	時間	月星座
01-01	15:10	魚
01-03	19:56	牡羊
01-05	23:04	牡牛
01-08	01:02	双子
01-10	02:52	蟹
01-12	06:02	獅子
01-14	11:57	乙女
01-16	21:17	天秤
01-19	09:16	蠍
01-21	21:44	射手
01-24	08:27	山羊
01-26	16:25	水瓶
01-28	21:51	魚
01-31	01:34	牡羊
02-02	04:07	牡牛
02-04	07:12	双子
02-06	10:27	蟹
02-08	14:51	獅子
02-10	21:13	乙女
02-13	06:09	天秤
02-15	17:34	蠍
02-18	06:07	射手
02-20	17:30	山羊
02-23	01:52	水瓶
02-25	06:49	魚
02-27	09:16	牡羊
03-01	10:43	牡牛
03-03	12:37	双子
03-05	16:02	蟹
03-07	21:24	獅子
03-10	04:47	乙女
03-12	14:09	天秤
03-15	01:25	蠍
03-17	13:56	射手
03-20	02:01	山羊
03-22	11:31	水瓶
03-24	17:09	魚
03-26	19:15	牡羊
03-28	19:26	牡牛
03-30	19:42	双子
04-01	21:50	蟹
04-04	02:50	獅子
04-06	10:42	乙女
04-08	20:44	天秤
04-11	08:18	蠍
04-13	20:48	射手
04-16	09:15	山羊
04-18	19:53	水瓶
04-21	02:57	魚
04-23	05:58	牡羊
04-25	06:03	牡牛
04-27	05:12	双子
04-29	05:39	蟹
05-01	09:08	獅子
05-03	16:18	乙女
05-06	02:28	天秤
05-08	14:22	蠍
05-11	02:56	射手
05-13	15:21	山羊
05-16	02:30	水瓶
05-18	10:54	魚
05-20	15:31	牡羊
05-22	16:42	牡牛
05-24	16:00	双子
05-26	15:34	蟹
05-28	17:29	獅子
05-30	23:08	乙女
06-02	08:31	天秤
06-04	20:22	蠍
06-07	08:59	射手
06-09	21:12	山羊
06-12	08:09	水瓶
06-14	17:00	魚
06-16	22:55	牡羊
06-19	01:43	牡牛
06-21	02:15	双子
06-23	02:09	蟹
06-25	03:25	獅子
06-27	07:42	乙女
06-29	15:47	天秤
07-02	03:01	蠍
07-04	15:35	射手
07-07	03:39	山羊
07-09	14:07	水瓶
07-11	22:29	魚
07-14	04:36	牡羊
07-16	08:07	牡牛
07-18	10:32	双子
07-20	11:44	蟹
07-22	13:29	獅子
07-24	17:17	乙女
07-27	00:18	天秤
07-29	10:39	蠍
07-31	23:00	射手
08-03	11:09	山羊
08-05	21:19	水瓶
08-08	04:54	魚
08-10	10:13	牡羊
08-12	13:55	牡牛
08-14	16:41	双子
08-16	19:12	蟹
08-18	22:11	獅子
08-21	02:33	乙女
08-23	09:17	天秤
08-25	18:56	蠍
08-28	06:57	射手
08-30	19:23	山羊
09-02	05:51	水瓶
09-04	13:06	魚
09-06	17:23	牡羊
09-08	19:55	牡牛
09-10	22:05	双子
09-13	00:53	蟹
09-15	04:52	獅子
09-17	10:19	乙女
09-19	17:34	天秤
09-22	03:06	蠍
09-24	14:52	射手
09-27	03:36	山羊
09-29	15:19	水瓶
10-01	22:42	魚
10-04	02:42	牡羊
10-06	04:06	牡牛
10-08	04:47	双子
10-10	06:29	蟹
10-12	10:16	獅子
10-14	16:21	乙女
10-17	00:26	天秤
10-19	10:24	蠍
10-21	22:09	射手
10-24	11:03	山羊
10-26	23:14	水瓶
10-29	08:22	魚
10-31	13:14	牡羊
11-02	14:31	牡牛
11-04	14:06	双子
11-06	14:07	蟹
11-08	16:24	獅子
11-10	21:48	乙女
11-13	06:08	天秤
11-15	16:39	蠍
11-18	04:39	射手
11-20	17:31	山羊
11-23	06:07	水瓶
11-25	16:32	魚
11-27	23:06	牡羊
11-30	01:57	牡牛
12-02	01:23	双子
12-04	00:27	蟹
12-06	01:00	獅子
12-08	04:39	乙女
12-10	12:00	天秤
12-12	22:28	蠍
12-15	10:44	射手
12-17	23:35	山羊
12-20	11:59	水瓶
12-22	22:48	魚
12-25	06:45	牡羊
12-27	11:09	牡牛
12-29	12:26	双子
12-31	12:02	蟹

1991年

日付	時間	月星座
01-02	11:54	獅子
01-04	13:57	乙女
01-06	19:33	天秤
01-09	04:59	蠍
01-11	17:06	射手
01-14	06:00	山羊
01-16	18:04	水瓶
01-19	04:23	魚
01-21	12:28	牡羊
01-23	18:01	牡牛
01-25	21:06	双子
01-27	22:23	蟹
01-29	23:03	獅子
02-01	00:44	乙女
02-03	05:02	天秤
02-05	13:01	蠍
02-08	00:23	射手
02-10	13:16	山羊
02-13	01:16	水瓶
02-15	10:59	魚
02-17	18:11	牡羊
02-19	23:24	牡牛
02-22	03:10	双子
02-24	05:56	蟹
02-26	08:13	獅子
02-28	10:50	乙女
03-02	15:03	天秤
03-04	22:08	蠍
03-07	08:35	射手
03-09	21:14	山羊
03-12	09:31	水瓶
03-14	19:11	魚
03-17	01:38	牡羊
03-19	05:40	牡牛
03-21	08:37	双子
03-23	11:27	蟹
03-25	14:43	獅子
03-27	18:41	乙女
03-29	23:49	天秤
04-01	07:01	蠍
04-03	16:59	射手
04-06	05:19	山羊
04-08	18:00	水瓶
04-11	04:18	魚
04-13	10:50	牡羊
04-15	14:06	牡牛
04-17	15:41	双子
04-19	17:17	蟹
04-21	20:04	獅子
04-24	00:29	乙女
04-26	06:36	天秤
04-28	14:34	蠍
05-01	00:42	射手
05-03	12:55	山羊
05-06	01:51	水瓶
05-08	13:04	魚
05-10	20:35	牡羊
05-13	00:07	牡牛
05-15	01:02	双子
05-17	01:14	蟹
05-19	02:30	獅子
05-21	06:00	乙女
05-23	12:08	天秤
05-25	20:41	蠍
05-28	07:17	射手
05-30	19:40	山羊
06-02	08:42	水瓶
06-04	20:36	魚
06-07	05:25	牡羊
06-09	10:13	牡牛
06-11	11:36	双子
06-13	11:16	蟹
06-15	11:10	獅子
06-17	13:03	乙女
06-19	18:01	天秤
06-22	02:18	蠍
06-24	13:16	射手
06-27	01:49	山羊
06-29	14:55	水瓶
07-02	02:51	魚
07-04	12:33	牡羊
07-06	18:52	牡牛
07-08	21:42	双子
07-10	22:03	蟹
07-12	21:35	獅子
07-14	22:12	乙女
07-17	01:34	天秤
07-19	08:41	蠍
07-21	19:16	射手
07-24	07:58	山羊
07-26	20:49	水瓶
07-29	08:35	魚
07-31	18:24	牡羊
08-03	01:32	牡牛
08-05	05:54	双子
08-07	07:47	蟹
08-09	08:09	獅子
08-11	08:35	乙女
08-13	10:52	天秤
08-15	16:34	蠍
08-18	02:11	射手
08-20	14:34	山羊
08-23	03:27	水瓶
08-25	14:51	魚
08-28	00:01	牡羊
08-30	07:00	牡牛
09-01	12:02	双子
09-03	15:19	蟹
09-05	17:23	獅子
09-07	18:35	乙女
09-09	20:51	天秤
09-12	01:42	蠍
09-14	10:14	射手
09-16	22:04	山羊
09-19	10:58	水瓶
09-21	22:20	魚
09-24	06:56	牡羊
09-26	12:59	牡牛
09-28	17:25	双子
09-30	21:00	蟹
10-02	23:58	獅子
10-05	02:45	乙女
10-07	06:00	天秤
10-09	11:00	蠍
10-11	18:58	射手
10-14	06:01	山羊
10-16	19:04	水瓶
10-19	06:53	魚
10-21	15:33	牡羊
10-23	20:55	牡牛
10-26	00:09	双子
10-28	02:37	蟹
10-30	05:20	獅子
11-01	08:47	乙女
11-03	13:13	天秤
11-05	19:09	蠍
11-08	03:21	射手
11-10	14:16	山羊
11-13	03:06	水瓶
11-15	15:33	魚
11-18	01:08	牡羊
11-20	06:49	牡牛
11-22	09:22	双子
11-24	10:25	蟹
11-26	11:37	獅子
11-28	14:12	乙女
11-30	18:47	天秤
12-03	01:33	蠍
12-05	10:32	射手
12-07	21:41	山羊
12-10	10:25	水瓶
12-12	23:19	魚
12-15	10:06	牡羊
12-17	17:10	牡牛
12-19	20:21	双子
12-21	20:55	蟹
12-23	20:38	獅子
12-25	21:23	乙女
12-28	00:37	天秤
12-30	07:03	蠍

1992年

日付	時間	月星座
01-01	16:30	射手
01-04	04:09	山羊
01-06	16:59	水瓶
01-09	05:52	魚
01-11	17:22	牡羊
01-14	02:00	牡牛
01-16	06:55	双子
01-18	08:26	蟹
01-20	07:57	獅子
01-22	07:22	乙女
01-24	08:42	天秤
01-26	13:32	蠍
01-28	22:20	射手
01-31	10:07	山羊
02-02	23:09	水瓶
02-05	11:51	魚
02-07	23:15	牡羊
02-10	08:36	牡牛
02-12	15:08	双子
02-14	18:31	蟹
02-16	19:15	獅子
02-18	18:47	乙女
02-20	19:04	天秤
02-22	22:11	蠍
02-25	05:26	射手
02-27	16:33	山羊
03-01	05:34	水瓶
03-03	18:11	魚
03-06	05:07	牡羊
03-08	14:05	牡牛
03-10	21:03	双子
03-13	01:50	蟹
03-15	04:20	獅子
03-17	05:13	乙女
03-19	05:55	天秤
03-21	08:20	蠍
03-23	14:13	射手
03-26	00:08	山羊
03-28	12:44	水瓶
03-31	01:23	魚
04-02	12:04	牡羊
04-04	20:18	牡牛
04-07	02:33	双子
04-09	07:18	蟹
04-11	10:44	獅子
04-13	13:09	乙女
04-15	15:10	天秤
04-17	18:10	蠍
04-19	23:40	射手
04-22	08:40	山羊
04-24	20:38	水瓶
04-27	09:20	魚
04-29	20:13	牡羊
05-02	04:09	牡牛
05-04	09:28	双子
05-06	13:09	蟹
05-08	16:07	獅子
05-10	18:56	乙女
05-12	22:05	天秤
05-15	02:15	蠍
05-17	08:22	射手
05-19	17:13	山羊
05-22	04:43	水瓶
05-24	17:25	魚
05-27	04:53	牡羊
05-29	13:16	牡牛
05-31	18:19	双子
06-02	20:58	蟹
06-04	22:35	獅子
06-07	00:37	乙女
06-09	03:33	天秤
06-11	08:27	蠍
06-13	15:29	射手
06-16	00:50	山羊
06-18	12:19	水瓶
06-21	01:00	魚
06-23	13:03	牡羊
06-25	22:28	牡牛
06-28	04:14	双子
06-30	06:42	蟹
07-02	07:15	獅子
07-04	07:37	乙女
07-06	09:27	天秤
07-08	13:53	蠍
07-10	21:17	射手
07-13	07:16	山羊
07-15	19:03	水瓶
07-18	07:44	魚
07-20	20:07	牡羊
07-23	06:36	牡牛
07-25	13:44	双子
07-27	17:08	蟹
07-29	17:39	獅子
07-31	17:01	乙女
08-02	17:17	天秤
08-04	20:16	蠍
08-07	02:57	射手
08-09	13:01	山羊
08-12	01:06	水瓶
08-14	13:51	魚
08-17	02:11	牡羊
08-19	13:10	牡牛
08-21	21:36	双子
08-24	02:36	蟹
08-26	04:15	獅子
08-28	03:46	乙女
08-30	03:10	天秤
09-01	04:38	蠍
09-03	09:50	射手
09-05	19:06	山羊
09-08	07:08	水瓶
09-10	19:56	魚
09-13	08:02	牡羊
09-15	18:47	牡牛
09-18	03:40	双子
09-20	09:59	蟹
09-22	13:19	獅子
09-24	14:08	乙女
09-26	13:55	天秤
09-28	14:39	蠍
09-30	18:33	射手
10-03	02:29	山羊
10-05	13:53	水瓶
10-08	02:38	魚
10-10	14:36	牡羊
10-13	00:48	牡牛
10-15	09:08	双子
10-17	15:36	蟹
10-19	20:01	獅子
10-21	22:27	乙女
10-23	23:39	天秤
10-26	01:04	蠍
10-28	04:29	射手
10-30	11:18	山羊
11-01	21:43	水瓶
11-04	10:13	魚
11-06	22:19	牡羊
11-09	08:19	牡牛
11-11	15:49	双子
11-13	21:19	蟹
11-16	01:23	獅子
11-18	04:28	乙女
11-20	07:03	天秤
11-22	09:52	蠍
11-24	14:01	射手
11-26	20:38	山羊
11-29	06:19	水瓶
12-01	18:23	魚
12-04	06:49	牡羊
12-06	17:16	牡牛
12-09	00:37	双子
12-11	05:05	蟹
12-13	07:47	獅子
12-15	09:56	乙女
12-17	12:33	天秤
12-19	16:20	蠍
12-21	21:42	射手
12-24	05:04	山羊
12-26	14:43	水瓶
12-29	02:28	魚
12-31	15:07	牡羊

1993年

日付	時間	月星座
01-03	02:30	牡牛
01-05	10:42	双子
01-07	15:10	蟹
01-09	16:49	獅子
01-11	17:20	乙女
01-13	18:30	天秤
01-15	21:42	蠍
01-18	03:30	射手
01-20	11:46	山羊
01-22	22:00	水瓶
01-25	09:47	魚
01-27	22:28	牡羊
01-30	10:37	牡牛
02-01	20:15	双子
02-04	01:56	蟹
02-06	03:51	獅子
02-08	03:29	乙女
02-10	02:58	天秤
02-12	04:23	蠍
02-14	09:08	射手
02-16	17:20	山羊
02-19	04:05	水瓶
02-21	16:12	魚
02-24	04:50	牡羊
02-26	17:11	牡牛
03-01	03:52	双子
03-03	11:16	蟹
03-05	14:40	獅子
03-07	14:52	乙女
03-09	13:46	天秤
03-11	13:40	蠍
03-13	16:33	射手
03-15	23:28	山羊
03-18	09:52	水瓶
03-20	22:11	魚
03-23	10:51	牡羊
03-25	22:59	牡牛
03-28	09:48	双子
03-30	18:14	蟹
04-01	23:24	獅子
04-04	01:10	乙女
04-06	00:54	天秤
04-08	00:32	蠍
04-10	02:10	射手
04-12	07:24	山羊
04-14	16:36	水瓶
04-17	04:33	魚
04-19	17:14	牡羊
04-22	05:05	牡牛
04-24	15:27	双子
04-26	23:45	蟹
04-29	05:39	獅子
05-01	09:00	乙女
05-03	10:20	天秤
05-05	10:57	蠍
05-07	12:34	射手
05-09	16:51	山羊
05-12	00:44	水瓶
05-14	11:51	魚
05-17	00:24	牡羊
05-19	12:16	牡牛
05-21	22:07	双子
05-24	05:38	蟹
05-26	11:03	獅子
05-28	14:46	乙女
05-30	17:18	天秤
06-01	19:22	蠍
06-03	22:01	射手
06-06	02:26	山羊
06-08	09:39	水瓶
06-10	19:57	魚
06-13	08:14	牡羊
06-15	20:19	牡牛
06-18	06:12	双子
06-20	13:05	蟹
06-22	17:26	獅子
06-24	20:18	乙女
06-26	22:45	天秤
06-29	01:37	蠍
07-01	05:28	射手
07-03	10:49	山羊
07-05	18:14	水瓶
07-08	04:09	魚
07-10	16:15	牡羊
07-13	04:37	牡牛
07-15	15:07	双子
07-17	22:32	蟹
07-20	01:47	獅子
07-22	03:24	乙女
07-24	05:06	天秤
07-26	07:00	蠍
07-28	11:13	射手
07-30	17:27	山羊
08-02	01:36	水瓶
08-04	11:44	魚
08-06	23:39	牡羊
08-09	12:22	牡牛
08-11	23:47	双子
08-14	07:46	蟹
08-16	11:43	獅子
08-18	12:41	乙女
08-20	12:35	天秤
08-22	13:27	蠍
08-24	16:45	射手
08-26	22:58	山羊
08-29	07:42	水瓶
08-31	18:19	魚
09-03	06:21	牡羊
09-05	19:09	牡牛
09-08	07:16	双子
09-10	16:37	蟹
09-12	21:51	獅子
09-14	23:20	乙女
09-16	22:44	天秤
09-18	21:14	蠍
09-20	23:53	射手
09-23	04:54	山羊
09-25	13:19	水瓶
09-28	00:13	魚
09-30	12:29	牡羊
10-03	01:13	牡牛
10-05	13:27	双子
10-07	23:42	蟹
10-10	06:34	獅子
10-12	09:36	乙女
10-14	09:47	天秤
10-16	09:01	蠍
10-18	09:23	射手
10-20	12:42	山羊
10-22	19:49	水瓶
10-25	06:17	魚
10-27	18:39	牡羊
10-30	07:20	牡牛
11-01	19:13	双子
11-04	05:25	蟹
11-06	13:06	獅子
11-08	17:47	乙女
11-10	19:42	天秤
11-12	20:00	蠍
11-14	20:20	射手
11-16	22:34	山羊
11-19	04:08	水瓶
11-21	13:27	魚
11-24	01:30	牡羊
11-26	14:14	牡牛
11-29	01:48	双子
12-01	11:17	蟹
12-03	18:33	獅子
12-05	23:43	乙女
12-08	03:03	天秤
12-10	05:04	蠍
12-12	06:39	射手
12-14	09:06	山羊
12-16	13:51	水瓶
12-18	21:59	魚
12-21	09:05	牡羊
12-23	22:05	牡牛
12-26	09:46	双子
12-28	18:46	蟹
12-31	00:59	獅子

1994年

日付	時間	月星座
01-02	05:15	乙女
01-04	08:31	天秤
01-06	11:29	蠍
01-08	14:34	射手
01-10	18:16	山羊
01-12	23:25	水瓶
01-15	07:04	魚
01-17	17:42	牡羊
01-20	06:22	牡牛
01-22	18:35	双子
01-25	03:55	蟹
01-27	09:38	獅子
01-29	12:39	乙女
01-31	14:34	天秤
02-02	16:49	蠍
02-04	20:14	射手
02-07	01:02	山羊
02-09	07:16	水瓶
02-11	15:23	魚
02-14	01:49	牡羊
02-16	14:20	牡牛
02-19	03:05	双子
02-21	13:27	蟹
02-23	19:48	獅子
02-25	22:27	乙女
02-27	23:06	天秤
03-01	23:43	蠍
03-04	01:54	射手
03-06	06:24	山羊
03-08	13:15	水瓶
03-10	22:09	魚
03-13	08:59	牡羊
03-15	21:27	牡牛
03-18	10:29	双子
03-20	21:54	蟹
03-23	05:39	獅子
03-25	09:14	乙女
03-27	09:46	天秤
03-29	09:15	蠍
03-31	09:41	射手
04-02	12:37	山羊
04-04	18:45	水瓶
04-07	03:51	魚
04-09	15:09	牡羊
04-12	03:48	牡牛
04-14	16:48	双子
04-17	04:41	蟹
04-19	13:45	獅子
04-21	18:58	乙女
04-23	20:40	天秤
04-25	20:18	蠍
04-27	19:48	射手
04-29	21:05	山羊
05-02	01:34	水瓶
05-04	09:47	魚
05-06	21:01	牡羊
05-09	09:50	牡牛
05-11	22:43	双子
05-14	10:27	蟹
05-16	19:58	獅子
05-19	02:31	乙女
05-21	05:54	天秤
05-23	06:51	蠍
05-25	06:43	射手
05-27	07:17	山羊
05-29	10:19	水瓶
05-31	17:03	魚
06-03	03:31	牡羊
06-05	16:14	牡牛
06-08	05:03	双子
06-10	16:22	蟹
06-13	01:29	獅子
06-15	08:16	乙女
06-17	12:48	天秤
06-19	15:20	蠍
06-21	16:32	射手
06-23	17:37	山羊
06-25	20:10	水瓶
06-28	01:44	魚
06-30	11:07	牡羊
07-02	23:23	牡牛
07-05	12:12	双子
07-07	23:17	蟹
07-10	07:43	獅子
07-12	13:48	乙女
07-14	18:15	天秤
07-16	21:35	蠍
07-19	00:09	射手
07-21	02:30	山羊
07-23	05:38	水瓶
07-25	10:56	魚
07-27	19:30	牡羊
07-30	07:13	牡牛
08-01	20:05	双子
08-04	07:22	蟹
08-06	15:31	獅子
08-08	20:42	乙女
08-11	00:07	天秤
08-13	02:56	蠍
08-15	05:53	射手
08-17	09:18	山羊
08-19	13:34	水瓶
08-21	19:27	魚
08-24	03:55	牡羊
08-26	15:13	牡牛
08-29	04:07	双子
08-31	16:00	蟹
09-03	00:37	獅子
09-05	05:33	乙女
09-07	07:57	天秤
09-09	09:26	蠍
09-11	11:25	射手
09-13	14:44	山羊
09-15	19:42	水瓶
09-18	02:31	魚
09-20	11:30	牡羊
09-22	22:47	牡牛
09-25	11:41	双子
09-28	00:12	蟹
09-30	09:55	獅子
10-02	15:39	乙女
10-04	17:56	天秤
10-06	18:22	蠍
10-08	18:47	射手
10-10	20:44	山羊
10-13	01:09	水瓶
10-15	08:18	魚
10-17	17:56	牡羊
10-20	05:34	牡牛
10-22	18:28	双子
10-25	07:15	蟹
10-27	18:05	獅子
10-30	01:21	乙女
11-01	04:46	天秤
11-03	05:19	蠍
11-05	04:46	射手
11-07	05:02	山羊
11-09	07:48	水瓶
11-11	14:04	魚
11-13	23:44	牡羊
11-16	11:44	牡牛
11-19	00:41	双子
11-21	13:21	蟹
11-24	00:33	獅子
11-26	09:09	乙女
11-28	14:22	天秤
11-30	16:21	蠍
12-02	16:13	射手
12-04	15:42	山羊
12-06	16:51	水瓶
12-08	21:24	魚
12-11	06:03	牡羊
12-13	17:56	牡牛
12-16	07:00	双子
12-18	19:25	蟹
12-21	06:13	獅子
12-23	15:01	乙女
12-25	21:27	天秤
12-28	01:17	蠍
12-30	02:46	射手

1995年

日付	時間	月星座
01-01	02:57	山羊
01-03	03:39	水瓶
01-05	06:49	魚
01-07	13:56	牡羊
01-10	00:58	牡牛
01-12	13:57	双子
01-15	02:20	蟹
01-17	12:36	獅子
01-19	20:39	乙女
01-22	02:54	天秤
01-24	07:32	蠍
01-26	10:37	射手
01-28	12:26	山羊
01-30	14:03	水瓶
02-01	17:05	魚
02-03	23:12	牡羊
02-06	09:08	牡牛
02-08	21:44	双子
02-11	10:17	蟹
02-13	20:31	獅子
02-16	03:52	乙女
02-18	09:00	天秤
02-20	12:55	蠍
02-22	16:13	射手
02-24	19:11	山羊
02-26	22:14	水瓶
03-01	02:26	魚
03-03	08:30	牡羊
03-05	17:50	牡牛
03-08	05:55	双子
03-10	18:40	蟹
03-13	05:28	獅子
03-15	12:54	乙女
03-17	17:18	天秤
03-19	19:52	蠍
03-21	21:57	射手
03-24	00:31	山羊
03-26	04:10	水瓶
03-28	09:18	魚
03-30	16:26	牡羊
04-02	01:59	牡牛
04-04	13:49	双子
04-07	02:40	蟹
04-09	14:16	獅子
04-11	22:39	乙女
04-14	03:24	天秤
04-16	05:13	蠍
04-18	05:51	射手
04-20	06:53	山羊
04-22	09:38	水瓶
04-24	14:50	魚
04-26	22:41	牡羊
04-29	08:53	牡牛
05-01	20:53	双子
05-04	09:45	蟹
05-06	21:55	獅子
05-09	07:33	乙女
05-11	13:30	天秤
05-13	15:53	蠍
05-15	15:58	射手
05-17	15:36	山羊
05-19	16:39	水瓶
05-21	20:40	魚
05-24	04:13	牡羊
05-26	14:46	牡牛
05-29	03:07	双子
05-31	15:59	蟹
06-03	04:17	獅子
06-05	14:46	乙女
06-07	22:13	天秤
06-10	02:03	蠍
06-12	02:50	射手
06-14	02:05	山羊
06-16	01:52	水瓶
06-18	04:13	魚
06-20	10:29	牡羊
06-22	20:35	牡牛
06-25	09:02	双子
06-27	21:52	蟹
06-30	10:02	獅子
07-02	20:35	乙女
07-05	04:55	天秤
07-07	10:19	蠍
07-09	12:37	射手
07-11	12:43	山羊
07-13	12:21	水瓶
07-15	13:37	魚
07-17	18:23	牡羊
07-20	03:20	牡牛
07-22	15:17	双子
07-25	04:16	蟹
07-27	16:07	獅子
07-30	02:22	乙女
08-01	10:23	天秤
08-03	16:29	蠍
08-05	20:14	射手
08-07	21:52	山羊
08-09	22:28	水瓶
08-11	23:46	魚
08-14	03:41	牡羊
08-16	11:25	牡牛
08-18	22:40	双子
08-21	11:24	蟹
08-23	23:13	獅子
08-26	08:50	乙女
08-28	16:15	天秤
08-30	21:51	蠍
09-02	01:57	射手
09-04	04:45	山羊
09-06	06:47	水瓶
09-08	09:08	魚
09-10	13:21	牡羊
09-12	20:21	牡牛
09-15	06:48	双子
09-17	19:16	蟹
09-20	07:19	獅子
09-22	17:10	乙女
09-24	23:50	天秤
09-27	04:20	蠍
09-29	07:30	射手
10-01	10:10	山羊
10-03	12:59	水瓶
10-05	16:35	魚
10-07	21:41	牡羊
10-10	05:05	牡牛
10-12	15:10	双子
10-15	03:20	蟹
10-17	15:46	獅子
10-20	02:11	乙女
10-22	09:15	天秤
10-24	13:06	蠍
10-26	14:56	射手
10-28	16:15	山羊
10-30	18:23	水瓶
11-01	22:17	魚
11-04	04:21	牡羊
11-06	12:35	牡牛
11-08	22:55	双子
11-11	10:57	蟹
11-13	23:37	獅子
11-16	11:02	乙女
11-18	19:18	天秤
11-20	23:40	蠍
11-23	00:56	射手
11-25	00:48	山羊
11-27	01:15	水瓶
11-29	03:59	魚
12-01	09:55	牡羊
12-03	18:40	牡牛
12-06	05:35	双子
12-08	17:44	蟹
12-11	06:24	獅子
12-13	18:21	乙女
12-16	04:09	天秤
12-18	10:07	蠍
12-20	12:53	射手
12-22	11:46	山羊
12-24	10:52	水瓶
12-26	11:45	魚
12-28	16:06	牡羊
12-31	00:21	牡牛

1996年

日付	時間	月星座
01-02	11:29	双子
01-04	23:56	蟹
01-07	12:30	獅子
01-10	00:29	乙女
01-12	10:55	天秤
01-14	18:30	蠍
01-16	22:25	射手
01-18	23:07	山羊
01-20	22:15	水瓶
01-22	22:02	魚
01-25	00:37	牡羊
01-27	07:16	牡牛
01-29	17:42	双子
02-01	06:11	蟹
02-03	18:46	獅子
02-06	06:22	乙女
02-08	16:30	天秤
02-11	00:35	蠍
02-13	05:58	射手
02-15	08:29	山羊
02-17	09:00	水瓶
02-19	09:09	魚
02-21	10:58	牡羊
02-23	16:08	牡牛
02-26	01:14	双子
02-28	13:10	蟹
03-02	01:47	獅子
03-04	13:13	乙女
03-06	22:40	天秤
03-09	06:05	蠍
03-11	11:32	射手
03-13	15:08	山羊
03-15	17:15	水瓶
03-17	18:50	魚
03-19	21:15	牡羊
03-22	01:59	牡牛
03-24	09:59	双子
03-26	21:06	蟹
03-29	09:37	獅子
03-31	21:15	乙女
04-03	06:26	天秤
04-05	12:57	蠍
04-07	17:21	射手
04-09	20:30	山羊
04-11	23:09	水瓶
04-14	02:00	魚
04-16	05:42	牡羊
04-18	11:05	牡牛
04-20	18:54	双子
04-23	05:25	蟹
04-25	17:44	獅子
04-28	05:49	乙女
04-30	15:27	天秤
05-02	21:42	蠍
05-05	01:05	射手
05-07	02:54	山羊
05-09	04:39	水瓶
05-11	07:29	魚
05-13	12:00	牡羊
05-15	18:25	牡牛
05-18	02:48	双子
05-20	13:16	蟹
05-23	01:28	獅子
05-25	13:58	乙女
05-28	00:33	天秤
05-30	07:30	蠍
06-01	10:43	射手
06-03	11:29	山羊
06-05	11:44	水瓶
06-07	13:19	魚
06-09	17:23	牡羊
06-12	00:17	牡牛
06-14	09:16	双子
06-16	20:08	蟹
06-19	08:22	獅子
06-21	21:07	乙女
06-24	08:37	天秤
06-26	16:53	蠍
06-28	21:01	射手
06-30	21:47	山羊
07-02	21:05	水瓶
07-04	21:07	魚
07-06	23:42	牡羊
07-09	05:43	牡牛
07-11	14:52	双子
07-14	02:08	蟹
07-16	14:31	獅子
07-19	03:16	乙女
07-21	15:14	天秤
07-24	00:43	蠍
07-26	06:24	射手
07-28	08:17	山羊
07-30	07:47	水瓶
08-01	07:00	魚
08-03	08:05	牡羊
08-05	12:33	牡牛
08-07	20:49	双子
08-10	07:57	蟹
08-12	20:29	獅子
08-15	09:07	乙女
08-17	20:55	天秤
08-20	06:50	蠍
08-22	13:48	射手
08-24	17:22	山羊
08-26	18:10	水瓶
08-28	17:49	魚
08-30	18:15	牡羊
09-01	21:19	牡牛
09-04	04:08	双子
09-06	14:29	蟹
09-09	02:54	獅子
09-11	15:28	乙女
09-14	02:51	天秤
09-16	12:00	蠍
09-18	19:31	射手
09-21	00:12	山羊
09-23	02:39	水瓶
09-25	03:43	魚
09-27	04:46	牡羊
09-29	07:24	牡牛
10-01	13:01	双子
10-03	22:14	蟹
10-06	10:12	獅子
10-08	22:49	乙女
10-11	10:00	天秤
10-13	18:46	蠍
10-16	01:07	射手
10-18	05:37	山羊
10-20	08:51	水瓶
10-22	11:22	魚
10-24	13:50	牡羊
10-26	17:11	牡牛
10-28	22:34	双子
10-31	06:56	蟹
11-02	18:16	獅子
11-05	06:57	乙女
11-07	18:29	天秤
11-10	03:02	蠍
11-12	08:26	射手
11-14	11:44	山羊
11-16	14:14	水瓶
11-18	17:00	魚
11-20	20:34	牡羊
11-23	01:12	牡牛
11-25	07:20	双子
11-27	15:37	蟹
11-30	02:30	獅子
12-02	15:11	乙女
12-05	03:23	天秤
12-07	12:39	蠍
12-09	17:58	射手
12-11	20:15	山羊
12-13	21:14	水瓶
12-15	22:44	魚
12-18	01:55	牡羊
12-20	07:09	牡牛
12-22	14:17	双子
12-24	23:14	蟹
12-27	10:09	獅子
12-29	22:45	乙女

1997年

日付	時間	月星座
01-01	11:32	天秤
01-03	22:02	蠍
01-06	04:27	射手
01-08	06:55	山羊
01-10	07:00	水瓶
01-12	06:51	魚
01-14	08:22	牡羊
01-16	12:40	牡牛
01-18	19:53	双子
01-21	05:29	蟹
01-23	16:50	獅子
01-26	05:26	乙女
01-28	18:21	天秤
01-31	05:48	蠍
02-02	13:51	射手
02-04	17:44	山羊
02-06	18:21	水瓶
02-08	17:34	魚
02-10	17:29	牡羊
02-12	19:56	牡牛
02-15	01:53	双子
02-17	11:13	蟹
02-19	22:52	獅子
02-22	11:38	乙女
02-25	00:23	天秤
02-27	11:57	蠍
03-01	21:01	射手
03-04	02:39	山羊
03-06	04:54	水瓶
03-08	04:57	魚
03-10	04:33	牡羊
03-12	05:37	牡牛
03-14	09:48	双子
03-16	17:51	蟹
03-19	05:08	獅子
03-21	17:59	乙女
03-24	06:35	天秤
03-26	17:42	蠍
03-29	02:40	射手
03-31	09:13	山羊
04-02	12:59	水瓶
04-04	14:42	魚
04-06	15:19	牡羊
04-08	16:20	牡牛
04-10	19:28	双子
04-13	02:27	蟹
04-15	12:22	獅子
04-18	01:00	乙女
04-20	13:36	天秤
04-23	00:19	蠍
04-25	08:32	射手
04-27	14:32	山羊
04-29	18:50	水瓶
05-01	21:50	魚
05-03	23:59	牡羊
05-06	02:04	牡牛
05-08	05:36	双子
05-10	11:13	蟹
05-12	20:33	獅子
05-15	08:43	乙女
05-17	21:27	天秤
05-20	08:11	蠍
05-22	15:51	射手
05-24	20:51	山羊
05-27	00:20	水瓶
05-29	03:18	魚
05-31	06:18	牡羊
06-02	09:39	牡牛
06-04	13:55	双子
06-06	20:02	蟹
06-09	04:58	獅子
06-11	16:43	乙女
06-14	05:35	天秤
06-16	16:51	蠍
06-19	00:39	射手
06-21	05:05	山羊
06-23	07:20	水瓶
06-25	09:09	魚
06-27	11:48	牡羊
06-29	15:23	牡牛
07-01	20:35	双子
07-04	03:33	蟹
07-06	12:45	獅子
07-09	00:22	乙女
07-11	13:21	天秤
07-14	01:20	蠍
07-16	10:02	射手
07-18	14:45	山羊
07-20	16:29	水瓶
07-22	16:59	魚
07-24	18:03	牡羊
07-26	20:53	牡牛
07-29	02:04	双子
07-31	09:38	蟹
08-02	19:27	獅子
08-05	07:15	乙女
08-07	20:17	天秤
08-10	08:50	蠍
08-12	18:45	射手
08-15	00:42	山羊
08-17	02:58	水瓶
08-19	03:01	魚
08-21	02:45	牡羊
08-23	03:57	牡牛
08-25	07:56	双子
08-27	15:10	蟹
08-30	01:19	獅子
09-01	13:27	乙女
09-04	02:30	天秤
09-06	15:10	蠍
09-09	01:54	射手
09-11	09:23	山羊
09-13	13:10	水瓶
09-15	13:59	魚
09-17	13:25	牡羊
09-19	13:21	牡牛
09-21	15:38	双子
09-23	21:33	蟹
09-26	07:12	獅子
09-28	19:27	乙女
10-01	08:32	天秤
10-03	20:57	蠍
10-06	07:43	射手
10-08	16:04	山羊
10-10	21:29	水瓶
10-12	23:59	魚
10-15	00:19	牡羊
10-17	00:16	牡牛
10-19	01:26	双子
10-21	05:45	蟹
10-23	14:10	獅子
10-26	01:59	乙女
10-28	15:05	天秤
10-31	03:15	蠍
11-02	13:27	射手
11-04	21:31	山羊
11-07	03:33	水瓶
11-09	07:35	魚
11-11	09:44	牡羊
11-13	10:45	牡牛
11-15	12:05	双子
11-17	15:32	蟹
11-19	22:38	獅子
11-22	09:33	乙女
11-24	22:29	天秤
11-27	10:43	蠍
11-29	20:28	射手
12-02	03:38	山羊
12-04	08:58	水瓶
12-06	13:07	魚
12-08	16:24	牡羊
12-10	19:00	牡牛
12-12	21:35	双子
12-15	01:25	蟹
12-17	07:58	獅子
12-19	18:00	乙女
12-22	06:35	天秤
12-24	19:07	蠍
12-27	05:07	射手
12-29	11:48	山羊
12-31	15:58	水瓶

1998年

日付	時間	月星座
01-02	18:56	魚
01-04	21:43	牡羊
01-07	00:52	牡牛
01-09	04:42	双子
01-11	09:43	蟹
01-13	16:45	獅子
01-16	02:31	乙女
01-18	14:44	天秤
01-21	03:34	蠍
01-23	14:25	射手
01-25	21:39	山羊
01-28	01:27	水瓶
01-30	03:08	魚
02-01	04:21	牡羊
02-03	06:25	牡牛
02-05	10:09	双子
02-07	15:57	蟹
02-09	23:57	獅子
02-12	10:09	乙女
02-14	22:17	天秤
02-17	11:13	蠍
02-19	22:56	射手
02-22	07:30	山羊
02-24	12:10	水瓶
02-26	13:42	魚
02-28	13:42	牡羊
03-02	14:00	牡牛
03-04	16:15	双子
03-06	21:27	蟹
03-09	05:46	獅子
03-11	16:35	乙女
03-14	04:58	天秤
03-16	17:51	蠍
03-19	05:56	射手
03-21	15:43	山羊
03-23	22:02	水瓶
03-26	00:43	魚
03-28	00:49	牡羊
03-30	00:05	牡牛
04-01	00:37	双子
04-03	04:09	蟹
04-05	11:36	獅子
04-07	22:25	乙女
04-10	11:04	天秤
04-12	23:55	蠍
04-15	11:52	射手
04-17	22:05	山羊
04-20	05:41	水瓶
04-22	10:06	魚
04-24	11:30	牡羊
04-26	11:09	牡牛
04-28	10:55	双子
04-30	12:57	蟹
05-02	18:49	獅子
05-05	04:47	乙女
05-07	17:19	天秤
05-10	06:10	蠍
05-12	17:48	射手
05-15	03:39	山羊
05-17	11:30	水瓶
05-19	17:03	魚
05-21	20:06	牡羊
05-23	21:06	牡牛
05-25	21:37	双子
05-27	22:58	蟹
05-30	03:38	獅子
06-01	12:21	乙女
06-04	00:17	天秤
06-06	13:06	蠍
06-09	00:34	射手
06-11	09:50	山羊
06-13	17:03	水瓶
06-15	22:31	魚
06-18	02:23	牡羊
06-20	04:47	牡牛
06-22	06:26	双子
06-24	08:39	蟹
06-26	13:04	獅子
06-28	20:54	乙女
07-01	08:05	天秤
07-03	20:45	蠍
07-06	08:24	射手
07-08	17:27	山羊
07-10	23:52	水瓶
07-13	04:22	魚
07-15	07:45	牡羊
07-17	10:33	牡牛
07-19	13:18	双子
07-21	16:43	蟹
07-23	21:48	獅子
07-26	05:34	乙女
07-28	16:14	天秤
07-31	04:44	蠍
08-02	16:48	射手
08-05	02:18	山羊
08-07	08:31	水瓶
08-09	12:04	魚
08-11	14:10	牡羊
08-13	16:04	牡牛
08-15	18:46	双子
08-17	22:55	蟹
08-20	05:00	獅子
08-22	13:21	乙女
08-25	00:02	天秤
08-27	12:25	蠍
08-30	00:55	射手
09-01	11:23	山羊
09-03	18:21	水瓶
09-05	21:48	魚
09-07	22:52	牡羊
09-09	23:16	牡牛
09-12	00:40	双子
09-14	04:20	蟹
09-16	10:48	獅子
09-18	19:52	乙女
09-21	06:57	天秤
09-23	19:22	蠍
09-26	08:05	射手
09-28	19:30	山羊
10-01	03:53	水瓶
10-03	08:23	魚
10-05	09:32	牡羊
10-07	08:57	牡牛
10-09	08:43	双子
10-11	10:48	蟹
10-13	16:25	獅子
10-16	01:32	乙女
10-18	13:02	天秤
10-21	01:36	蠍
10-23	14:16	射手
10-26	02:05	山羊
10-28	11:44	水瓶
10-30	17:58	魚
11-01	20:27	牡羊
11-03	20:12	牡牛
11-05	19:11	双子
11-07	19:39	蟹
11-09	23:33	獅子
11-12	07:37	乙女
11-14	18:58	天秤
11-17	07:41	蠍
11-19	20:13	射手
11-22	07:45	山羊
11-24	17:43	水瓶
11-27	01:14	魚
11-29	05:34	牡羊
12-01	06:53	牡牛
12-03	06:30	双子
12-05	06:28	蟹
12-07	08:55	獅子
12-09	15:21	乙女
12-12	01:43	天秤
12-14	14:16	蠍
12-17	02:47	射手
12-19	13:55	山羊
12-21	23:17	水瓶
12-24	06:45	魚
12-26	12:03	牡羊
12-28	15:05	牡牛
12-30	16:22	双子

1999年

日付	時間	月星座
01-01	17:15	蟹
01-03	19:31	獅子
01-06	00:49	乙女
01-08	09:53	天秤
01-10	21:49	蠍
01-13	10:23	射手
01-15	21:29	山羊
01-18	06:11	水瓶
01-20	12:40	魚
01-22	17:25	牡羊
01-24	20:52	牡牛
01-26	23:29	双子
01-29	01:57	蟹
01-31	05:16	獅子
02-02	10:37	乙女
02-04	18:56	天秤
02-07	06:06	蠍
02-09	18:38	射手
02-12	06:10	山羊
02-14	14:57	水瓶
02-16	20:40	魚
02-19	00:06	牡羊
02-21	02:29	牡牛
02-23	04:54	双子
02-25	08:09	蟹
02-27	12:44	獅子
03-01	19:26	乙女
03-04	03:34	天秤
03-06	14:22	蠍
03-09	02:46	射手
03-11	14:54	山羊
03-14	00:32	水瓶
03-16	06:30	魚
03-18	09:13	牡羊
03-20	10:09	牡牛
03-22	11:05	双子
03-24	13:33	蟹
03-26	18:22	獅子
03-29	01:34	乙女
03-31	10:49	天秤
04-02	21:48	蠍
04-05	10:07	射手
04-07	22:39	山羊
04-10	09:24	水瓶
04-12	16:35	魚
04-14	19:46	牡羊
04-16	20:07	牡牛
04-18	19:39	双子
04-20	20:27	蟹
04-23	00:06	獅子
04-25	07:04	乙女
04-27	16:46	天秤
04-30	04:12	蠍
05-02	16:36	射手
05-05	05:12	山羊
05-07	16:40	水瓶
05-10	01:16	魚
05-12	05:53	牡羊
05-14	06:56	牡牛
05-16	06:07	双子
05-18	05:39	蟹
05-20	07:37	獅子
05-22	13:15	乙女
05-24	22:29	天秤
05-27	10:05	蠍
05-29	22:37	射手
06-01	11:05	山羊
06-03	22:37	水瓶
06-06	08:00	魚
06-08	14:08	牡羊
06-10	16:44	牡牛
06-12	16:48	双子
06-14	16:14	蟹
06-16	17:07	獅子
06-18	21:12	乙女
06-21	05:17	天秤
06-23	16:18	蠍
06-26	04:51	射手
06-28	17:12	山羊
07-01	04:19	水瓶
07-03	13:34	魚
07-05	20:21	牡羊
07-08	00:22	牡牛
07-10	02:07	双子
07-12	02:27	蟹
07-14	03:26	獅子
07-16	06:39	乙女
07-18	13:19	天秤
07-20	23:30	蠍
07-23	11:48	射手
07-26	00:08	山羊
07-28	10:54	水瓶
07-30	19:15	魚
08-02	01:47	牡羊
08-04	06:09	牡牛
08-06	08:57	双子
08-08	10:52	蟹
08-10	13:05	獅子
08-12	16:21	乙女
08-14	22:24	天秤
08-17	07:40	蠍
08-19	19:31	射手
08-22	07:59	山羊
08-24	18:49	水瓶
08-27	02:50	魚
08-29	08:09	牡羊
08-31	11:41	牡牛
09-02	14:25	双子
09-04	17:10	蟹
09-06	20:29	獅子
09-09	00:57	乙女
09-11	07:16	天秤
09-13	16:08	蠍
09-16	03:35	射手
09-18	16:13	山羊
09-21	03:38	水瓶
09-23	11:51	魚
09-25	16:34	牡羊
09-27	18:51	牡牛
09-29	20:21	双子
10-01	22:31	蟹
10-04	02:13	獅子
10-06	07:33	乙女
10-08	14:52	天秤
10-11	00:01	蠍
10-13	11:18	射手
10-16	00:00	山羊
10-18	12:17	水瓶
10-20	21:33	魚
10-23	02:42	牡羊
10-25	04:25	牡牛
10-27	04:33	双子
10-29	05:09	蟹
10-31	07:47	獅子
11-02	13:07	乙女
11-04	20:57	天秤
11-07	06:46	蠍
11-09	18:15	射手
11-12	07:00	山羊
11-14	19:46	水瓶
11-17	06:21	魚
11-19	12:57	牡羊
11-21	15:26	牡牛
11-23	15:13	双子
11-25	14:29	蟹
11-27	15:19	獅子
11-29	19:11	乙女
12-02	02:29	天秤
12-04	12:35	蠍
12-07	00:27	射手
12-09	13:14	山羊
12-12	01:59	水瓶
12-14	13:08	魚
12-16	21:30	牡羊
12-19	01:45	牡牛
12-21	02:39	双子
12-23	01:52	蟹
12-25	01:32	獅子
12-27	03:56	乙女
12-29	09:14	天秤
12-31	18:36	蠍

2000年

日付	時間	月星座
01-03	06:32	牡羊
01-05	19:24	山羊
01-08	07:53	水瓶
01-10	18:59	魚
01-13	03:48	牡羊
01-15	09:38	牡牛
01-17	12:25	双子
01-19	13:01	蟹
01-21	12:58	獅子
01-23	14:07	乙女
01-25	18:09	天秤
01-28	02:01	蠍
01-30	13:17	射手
02-02	02:10	山羊
02-04	14:31	水瓶
02-07	01:02	魚
02-09	09:17	牡羊
02-11	15:21	牡牛
02-13	19:23	双子
02-15	21:45	蟹
02-17	23:10	獅子
02-20	00:53	乙女
02-22	04:21	天秤
02-24	10:58	蠍
02-26	21:10	射手
02-29	09:45	山羊
03-02	22:14	水瓶
03-05	08:30	魚
03-07	15:54	牡羊
03-09	21:01	牡牛
03-12	00:46	双子
03-14	03:51	蟹
03-16	06:43	獅子
03-18	09:48	乙女
03-20	13:57	天秤
03-22	20:17	蠍
03-25	05:43	射手
03-27	17:51	山羊
03-30	06:34	水瓶
04-01	17:12	魚
04-04	00:22	牡羊
04-06	04:29	牡牛
04-08	06:58	双子
04-10	09:16	蟹
04-12	12:16	獅子
04-14	16:19	乙女
04-16	21:36	天秤
04-19	04:35	蠍
04-21	13:58	射手
04-24	01:47	山羊
04-26	14:42	水瓶
04-29	02:06	魚
05-01	09:55	牡羊
05-03	13:54	牡牛
05-05	15:23	双子
05-07	16:14	蟹
05-09	18:01	獅子
05-11	21:41	乙女
05-14	03:27	天秤
05-16	11:16	蠍
05-18	21:09	射手
05-21	09:01	山羊
05-23	22:00	水瓶
05-26	10:07	魚
05-28	19:08	牡羊
05-31	00:02	牡牛
06-02	01:34	双子
06-04	01:30	蟹
06-06	01:45	獅子
06-08	03:57	乙女
06-10	08:59	天秤
06-12	16:55	蠍
06-15	03:18	射手
06-17	15:26	山羊
06-20	04:26	水瓶
06-22	16:52	魚
06-25	02:55	牡羊
06-27	09:18	牡牛
06-29	11:59	双子
07-01	12:09	蟹
07-03	11:38	獅子
07-05	12:19	乙女
07-07	15:47	天秤
07-09	22:48	蠍
07-12	09:06	射手
07-14	21:28	山羊
07-17	10:27	水瓶
07-19	22:44	魚
07-22	09:09	牡羊
07-24	16:44	牡牛
07-26	21:01	双子
07-28	22:30	蟹
07-30	22:23	獅子
08-01	22:27	乙女
08-04	00:31	天秤
08-06	06:04	蠍
08-08	15:30	射手
08-11	03:44	山羊
08-13	16:43	水瓶
08-16	04:41	魚
08-18	14:44	牡羊
08-20	22:31	牡牛
08-23	03:55	双子
08-25	07:00	蟹
08-27	08:17	獅子
08-29	08:55	乙女
08-31	10:33	天秤
09-02	14:55	蠍
09-04	23:08	射手
09-07	10:47	山羊
09-09	23:44	水瓶
09-12	11:34	魚
09-14	21:00	牡羊
09-17	04:05	牡牛
09-19	09:22	双子
09-21	13:16	蟹
09-23	16:01	獅子
09-25	18:02	乙女
09-27	20:22	天秤
09-30	00:29	蠍
10-02	07:50	射手
10-04	18:42	山羊
10-07	07:33	水瓶
10-09	19:36	魚
10-12	04:51	牡羊
10-14	11:06	牡牛
10-16	15:19	双子
10-18	18:37	蟹
10-20	21:42	獅子
10-23	00:52	乙女
10-25	04:30	天秤
10-27	09:23	蠍
10-29	16:40	射手
11-01	03:01	山羊
11-03	15:41	水瓶
11-06	04:13	魚
11-08	14:02	牡羊
11-10	20:12	牡牛
11-12	23:27	双子
11-15	01:21	蟹
11-17	03:19	獅子
11-19	06:15	乙女
11-21	10:35	天秤
11-23	16:33	蠍
11-26	00:33	射手
11-28	10:57	山羊
11-30	23:26	水瓶
12-03	12:23	魚
12-05	23:17	牡羊
12-08	06:27	牡牛
12-10	09:50	双子
12-12	10:48	蟹
12-14	11:09	獅子
12-16	12:30	乙女
12-18	16:01	天秤
12-20	22:12	蠍
12-23	06:57	射手
12-25	17:54	山羊
12-28	06:25	水瓶
12-30	19:27	魚

2001年

日付	時間	月星座
01-02	07:14	牡羊
01-04	15:57	牡牛
01-06	20:44	双子
01-08	22:09	蟹
01-10	21:47	獅子
01-12	21:26	乙女
01-14	23:05	天秤
01-17	04:02	蠍
01-19	12:36	射手
01-21	23:57	山羊
01-24	12:43	水瓶
01-27	01:39	魚
01-29	13:35	牡羊
01-31	23:21	牡牛
02-03	05:56	双子
02-05	09:00	蟹
02-07	09:21	獅子
02-09	08:35	乙女
02-11	08:45	天秤
02-13	11:51	蠍
02-15	19:02	射手
02-18	05:59	山羊
02-20	18:53	水瓶
02-23	07:45	魚
02-25	19:20	牡羊
02-28	05:06	牡牛
03-02	12:35	双子
03-04	17:24	蟹
03-06	19:30	獅子
03-08	19:44	乙女
03-10	19:47	天秤
03-12	21:42	蠍
03-15	03:17	射手
03-17	13:02	山羊
03-20	01:36	水瓶
03-22	14:28	魚
03-25	01:44	牡羊
03-27	10:51	牡牛
03-29	18:01	双子
03-31	23:23	蟹
04-03	02:54	獅子
04-05	04:46	乙女
04-07	05:57	天秤
04-09	08:01	蠍
04-11	12:47	射手
04-13	21:11	山羊
04-16	09:11	水瓶
04-18	22:00	魚
04-21	09:18	牡羊
04-23	17:56	牡牛
04-26	00:11	双子
04-28	04:49	蟹
04-30	08:25	獅子
05-02	11:16	乙女
05-04	13:50	天秤
05-06	17:00	蠍
05-08	22:05	射手
05-11	06:10	山羊
05-13	17:20	水瓶
05-16	06:01	魚
05-18	17:41	牡羊
05-21	02:29	牡牛
05-23	08:12	双子
05-25	11:42	蟹
05-27	14:12	獅子
05-29	16:38	乙女
05-31	19:41	天秤
06-02	23:56	蠍
06-05	05:58	射手
06-07	14:23	山羊
06-10	01:20	水瓶
06-12	13:53	魚
06-15	02:03	牡羊
06-17	11:39	牡牛
06-19	17:42	双子
06-21	20:41	蟹
06-23	21:55	獅子
06-25	22:58	乙女
06-28	01:11	天秤
06-30	05:28	蠍
07-02	12:13	射手
07-04	21:21	山羊
07-07	08:33	水瓶
07-09	21:05	魚
07-12	09:36	牡羊
07-14	20:13	牡牛
07-17	03:26	双子
07-19	06:56	蟹
07-21	07:43	獅子
07-23	07:29	乙女
07-25	08:08	天秤
07-27	11:17	蠍
07-29	17:44	射手
08-01	03:16	山羊
08-03	14:53	水瓶
08-06	03:30	魚
08-08	16:05	牡羊
08-11	03:23	牡牛
08-13	11:59	双子
08-15	16:55	蟹
08-17	18:25	獅子
08-19	17:53	乙女
08-21	17:19	天秤
08-23	18:50	蠍
08-25	23:59	射手
08-28	09:02	山羊
08-30	20:32	水瓶
09-02	09:32	魚
09-04	21:58	牡羊
09-07	09:18	牡牛
09-09	18:41	双子
09-12	01:09	蟹
09-14	04:16	獅子
09-16	04:39	乙女
09-18	04:05	天秤
09-20	04:27	蠍
09-22	08:02	射手
09-24	15:48	山羊
09-27	03:05	水瓶
09-29	15:50	魚
10-02	04:08	牡羊
10-04	15:01	牡牛
10-07	00:12	双子
10-09	07:19	蟹
10-11	11:54	獅子
10-13	14:26	乙女
10-15	15:32	天秤
10-17	15:03	蠍
10-19	17:47	射手
10-22	00:11	山羊
10-24	10:26	水瓶
10-26	22:56	魚
10-29	11:15	牡羊
10-31	21:48	牡牛
11-03	06:13	双子
11-05	12:44	蟹
11-07	17:34	獅子
11-09	20:49	乙女
11-11	22:53	天秤
11-14	00:44	蠍
11-16	03:51	射手
11-18	09:40	山羊
11-20	18:55	水瓶
11-23	06:52	魚
11-25	19:21	牡羊
11-28	06:06	牡牛
11-30	14:04	双子
12-02	19:30	蟹
12-04	23:16	獅子
12-07	02:11	乙女
12-09	04:57	天秤
12-11	08:09	蠍
12-13	12:30	射手
12-15	18:43	山羊
12-18	03:43	水瓶
12-20	15:09	魚
12-23	03:45	牡羊
12-25	15:12	牡牛
12-27	23:39	双子
12-30	04:40	蟹

2002年

日付	時間	月座星
01-01	07:09	獅子
01-03	08:34	乙女
01-05	10:24	天秤
01-07	13:41	蠍
01-09	18:57	射手
01-12	02:18	山羊
01-14	11:41	水瓶
01-16	23:00	魚
01-19	11:35	牡羊
01-21	23:47	牡牛
01-24	09:28	双子
01-26	15:17	蟹
01-28	17:31	獅子
01-30	17:40	乙女
02-01	17:44	天秤
02-03	19:35	蠍
02-06	00:21	射手
02-08	08:08	山羊
02-10	18:15	水瓶
02-13	05:53	魚
02-15	18:26	牡羊
02-18	06:58	牡牛
02-20	17:50	双子
02-23	01:16	蟹
02-25	04:36	獅子
02-27	04:47	乙女
03-01	03:47	天秤
03-03	03:51	蠍
03-05	06:55	射手
03-07	13:48	山羊
03-09	23:56	水瓶
03-12	11:56	魚
03-15	00:34	牡羊
03-17	13:01	牡牛
03-20	00:20	双子
03-22	09:06	蟹
03-24	14:13	獅子
03-26	15:44	乙女
03-28	15:04	天秤
03-30	14:21	蠍
04-01	15:48	射手
04-03	20:58	山羊
04-06	06:07	水瓶
04-08	17:57	魚
04-11	06:41	牡羊
04-13	18:55	牡牛
04-16	05:56	双子
04-18	15:01	蟹
04-20	21:21	獅子
04-23	00:35	乙女
04-25	01:22	天秤
04-27	01:15	蠍
04-29	02:13	射手
05-01	06:05	山羊
05-03	13:43	水瓶
05-06	00:46	魚
05-08	13:22	牡羊
05-11	01:32	牡牛
05-13	12:04	双子
05-15	20:33	蟹
05-18	02:52	獅子
05-20	07:01	乙女
05-22	09:19	天秤
05-24	10:38	蠍
05-26	12:20	射手
05-28	15:54	山羊
05-30	22:35	水瓶
06-02	08:37	魚
06-04	20:51	牡羊
06-07	09:07	牡牛
06-09	19:29	双子
06-12	03:15	蟹
06-14	08:39	獅子
06-16	12:23	乙女
06-18	15:11	天秤
06-20	17:42	蠍
06-22	20:42	射手
06-25	01:01	山羊
06-27	07:36	水瓶
06-29	17:00	魚
07-02	04:49	牡羊
07-04	17:16	牡牛
07-07	04:01	双子
07-09	11:36	蟹
07-11	16:08	獅子
07-13	18:41	乙女
07-15	20:39	天秤
07-17	23:13	蠍
07-20	03:02	射手
07-22	08:26	山羊
07-24	15:40	水瓶
07-27	01:04	魚
07-29	12:39	牡羊
08-01	01:17	牡牛
08-03	12:47	双子
08-05	21:02	蟹
08-08	01:27	獅子
08-10	03:03	乙女
08-12	03:38	天秤
08-14	05:01	蠍
08-16	08:25	射手
08-18	14:15	山羊
08-20	22:16	水瓶
08-23	08:11	魚
08-25	19:48	牡羊
08-28	08:32	牡牛
08-30	20:45	双子
09-02	06:14	蟹
09-04	11:36	獅子
09-06	13:16	乙女
09-08	12:57	天秤
09-10	12:48	蠍
09-12	14:44	射手
09-14	19:47	山羊
09-17	03:54	水瓶
09-19	14:18	魚
09-22	02:11	牡羊
09-24	14:55	牡牛
09-27	03:26	双子
09-29	14:01	蟹
10-01	20:58	獅子
10-03	23:52	乙女
10-05	23:51	天秤
10-07	22:57	蠍
10-09	23:21	射手
10-12	02:45	山羊
10-14	09:51	水瓶
10-16	20:07	魚
10-19	08:13	牡羊
10-21	20:57	牡牛
10-24	09:17	双子
10-26	20:10	蟹
10-29	04:20	獅子
10-31	08:59	乙女
11-02	10:28	天秤
11-04	10:10	蠍
11-06	10:01	射手
11-08	11:59	山羊
11-10	17:27	水瓶
11-13	02:42	魚
11-15	14:38	牡羊
11-18	03:23	牡牛
11-20	15:25	双子
11-23	01:48	蟹
11-25	10:00	獅子
11-27	15:42	乙女
11-29	18:54	天秤
12-01	20:15	蠍
12-03	20:58	射手
12-05	22:39	山羊
12-08	02:54	水瓶
12-10	10:46	魚
12-12	21:58	牡羊
12-15	10:43	牡牛
12-17	22:43	双子
12-20	08:30	蟹
12-22	15:48	獅子
12-24	21:05	乙女
12-27	00:53	天秤
12-29	03:41	蠍
12-31	06:01	射手

2003年

日付	時間	月座星
01-02	08:42	山羊
01-04	12:56	水瓶
01-06	19:57	魚
01-09	06:15	牡羊
01-11	18:48	牡牛
01-14	07:08	双子
01-16	16:56	蟹
01-18	23:29	獅子
01-21	03:32	乙女
01-23	06:23	天秤
01-25	09:09	蠍
01-27	12:26	射手
01-29	16:30	山羊
01-31	21:44	水瓶
02-03	04:55	魚
02-05	14:44	牡羊
02-08	02:59	牡牛
02-10	15:45	双子
02-13	02:19	蟹
02-15	09:04	獅子
02-17	12:22	乙女
02-19	13:48	天秤
02-21	15:09	蠍
02-23	17:46	射手
02-25	22:11	山羊
02-28	04:24	水瓶
03-02	12:25	魚
03-04	22:30	牡羊
03-07	10:36	牡牛
03-09	23:38	双子
03-12	11:12	蟹
03-14	19:06	獅子
03-16	22:52	乙女
03-18	23:43	天秤
03-20	23:38	蠍
03-23	00:33	射手
03-25	03:48	山羊
03-27	09:51	水瓶
03-29	18:26	魚
04-01	05:04	牡羊
04-03	17:20	牡牛
04-06	06:24	双子
04-08	18:36	蟹
04-11	03:54	獅子
04-13	09:07	乙女
04-15	10:42	天秤
04-17	10:16	蠍
04-19	09:51	射手
04-21	11:20	山羊
04-23	15:58	水瓶
04-26	00:02	魚
04-28	10:54	牡羊
04-30	23:26	牡牛
05-03	12:27	双子
05-06	00:42	蟹
05-08	10:46	獅子
05-10	17:31	乙女
05-12	20:42	天秤
05-14	21:14	蠍
05-16	20:47	射手
05-18	21:03	山羊
05-21	00:01	水瓶
05-23	06:41	魚
05-25	16:59	牡羊
05-28	05:32	牡牛
05-30	18:32	双子
06-02	06:27	蟹
06-04	16:25	獅子
06-06	23:51	乙女
06-09	04:30	天秤
06-11	06:39	蠍
06-13	07:12	射手
06-15	07:38	山羊
06-17	09:41	水瓶
06-19	14:57	魚
06-22	00:06	牡羊
06-24	12:15	牡牛
06-27	01:13	双子
06-29	12:52	蟹
07-01	22:13	獅子
07-04	05:16	乙女
07-06	10:20	天秤
07-08	13:43	蠍
07-10	15:48	射手
07-12	17:21	山羊
07-14	19:38	水瓶
07-17	00:14	魚
07-19	08:20	牡羊
07-21	19:48	牡牛
07-24	08:45	双子
07-26	20:23	蟹
07-29	05:17	獅子
07-31	11:25	乙女
08-02	15:48	天秤
08-04	19:12	蠍
08-06	22:11	射手
08-09	01:02	山羊
08-11	04:23	水瓶
08-13	09:19	魚
08-15	17:00	牡羊
08-18	03:52	牡牛
08-20	16:41	双子
08-23	04:44	蟹
08-25	13:48	獅子
08-27	19:27	乙女
08-29	22:41	天秤
09-01	01:00	蠍
09-03	03:32	射手
09-05	06:51	山羊
09-07	11:15	水瓶
09-09	17:07	魚
09-12	01:09	牡羊
09-14	11:50	牡牛
09-17	00:32	双子
09-19	13:07	蟹
09-21	23:03	獅子
09-24	05:05	乙女
09-26	07:49	天秤
09-28	08:52	蠍
09-30	09:57	射手
10-02	12:21	山羊
10-04	16:45	水瓶
10-06	23:20	魚
10-09	08:08	牡羊
10-11	19:05	牡牛
10-14	07:45	双子
10-16	20:41	蟹
10-19	07:41	獅子
10-21	15:01	乙女
10-23	18:27	天秤
10-25	19:08	蠍
10-27	18:55	射手
10-29	19:37	山羊
10-31	22:41	水瓶
11-03	04:52	魚
11-05	14:02	牡羊
11-08	01:29	牡牛
11-10	14:14	双子
11-13	03:10	蟹
11-15	14:48	獅子
11-17	23:36	乙女
11-20	04:42	天秤
11-22	06:24	蠍
11-24	06:03	射手
11-26	05:31	山羊
11-28	06:48	水瓶
11-30	11:25	魚
12-02	19:56	牡羊
12-05	07:30	牡牛
12-07	20:26	双子
12-10	09:11	蟹
12-12	20:40	獅子
12-15	06:07	乙女
12-17	12:46	天秤
12-19	16:20	蠍
12-21	17:16	射手
12-23	16:55	山羊
12-25	17:13	水瓶
12-27	20:10	魚
12-30	03:08	牡羊

2004年

日付	時間	月星座
01-01	14:02	牡羊
01-04	02:58	双子
01-06	15:39	蟹
01-09	02:38	獅子
01-11	11:37	乙女
01-13	18:38	天秤
01-15	23:33	蠍
01-18	02:18	射手
01-20	03:24	山羊
01-22	04:11	水瓶
01-24	06:29	魚
01-26	12:06	牡羊
01-28	21:28	牡牛
01-31	10:18	双子
02-02	23:03	蟹
02-05	09:50	獅子
02-07	18:03	乙女
02-10	00:13	天秤
02-12	04:58	蠍
02-14	08:35	射手
02-16	11:14	山羊
02-18	13:27	水瓶
02-20	16:27	魚
02-22	21:45	牡羊
02-25	06:30	牡牛
02-27	18:22	双子
03-01	07:16	蟹
03-03	18:18	獅子
03-06	02:18	乙女
03-08	07:31	天秤
03-10	11:03	蠍
03-12	13:57	射手
03-14	16:51	山羊
03-16	20:10	水瓶
03-19	00:26	魚
03-21	06:29	牡羊
03-23	15:10	牡牛
03-26	02:35	双子
03-28	15:23	蟹
03-31	03:07	獅子
04-02	11:45	乙女
04-04	16:52	天秤
04-06	19:24	蠍
04-08	20:50	射手
04-10	22:33	山羊
04-13	01:33	水瓶
04-15	06:24	魚
04-17	13:24	牡羊
04-19	22:43	牡牛
04-22	10:10	双子
04-24	22:56	蟹
04-27	11:14	獅子
04-29	21:00	乙女
05-02	03:03	天秤
05-04	05:39	蠍
05-06	06:08	射手
05-08	06:17	山羊
05-10	07:46	水瓶
05-12	11:52	魚
05-14	19:02	牡羊
05-17	04:57	牡牛
05-19	16:47	双子
05-22	05:35	蟹
05-24	18:07	獅子
05-27	04:52	乙女
05-29	12:22	天秤
05-31	16:08	蠍
06-02	16:52	射手
06-04	16:12	山羊
06-06	16:00	水瓶
06-08	18:38	魚
06-11	00:49	牡羊
06-13	10:37	牡牛
06-15	22:44	双子
06-18	11:37	蟹
06-21	00:05	獅子
06-23	11:10	乙女
06-25	19:50	天秤
06-28	01:13	蠍
06-30	03:15	射手
07-02	03:01	山羊
07-04	02:22	水瓶
07-06	03:26	魚
07-08	08:03	牡羊
07-10	16:51	牡牛
07-13	04:45	双子
07-15	17:40	蟹
07-18	05:56	獅子
07-20	16:44	乙女
07-23	01:39	天秤
07-25	08:08	蠍
07-27	11:48	射手
07-29	12:54	山羊
07-31	12:54	水瓶
08-02	13:34	魚
08-04	16:59	牡羊
08-07	00:26	牡牛
08-09	11:33	双子
08-12	00:20	蟹
08-14	12:30	獅子
08-16	22:49	乙女
08-19	07:09	天秤
08-21	13:37	蠍
08-23	18:08	射手
08-25	20:47	山羊
08-27	22:08	水瓶
08-29	23:33	魚
09-01	02:46	牡羊
09-03	09:16	牡牛
09-05	19:24	双子
09-08	07:50	蟹
09-10	20:06	獅子
09-13	06:16	乙女
09-15	13:54	天秤
09-17	19:25	蠍
09-19	23:30	射手
09-22	02:35	山羊
09-24	05:10	水瓶
09-26	07:55	魚
09-28	11:57	牡羊
09-30	18:24	牡牛
10-03	03:55	双子
10-05	15:54	蟹
10-08	04:23	獅子
10-10	15:00	乙女
10-12	22:32	天秤
10-15	03:10	蠍
10-17	05:58	射手
10-19	08:07	山羊
10-21	10:38	水瓶
10-23	14:13	魚
10-25	19:24	牡羊
10-28	02:37	牡牛
10-30	12:11	双子
11-01	23:53	蟹
11-04	12:33	獅子
11-07	00:00	乙女
11-09	08:23	天秤
11-11	13:05	蠍
11-13	14:56	射手
11-15	15:33	山羊
11-17	16:39	水瓶
11-19	19:38	魚
11-22	01:11	牡羊
11-24	09:16	牡牛
11-26	19:25	双子
11-29	07:11	蟹
12-01	19:50	獅子
12-04	08:00	乙女
12-06	17:54	天秤
12-08	23:44	蠍
12-11	01:54	射手
12-13	01:42	山羊
12-15	01:10	水瓶
12-17	02:24	魚
12-19	06:52	牡羊
12-21	14:52	牡牛
12-24	01:32	双子
12-26	13:38	蟹
12-29	02:14	獅子
12-31	14:33	乙女

2005年

日付	時間	月星座
01-03	01:19	天秤
01-05	09:00	蠍
01-07	12:44	射手
01-09	13:11	山羊
01-11	12:07	水瓶
01-13	11:50	魚
01-15	14:27	牡羊
01-17	21:06	牡牛
01-20	07:24	双子
01-22	19:42	蟹
01-25	08:21	獅子
01-27	20:24	乙女
01-30	07:13	天秤
02-01	15:51	蠍
02-03	21:21	射手
02-05	23:32	山羊
02-07	23:26	水瓶
02-09	22:59	魚
02-12	00:21	牡羊
02-14	05:18	牡牛
02-16	14:18	双子
02-19	02:13	蟹
02-21	14:54	獅子
02-24	02:44	乙女
02-26	12:59	天秤
02-28	21:21	蠍
03-03	03:29	射手
03-05	07:12	山羊
03-07	08:49	水瓶
03-09	09:32	魚
03-11	11:03	牡羊
03-13	15:05	牡牛
03-15	22:44	双子
03-18	09:44	蟹
03-20	22:17	獅子
03-23	10:10	乙女
03-25	20:00	天秤
03-28	03:29	蠍
03-30	08:56	射手
04-01	12:48	山羊
04-03	15:31	水瓶
04-05	17:45	魚
04-07	20:28	牡羊
04-10	00:50	牡牛
04-12	07:55	双子
04-14	18:03	蟹
04-17	06:17	獅子
04-19	18:27	乙女
04-22	04:47	天秤
04-24	11:25	蠍
04-26	15:46	射手
04-28	18:33	山羊
04-30	20:54	水瓶
05-02	23:43	魚
05-05	03:36	牡羊
05-07	09:01	牡牛
05-09	16:29	双子
05-12	02:25	蟹
05-14	14:17	獅子
05-17	02:46	乙女
05-19	13:30	天秤
05-21	20:49	蠍
05-24	00:38	射手
05-26	02:11	山羊
05-28	03:10	水瓶
05-30	05:09	魚
06-01	09:08	牡羊
06-03	15:20	牡牛
06-05	23:36	双子
06-08	09:46	蟹
06-10	21:39	獅子
06-13	10:22	乙女
06-15	21:59	天秤
06-18	06:24	蠍
06-20	10:45	射手
06-22	11:52	山羊
06-24	11:36	水瓶
06-26	12:03	魚
06-28	14:51	牡羊
06-30	20:45	牡牛
07-03	05:26	双子
07-05	16:07	蟹
07-08	04:11	獅子
07-10	16:57	乙女
07-13	05:09	天秤
07-15	14:51	蠍
07-17	20:35	射手
07-19	22:36	山羊
07-21	21:55	水瓶
07-23	21:11	魚
07-25	22:23	牡羊
07-28	02:54	牡牛
07-30	11:02	双子
08-01	21:52	蟹
08-04	10:10	獅子
08-06	22:54	乙女
08-09	11:08	天秤
08-11	21:35	蠍
08-14	04:47	射手
08-16	08:13	山羊
08-18	08:39	水瓶
08-20	07:50	魚
08-22	08:01	牡羊
08-24	10:58	牡牛
08-26	17:43	双子
08-29	03:57	蟹
08-31	16:14	獅子
09-03	04:56	乙女
09-05	16:52	天秤
09-08	03:26	蠍
09-10	11:03	射手
09-12	15:57	山羊
09-14	18:02	水瓶
09-16	18:24	魚
09-18	18:43	牡羊
09-20	20:47	牡牛
09-23	02:07	双子
09-25	11:10	蟹
09-27	23:03	獅子
09-30	11:44	乙女
10-02	23:24	天秤
10-05	09:03	蠍
10-07	16:28	射手
10-09	21:44	山羊
10-12	01:05	水瓶
10-14	03:05	魚
10-16	04:39	牡羊
10-18	07:04	牡牛
10-20	11:44	双子
10-22	19:41	蟹
10-25	06:49	獅子
10-27	19:28	乙女
10-30	07:15	天秤
11-01	16:29	蠍
11-03	22:55	射手
11-06	03:17	山羊
11-08	06:31	水瓶
11-10	09:22	魚
11-12	12:22	牡羊
11-14	16:02	牡牛
11-16	21:10	双子
11-19	04:42	蟹
11-21	15:10	獅子
11-24	03:41	乙女
11-26	15:58	天秤
11-29	01:33	蠍
12-01	07:32	射手
12-03	10:42	山羊
12-05	12:36	水瓶
12-07	14:44	魚
12-09	17:50	牡羊
12-11	22:46	牡牛
12-14	04:59	双子
12-16	13:01	蟹
12-18	23:18	獅子
12-21	11:39	乙女
12-24	00:25	天秤
12-26	11:04	蠍
12-28	17:44	射手
12-30	20:35	山羊

2006年

日付	時間	月星座
01-01	21:14	水瓶
01-03	21:44	魚
01-05	23:44	牡羊
01-08	04:09	牡牛
01-10	10:58	双子
01-12	19:50	蟹
01-15	06:31	獅子
01-17	18:49	乙女
01-20	07:49	天秤
01-22	19:28	蠍
01-25	03:38	射手
01-27	07:31	山羊
01-29	08:09	水瓶
01-31	07:32	魚
02-02	07:46	牡羊
02-04	10:31	牡牛
02-06	16:32	双子
02-09	01:33	蟹
02-11	12:44	獅子
02-14	01:13	乙女
02-16	14:09	天秤
02-19	02:11	蠍
02-21	11:38	射手
02-23	17:16	山羊
02-25	19:14	水瓶
02-27	18:56	魚
03-01	18:19	牡羊
03-03	19:22	牡牛
03-05	23:38	双子
03-08	07:38	蟹
03-10	18:42	獅子
03-13	07:24	乙女
03-15	20:13	天秤
03-18	07:59	蠍
03-20	17:43	射手
03-23	00:36	山羊
03-25	04:21	水瓶
03-27	05:33	魚
03-29	05:31	牡羊
03-31	06:01	牡牛
04-02	08:49	双子
04-04	15:15	蟹
04-07	01:25	獅子
04-09	13:58	乙女
04-12	02:47	天秤
04-14	14:08	蠍
04-16	23:19	射手
04-19	06:13	山羊
04-21	10:56	水瓶
04-23	13:43	魚
04-25	15:12	牡羊
04-27	16:27	牡牛
04-29	18:58	双子
05-02	00:17	蟹
05-04	09:18	獅子
05-06	21:20	乙女
05-09	10:13	天秤
05-11	21:25	蠍
05-14	05:56	射手
05-16	11:59	山羊
05-18	16:19	水瓶
05-20	19:39	魚
05-22	22:24	牡羊
05-25	01:01	牡牛
05-27	04:19	双子
05-29	09:34	蟹
05-31	17:52	獅子
06-03	05:17	乙女
06-05	18:08	天秤
06-08	05:41	蠍
06-10	14:05	射手
06-12	19:19	山羊
06-14	22:32	水瓶
06-17	01:05	魚
06-19	03:54	牡羊
06-21	07:23	牡牛
06-23	11:49	双子
06-25	17:48	蟹
06-28	02:13	獅子
06-30	13:15	乙女
07-03	02:06	天秤
07-05	14:13	蠍
07-07	23:14	射手
07-10	04:25	山羊
07-12	06:46	水瓶
07-14	07:59	魚
07-16	09:48	牡羊
07-18	12:44	牡牛
07-20	17:38	双子
07-23	00:28	蟹
07-25	09:24	獅子
07-27	20:36	乙女
07-30	09:27	天秤
08-01	22:08	蠍
08-04	08:13	射手
08-06	14:19	山羊
08-08	16:47	水瓶
08-10	17:10	魚
08-12	17:22	牡羊
08-14	19:00	牡牛
08-16	23:07	双子
08-19	06:03	蟹
08-21	15:33	獅子
08-24	03:08	乙女
08-26	16:01	天秤
08-29	04:56	蠍
08-31	16:00	射手
09-02	23:34	山羊
09-05	03:15	水瓶
09-07	03:56	魚
09-09	03:23	牡羊
09-11	03:30	牡牛
09-13	05:59	双子
09-15	11:54	蟹
09-17	21:15	獅子
09-20	09:07	乙女
09-22	22:06	天秤
09-25	10:54	蠍
09-27	22:16	射手
09-30	07:01	山羊
10-02	12:24	水瓶
10-04	14:33	魚
10-06	14:32	牡羊
10-08	14:04	牡牛
10-10	15:06	双子
10-12	19:21	蟹
10-15	03:38	獅子
10-17	15:16	乙女
10-20	04:19	天秤
10-22	16:54	蠍
10-25	03:53	射手
10-27	12:47	山羊
10-29	19:17	水瓶
10-31	23:11	魚
11-03	00:46	牡羊
11-05	01:05	牡牛
11-07	01:46	双子
11-09	04:46	蟹
11-11	11:34	獅子
11-13	22:19	乙女
11-16	11:14	天秤
11-18	23:47	蠍
11-21	10:15	射手
11-23	18:25	山羊
11-26	00:41	水瓶
11-28	05:21	魚
11-30	08:30	牡羊
12-02	10:26	牡牛
12-04	12:05	双子
12-06	15:00	蟹
12-08	20:52	獅子
12-11	06:31	乙女
12-13	19:01	天秤
12-16	07:43	蠍
12-18	18:10	射手
12-21	01:39	山羊
12-23	06:49	水瓶
12-25	10:43	魚
12-27	14:04	牡羊
12-29	17:08	牡牛
12-31	20:16	双子

2007年

日付	時間	月星座
01-03	00:14	蟹
01-05	06:14	獅子
01-07	15:18	乙女
01-10	03:15	天秤
01-12	16:08	蠍
01-15	03:11	射手
01-17	10:49	山羊
01-19	15:16	水瓶
01-21	17:48	魚
01-23	19:52	牡羊
01-25	22:28	牡牛
01-28	02:10	双子
01-30	07:16	蟹
02-01	14:15	獅子
02-03	23:34	乙女
02-06	11:15	天秤
02-09	00:09	蠍
02-11	12:01	射手
02-13	20:42	山羊
02-16	01:34	水瓶
02-18	03:30	魚
02-20	04:06	牡羊
02-22	05:03	牡牛
02-24	07:42	双子
02-26	12:48	蟹
02-28	20:29	獅子
03-05	06:32	乙女
03-08	18:25	天秤
03-08	07:17	蠍
03-10	19:37	射手
03-13	05:35	山羊
03-15	11:52	水瓶
03-17	14:30	魚
03-19	14:42	牡羊
03-21	14:15	牡牛
03-23	15:06	双子
03-25	18:49	蟹
03-28	02:04	獅子
03-30	12:27	乙女
04-02	00:43	天秤
04-04	13:36	蠍
04-07	01:57	射手
04-09	12:36	山羊
04-11	20:23	水瓶
04-14	00:39	魚
04-16	01:47	牡羊
04-18	01:11	牡牛
04-20	00:51	双子
04-22	02:50	蟹
04-24	08:38	獅子
04-26	18:24	乙女
04-29	06:45	天秤
05-01	19:41	蠍
05-04	07:48	射手
05-06	18:21	山羊
05-09	02:48	水瓶
05-11	08:32	魚
05-13	11:19	牡羊
05-15	11:48	牡牛
05-17	11:34	双子
05-19	12:38	蟹
05-21	16:57	獅子
05-24	01:26	乙女
05-26	13:16	天秤
05-29	02:11	蠍
05-31	14:07	射手
06-03	00:09	山羊
06-05	08:15	水瓶
06-07	14:24	魚
06-09	18:26	牡羊
06-11	20:49	牡牛
06-13	21:24	双子
06-15	22:45	蟹
06-18	02:25	獅子
06-20	09:46	乙女
06-22	20:43	天秤
06-25	09:38	蠍
06-27	21:24	射手
06-30	07:05	山羊
07-02	14:24	水瓶
07-04	19:52	魚
07-06	23:57	牡羊
07-09	02:54	牡牛
07-11	05:10	双子
07-13	07:39	蟹
07-15	11:43	獅子
07-17	18:39	乙女
07-20	04:53	天秤
07-22	17:18	蠍
07-25	05:29	射手
07-27	15:21	山羊
07-29	22:14	水瓶
08-01	02:40	魚
08-03	05:43	牡羊
08-05	08:16	牡牛
08-07	11:01	双子
08-09	14:36	蟹
08-11	19:42	獅子
08-14	03:03	乙女
08-16	13:04	天秤
08-19	01:13	蠍
08-21	13:44	射手
08-24	00:20	山羊
08-26	07:34	水瓶
08-28	11:34	魚
08-30	13:25	牡羊
09-01	14:35	牡牛
09-03	16:30	双子
09-05	20:08	蟹
09-08	01:59	獅子
09-10	10:10	乙女
09-12	20:31	天秤
09-15	08:37	蠍
09-17	21:21	射手
09-20	08:52	山羊
09-22	17:18	水瓶
09-24	21:55	魚
09-26	23:23	牡羊
09-28	23:17	牡牛
09-30	23:34	双子
10-03	01:57	蟹
10-05	07:27	獅子
10-07	16:03	乙女
10-10	02:58	天秤
10-12	15:13	蠍
10-15	03:58	射手
10-17	16:03	山羊
10-20	01:52	水瓶
10-22	08:02	魚
10-24	10:24	牡羊
10-26	10:07	牡牛
10-28	09:11	双子
10-30	09:49	蟹
11-01	13:48	獅子
11-03	21:45	乙女
11-06	08:47	天秤
11-08	21:18	蠍
11-11	09:59	射手
11-13	22:00	山羊
11-16	08:31	水瓶
11-18	16:15	魚
11-20	20:24	牡羊
11-22	21:19	牡牛
11-24	20:29	双子
11-26	20:07	蟹
11-28	22:23	獅子
12-01	04:44	乙女
12-03	15:01	天秤
12-06	03:31	蠍
12-08	16:11	射手
12-11	03:51	山羊
12-13	14:01	水瓶
12-15	22:15	魚
12-18	03:53	牡羊
12-20	06:38	牡牛
12-22	07:14	双子
12-24	07:22	蟹
12-26	08:52	獅子
12-28	13:44	乙女
12-30	22:37	天秤

2008年

日付	時間	月星座
01-02	10:32	蠍
01-04	23:13	射手
01-07	10:43	山羊
01-09	20:13	水瓶
01-12	03:44	魚
01-14	09:23	牡羊
01-16	13:13	牡牛
01-18	15:30	双子
01-20	17:05	蟹
01-22	19:20	獅子
01-24	23:48	乙女
01-27	07:35	天秤
01-29	18:35	蠍
02-01	07:08	射手
02-03	18:52	山羊
02-06	04:10	水瓶
02-08	10:46	魚
02-10	15:17	牡羊
02-12	18:34	牡牛
02-14	21:19	双子
02-17	00:22	蟹
02-19	03:51	獅子
02-21	09:06	乙女
02-23	16:45	天秤
02-26	03:06	蠍
02-28	15:22	射手
03-02	03:53	山羊
03-04	13:25	水瓶
03-06	19:53	魚
03-08	23:23	牡羊
03-11	01:14	牡牛
03-13	02:54	双子
03-15	05:38	蟹
03-17	10:04	獅子
03-19	16:25	乙女
03-22	00:45	天秤
03-24	11:06	蠍
03-26	23:11	射手
03-29	11:43	山羊
03-31	22:34	水瓶
04-03	05:55	魚
04-05	09:27	牡羊
04-07	10:20	牡牛
04-09	10:27	双子
04-11	11:43	蟹
04-13	15:29	獅子
04-15	22:07	乙女
04-18	07:10	天秤
04-20	18:00	蠍
04-23	06:07	射手
04-25	18:47	山羊
04-28	06:27	水瓶
04-30	15:11	魚
05-02	19:51	牡羊
05-04	20:58	牡牛
05-06	20:17	双子
05-08	20:02	蟹
05-10	22:10	獅子
05-13	03:48	乙女
05-15	12:46	天秤
05-17	23:59	蠍
05-20	12:19	射手
05-23	00:55	山羊
05-25	12:52	水瓶
05-27	22:38	魚
05-30	04:52	牡羊
06-01	07:19	牡牛
06-03	07:06	双子
06-05	06:16	蟹
06-07	07:00	獅子
06-09	11:01	乙女
06-11	18:55	天秤
06-14	05:53	蠍
06-16	18:19	射手
06-19	06:52	山羊
06-21	18:34	水瓶
06-24	04:32	魚
06-26	11:49	牡羊
06-28	15:50	牡牛
06-30	17:03	双子
07-02	16:53	蟹
07-04	17:15	獅子
07-06	20:04	乙女
07-09	02:31	天秤
07-11	12:35	蠍
07-14	00:50	射手
07-16	13:20	山羊
07-19	00:40	水瓶
07-21	10:08	魚
07-23	17:22	牡羊
07-25	22:14	牡牛
07-28	00:55	双子
07-30	02:12	蟹
08-01	03:22	獅子
08-03	05:59	乙女
08-05	11:28	天秤
08-07	20:26	蠍
08-10	08:30	射手
08-12	20:42	山羊
08-15	07:56	水瓶
08-17	16:46	魚
08-19	23:10	牡羊
08-22	03:38	牡牛
08-24	06:48	双子
08-26	09:19	蟹
08-28	12:05	獅子
08-30	15:18	乙女
09-01	20:44	天秤
09-04	05:02	蠍
09-06	16:11	射手
09-09	04:45	山羊
09-11	16:20	水瓶
09-14	01:04	魚
09-16	06:39	牡羊
09-18	09:57	牡牛
09-20	12:17	双子
09-22	14:49	蟹
09-24	18:13	獅子
09-26	22:52	乙女
09-29	05:05	天秤
10-01	13:26	蠍
10-04	00:14	射手
10-06	12:48	山羊
10-09	01:03	水瓶
10-11	10:31	魚
10-13	16:07	牡羊
10-15	18:31	牡牛
10-17	19:25	双子
10-19	20:40	蟹
10-21	23:35	獅子
10-24	04:40	乙女
10-26	11:48	天秤
10-28	20:47	蠍
10-31	07:41	射手
11-02	20:13	山羊
11-05	09:01	水瓶
11-07	19:43	魚
11-10	02:26	牡羊
11-12	05:05	牡牛
11-14	05:11	双子
11-16	04:52	蟹
11-18	06:08	獅子
11-20	10:13	乙女
11-22	17:20	天秤
11-25	02:54	蠍
11-27	14:14	射手
11-30	02:48	山羊
12-02	15:45	水瓶
12-05	03:23	魚
12-07	11:44	牡羊
12-09	15:52	牡牛
12-11	16:33	双子
12-13	15:40	蟹
12-15	15:23	獅子
12-17	17:36	乙女
12-19	23:23	天秤
12-22	08:37	蠍
12-24	20:13	射手
12-27	08:56	山羊
12-29	21:42	水瓶

2009年

日付	時間	月星座
01-01	09:27	魚
01-03	18:50	牡羊
01-06	00:46	牡牛
01-08	03:12	双子
01-10	03:14	蟹
01-12	02:41	獅子
01-14	03:33	乙女
01-16	07:39	天秤
01-18	15:20	蠍
01-21	02:30	射手
01-23	15:14	山羊
01-26	03:56	水瓶
01-28	15:12	魚
01-31	00:25	牡羊
02-02	07:09	牡牛
02-04	11:14	双子
02-06	13:06	蟹
02-08	13:43	獅子
02-10	14:38	乙女
02-12	17:33	天秤
02-14	23:51	蠍
02-17	09:53	射手
02-19	22:25	山羊
02-22	11:06	水瓶
02-24	22:02	魚
02-27	06:24	牡羊
03-01	12:33	牡牛
03-03	16:59	双子
03-05	20:07	蟹
03-07	22:24	獅子
03-10	00:34	乙女
03-12	03:46	天秤
03-14	09:22	蠍
03-16	18:21	射手
03-19	06:19	山羊
03-21	19:06	水瓶
03-24	06:08	魚
03-26	14:03	牡羊
03-28	19:09	牡牛
03-30	22:36	双子
04-02	01:30	蟹
04-04	04:32	獅子
04-06	08:01	乙女
04-08	12:22	天秤
04-10	18:23	蠍
04-13	03:01	射手
04-15	14:27	山羊
04-18	03:19	水瓶
04-20	14:55	魚
04-22	23:09	牡羊
04-25	03:46	牡牛
04-27	06:02	双子
04-29	07:38	蟹
05-01	09:56	獅子
05-03	13:24	乙女
05-05	18:51	天秤
05-08	01:48	蠍
05-10	11:45	射手
05-12	22:09	山羊
05-15	11:01	水瓶
05-17	23:17	魚
05-20	08:30	牡羊
05-22	13:40	牡牛
05-24	15:34	双子
05-26	15:58	蟹
05-28	16:44	獅子
05-30	19:17	乙女
06-02	00:17	天秤
06-04	07:44	蠍
06-06	17:24	射手
06-09	05:00	山羊
06-11	17:52	水瓶
06-14	06:32	魚
06-16	16:52	牡羊
06-18	23:20	牡牛
06-21	02:00	双子
06-23	02:12	蟹
06-25	01:50	獅子
06-27	02:47	乙女
06-29	06:24	天秤
07-01	13:19	蠍
07-03	23:11	射手
07-06	11:07	山羊
07-09	00:03	水瓶
07-11	12:44	魚
07-13	23:40	牡羊
07-16	07:30	牡牛
07-18	11:41	双子
07-20	12:51	蟹
07-22	12:28	獅子
07-24	12:23	乙女
07-26	14:26	天秤
07-28	19:56	蠍
07-31	05:10	射手
08-02	17:08	山羊
08-05	06:08	水瓶
08-07	18:34	魚
08-10	05:23	牡羊
08-12	13:50	牡牛
08-14	19:26	双子
08-16	22:13	蟹
08-18	22:57	獅子
08-20	23:00	乙女
08-23	00:12	天秤
08-25	04:16	蠍
08-27	12:16	射手
08-29	23:44	山羊
09-01	12:43	水瓶
09-04	00:58	魚
09-06	11:14	牡羊
09-08	19:18	牡牛
09-11	01:17	双子
09-13	05:20	蟹
09-15	07:39	獅子
09-17	08:56	乙女
09-19	10:26	天秤
09-21	13:52	蠍
09-23	20:43	射手
09-26	07:19	山羊
09-28	20:07	水瓶
10-01	09:26	魚
10-03	18:21	牡羊
10-06	01:33	牡牛
10-08	06:46	双子
10-10	10:48	蟹
10-12	14:03	獅子
10-14	16:45	乙女
10-16	19:29	天秤
10-18	23:23	蠍
10-21	05:49	射手
10-23	15:39	山羊
10-26	04:08	水瓶
10-28	16:45	魚
10-31	02:56	牡羊
11-02	09:45	牡牛
11-04	13:53	双子
11-06	16:42	蟹
11-08	19:23	獅子
11-10	22:30	乙女
11-13	02:22	天秤
11-15	07:24	蠍
11-17	14:22	射手
11-20	00:01	山羊
11-22	12:11	水瓶
11-25	01:07	魚
11-27	12:11	牡羊
11-29	19:34	牡牛
12-01	23:23	双子
12-04	01:01	蟹
12-06	02:07	獅子
12-08	04:05	乙女
12-10	07:47	天秤
12-12	13:31	蠍
12-14	21:25	射手
12-17	07:32	山羊
12-19	19:39	水瓶
12-22	08:42	魚
12-24	20:40	牡羊
12-27	05:26	牡牛
12-29	10:13	双子
12-31	11:45	蟹

2010年

日付	時間	月星座	日付	時間	月星座	日付	時間	月星座	日付	時間	月星座	日付	時間	月星座
01-02	11:41	獅子	03-09	02:13	山羊	05-23	11:50	天秤	08-07	06:50	蟹	10-21	00:23	牡羊
01-04	11:52	乙女	03-11	14:42	水瓶	05-25	15:17	蠍	08-09	08:23	獅子	10-23	11:30	牡牛
01-06	13:58	天秤	03-14	03:44	魚	05-27	20:15	射手	08-11	08:01	乙女	10-25	20:47	双子
01-08	19:00	蠍	03-16	15:32	牡羊	05-30	03:44	山羊	08-13	07:43	天秤	10-28	04:14	蟹
01-11	03:10	射手	03-19	01:29	牡牛	06-01	14:08	水瓶	08-15	09:26	蠍	10-30	09:39	獅子
01-13	13:54	山羊	03-21	09:28	双子	06-04	02:34	魚	08-17	14:34	射手	11-01	12:51	乙女
01-16	02:17	水瓶	03-23	15:16	蟹	06-06	14:50	牡羊	08-19	23:17	山羊	11-03	14:19	天秤
01-18	15:17	魚	03-25	18:39	獅子	06-09	00:41	牡牛	08-22	10:37	水瓶	11-05	15:16	蠍
01-21	03:36	牡羊	03-27	19:57	乙女	06-11	07:11	双子	08-24	23:11	魚	11-07	17:27	射手
01-23	13:39	牡牛	03-29	20:21	天秤	06-13	10:50	蟹	08-27	11:49	牡羊	11-09	22:36	山羊
01-25	20:11	双子	03-31	21:41	蠍	06-15	12:54	獅子	08-29	23:35	牡牛	11-12	07:32	水瓶
01-27	23:01	蟹	04-03	01:52	射手	06-17	14:41	乙女	09-01	09:19	双子	11-14	19:24	魚
01-29	23:10	獅子	04-05	10:07	山羊	06-19	17:13	天秤	09-03	15:50	蟹	11-17	07:59	牡羊
01-31	22:23	乙女	04-07	22:31	水瓶	06-21	21:14	蠍	09-05	18:45	獅子	11-19	19:04	牡牛
02-02	22:42	天秤	04-10	10:48	魚	06-24	03:10	射手	09-07	18:53	乙女	11-22	03:46	双子
02-05	01:55	蠍	04-12	22:31	牡羊	06-26	11:21	山羊	09-09	18:01	天秤	11-24	10:14	蟹
02-07	09:04	射手	04-15	07:55	牡牛	06-28	21:52	水瓶	09-11	18:21	蠍	11-26	15:01	獅子
02-09	19:44	山羊	04-17	15:08	双子	07-01	10:10	魚	09-13	21:52	射手	11-28	18:34	乙女
02-12	08:24	水瓶	04-19	20:39	蟹	07-03	22:44	牡羊	09-16	05:30	山羊	11-30	21:15	天秤
02-14	21:23	魚	04-22	00:42	獅子	07-06	09:29	牡牛	09-18	16:35	水瓶	12-02	23:44	蠍
02-17	09:30	牡羊	04-24	03:24	乙女	07-08	16:51	双子	09-21	05:15	魚	12-05	02:59	射手
02-19	19:55	牡牛	04-26	05:16	天秤	07-10	20:38	蟹	09-23	17:47	牡羊	12-07	08:16	山羊
02-22	03:47	双子	04-28	07:28	蠍	07-12	21:53	獅子	09-26	05:17	牡牛	12-09	16:30	水瓶
02-24	08:29	蟹	04-30	11:36	射手	07-14	22:15	乙女	09-28	15:10	双子	12-12	03:41	魚
02-26	10:08	獅子	05-02	19:00	山羊	07-16	23:24	天秤	09-30	22:46	蟹	12-14	16:15	牡羊
02-28	09:52	乙女	05-05	05:52	水瓶	07-19	02:42	蠍	10-03	03:21	獅子	12-17	03:49	牡牛
03-02	09:31	天秤	05-07	18:34	魚	07-21	08:48	射手	10-05	05:00	乙女	12-19	12:37	双子
03-04	11:11	蠍	05-12	15:48	牡羊	07-23	14:39	山羊	10-07	04:52	天秤	12-21	18:22	蟹
03-06	16:36	射手	05-12	15:48	牡牛	07-26	04:38	水瓶	10-09	04:52	蠍	12-23	21:51	獅子
			05-14	22:18	双子	07-28	17:00	魚	10-11	07:09	射手	12-26	00:14	乙女
			05-17	02:46	蟹	07-31	05:42	牡羊	10-13	13:17	山羊	12-28	02:38	天秤
			05-19	06:06	獅子	08-02	17:13	牡牛	10-15	23:24	水瓶	12-30	05:49	蠍
			05-21	08:58	乙女	08-05	01:54	双子	10-18	11:52	魚			

2011年

日付	時間	月星座	日付	時間	月星座	日付	時間	月星座	日付	時間	月星座	日付	時間	月星座
01-01	10:21	射手	03-09	02:52	牡牛	05-22	11:32	水瓶	08-05	20:57	蠍	10-20	19:06	獅子
01-03	16:39	山羊	03-11	14:31	双子	05-24	21:24	魚	08-08	00:21	射手	10-22	23:41	乙女
01-06	01:08	水瓶	03-13	23:29	蟹	05-27	09:36	牡羊	08-10	05:38	山羊	10-25	00:49	天秤
01-08	11:57	魚	03-16	04:33	獅子	05-29	22:02	牡牛	08-12	12:47	水瓶	10-27	00:08	蠍
01-11	00:24	牡羊	03-18	05:53	乙女	06-01	08:56	双子	08-14	21:54	魚	10-28	23:45	射手
01-13	12:37	牡牛	03-20	05:03	天秤	06-03	17:36	蟹	08-17	09:01	牡羊	10-31	01:39	山羊
01-15	22:23	双子	03-22	04:17	蠍	06-06	00:03	獅子	08-19	21:36	牡牛	11-02	07:08	水瓶
01-18	04:29	蟹	03-24	05:45	射手	06-08	04:33	乙女	08-22	09:53	双子	11-04	16:18	魚
01-20	07:16	獅子	03-26	10:57	山羊	06-10	07:31	天秤	08-24	19:31	蟹	11-07	04:02	牡羊
01-22	08:10	乙女	03-28	20:00	水瓶	06-12	09:33	蠍	08-27	01:09	獅子	11-09	16:45	牡牛
01-24	08:59	天秤	03-31	07:38	魚	06-14	11:38	射手	08-29	03:13	乙女	11-12	05:10	双子
01-26	11:15	蠍	04-02	20:16	牡羊	06-16	14:59	山羊	08-31	03:25	天秤	11-14	16:19	蟹
01-28	15:55	射手	04-05	08:46	牡牛	06-18	20:47	水瓶	09-02	03:48	蠍	11-17	01:17	獅子
01-30	23:04	山羊	04-07	20:21	双子	06-21	05:45	魚	09-04	06:03	射手	11-19	07:19	乙女
02-02	08:21	水瓶	04-10	06:02	蟹	06-23	17:24	牡羊	09-06	11:26	山羊	11-21	10:16	天秤
02-04	19:26	魚	04-12	12:37	獅子	06-26	05:53	牡牛	09-08	18:42	水瓶	11-23	10:58	蠍
02-07	07:45	牡羊	04-14	15:40	乙女	06-28	16:56	双子	09-11	04:26	魚	11-25	10:57	射手
02-09	20:22	牡牛	04-16	15:59	天秤	07-01	01:14	蟹	09-13	15:49	牡羊	11-27	12:04	山羊
02-12	07:20	双子	04-18	15:19	蠍	07-03	06:43	獅子	09-16	04:25	牡牛	11-29	16:02	水瓶
02-14	14:49	蟹	04-20	15:50	射手	07-05	10:15	乙女	09-18	17:06	双子	12-01	23:45	魚
02-16	18:14	獅子	04-22	19:24	山羊	07-07	12:54	天秤	09-21	03:53	蟹	12-04	10:51	牡羊
02-18	18:39	乙女	04-25	02:59	水瓶	07-09	15:31	蠍	09-23	10:55	獅子	12-06	23:34	牡牛
02-20	18:01	天秤	04-27	13:57	魚	07-11	18:35	射手	09-25	13:49	乙女	12-09	12:15	双子
02-22	18:35	蠍	04-30	02:33	牡羊	07-13	23:14	山羊	09-27	13:51	天秤	12-11	22:26	蟹
02-24	21:46	射手	05-02	14:58	牡牛	07-16	05:30	水瓶	09-29	13:05	蠍	12-14	06:48	獅子
02-27	04:32	山羊	05-05	02:16	双子	07-18	14:13	魚	10-01	13:42	射手	12-16	13:17	乙女
03-01	14:14	水瓶	05-07	11:32	蟹	07-21	01:25	牡羊	10-03	17:16	山羊	12-18	17:06	天秤
03-04	01:47	魚	05-09	18:35	獅子	07-23	13:58	牡牛	10-06	00:18	水瓶	12-20	19:33	蠍
03-06	14:14	牡羊	05-11	22:59	乙女	07-26	01:34	双子	10-08	10:13	魚	12-22	21:03	射手
			05-14	00:56	天秤	07-28	10:11	蟹	10-10	21:57	牡羊	12-24	22:47	山羊
			05-16	01:37	蠍	07-30	15:35	獅子	10-13	10:35	牡牛	12-27	02:14	水瓶
			05-18	02:22	射手	08-01	17:41	乙女	10-15	23:15	双子	12-29	08:45	魚
			05-20	05:16	山羊	08-03	19:04	天秤	10-18	10:38	蟹	12-31	18:48	牡羊

2012年

日付	時間	月星座
01-03	07:16	牡牛
01-05	19:44	双子
01-08	06:05	蟹
01-10	13:35	獅子
01-12	18:44	乙女
01-14	22:28	天秤
01-17	01:33	蠍
01-19	04:29	射手
01-21	07:40	山羊
01-23	11:53	水瓶
01-25	18:11	魚
01-28	03:28	牡羊
01-30	15:28	牡牛
02-02	04:14	双子
02-04	15:04	蟹
02-06	22:24	獅子
02-09	02:32	乙女
02-11	04:54	天秤
02-13	07:01	蠍
02-15	09:56	射手
02-17	14:03	山羊
02-19	19:28	水瓶
02-22	02:31	魚
02-24	11:48	牡羊
02-26	23:29	牡牛
02-29	12:27	双子
03-03	00:00	蟹
03-05	08:17	獅子
03-07	12:27	乙女
03-09	13:50	天秤
03-11	14:24	蠍
03-13	15:53	射手
03-15	19:24	山羊
03-18	01:11	水瓶
03-20	09:05	魚
03-22	18:57	牡羊
03-25	06:43	牡牛
03-27	19:43	双子
03-30	08:07	蟹
04-01	17:35	獅子
04-03	22:53	乙女
04-06	00:32	天秤
04-08	00:17	蠍
04-10	00:12	射手
04-12	02:02	山羊
04-14	06:48	水瓶
04-16	14:38	魚
04-19	00:59	牡羊
04-21	13:05	牡牛
04-24	02:05	双子
04-26	14:42	蟹
04-29	01:10	獅子
05-01	08:02	乙女
05-03	11:04	天秤
05-05	11:20	蠍
05-07	10:39	射手
05-09	11:00	山羊
05-11	14:03	水瓶
05-13	20:42	魚
05-16	06:45	牡羊
05-18	19:03	牡牛
05-21	08:05	双子
05-23	20:31	蟹
05-26	07:11	獅子
05-28	15:11	乙女
05-30	19:46	天秤
06-01	21:31	蠍
06-03	21:32	射手
06-05	21:31	山羊
06-08	23:17	水瓶
06-10	04:22	魚
06-12	13:21	牡羊
06-15	01:27	牡牛
06-17	14:24	双子
06-20	02:34	蟹
06-22	12:47	獅子
06-24	20:42	乙女
06-27	02:15	天秤
06-29	05:32	蠍
07-01	07:04	射手
07-03	07:51	山羊
07-05	09:26	水瓶
07-07	13:29	魚
07-09	21:14	牡羊
07-12	08:30	牡牛
07-14	21:26	双子
07-17	09:31	蟹
07-19	19:13	獅子
07-22	02:24	乙女
07-24	07:33	天秤
07-26	11:29	蠍
07-28	14:18	射手
07-30	16:29	山羊
08-01	18:56	水瓶
08-03	22:58	魚
08-06	05:58	牡羊
08-08	16:28	牡牛
08-11	05:11	双子
08-13	17:28	蟹
08-16	03:05	獅子
08-18	09:33	乙女
08-20	13:45	天秤
08-22	16:54	蠍
08-24	19:50	射手
08-26	22:58	山羊
08-29	02:38	水瓶
08-31	07:31	魚
09-02	14:37	牡羊
09-05	00:41	牡牛
09-07	13:10	双子
09-10	01:49	蟹
09-12	12:01	獅子
09-14	18:30	乙女
09-16	21:55	天秤
09-18	23:46	蠍
09-21	01:34	射手
09-23	04:21	山羊
09-25	08:32	水瓶
09-27	14:23	魚
09-29	22:14	牡羊
10-02	08:26	牡牛
10-04	20:47	双子
10-07	09:55	蟹
10-09	20:45	獅子
10-12	04:23	乙女
10-14	08:02	天秤
10-16	09:06	蠍
10-18	09:26	射手
10-20	10:41	山羊
10-22	14:02	水瓶
10-24	20:00	魚
10-27	04:31	牡羊
10-29	15:15	牡牛
11-01	03:40	双子
11-03	16:43	蟹
11-06	04:39	獅子
11-08	13:35	乙女
11-10	18:35	天秤
11-12	20:10	蠍
11-14	19:52	射手
11-16	19:35	山羊
11-18	21:10	水瓶
11-21	01:55	魚
11-23	10:12	牡羊
11-25	21:18	牡牛
11-28	09:58	双子
11-30	22:55	蟹
12-03	10:57	獅子
12-05	21:12	乙女
12-08	03:35	天秤
12-10	06:51	蠍
12-12	07:22	射手
12-14	06:43	山羊
12-16	06:53	水瓶
12-18	09:48	魚
12-20	16:43	牡羊
12-23	03:05	牡牛
12-25	16:13	双子
12-28	05:06	蟹
12-30	16:45	獅子

2013年

日付	時間	月星座
01-02	02:35	乙女
01-04	10:11	天秤
01-06	15:09	蠍
01-08	17:28	射手
01-10	17:54	山羊
01-12	18:01	水瓶
01-14	19:49	魚
01-17	01:07	牡羊
01-19	10:36	牡牛
01-21	23:04	双子
01-24	12:00	蟹
01-26	23:20	獅子
01-29	08:27	乙女
01-31	15:36	天秤
02-02	21:02	蠍
02-05	00:45	射手
02-07	02:55	山羊
02-09	04:17	水瓶
02-11	06:19	魚
02-13	10:51	牡羊
02-15	19:08	牡牛
02-18	06:50	双子
02-20	19:45	蟹
02-23	07:12	獅子
02-25	15:11	乙女
02-27	22:02	天秤
03-02	02:33	蠍
03-04	06:11	射手
03-06	09:14	山羊
03-08	12:01	水瓶
03-10	15:19	魚
03-12	20:17	牡羊
03-15	04:08	牡牛
03-17	15:09	双子
03-20	03:55	蟹
03-22	15:50	獅子
03-25	00:49	乙女
03-27	06:32	天秤
03-29	09:53	蠍
03-31	12:13	射手
04-02	14:35	山羊
04-04	17:41	水瓶
04-06	22:00	魚
04-09	04:02	牡羊
04-11	12:22	牡牛
04-13	23:13	双子
04-16	11:49	蟹
04-19	00:13	獅子
04-21	10:08	乙女
04-23	16:25	天秤
04-25	19:25	蠍
04-27	20:34	射手
04-29	21:21	山羊
05-01	23:19	水瓶
05-04	03:25	魚
05-06	10:03	牡羊
05-08	19:09	牡牛
05-11	06:21	双子
05-13	18:57	蟹
05-16	07:38	獅子
05-18	18:33	乙女
05-21	02:07	天秤
05-23	05:55	蠍
05-25	06:49	射手
05-27	06:28	山羊
05-29	06:45	水瓶
05-31	09:30	魚
06-02	15:33	牡羊
06-05	00:53	牡牛
06-07	12:32	双子
06-10	01:16	蟹
06-12	13:58	獅子
06-15	01:26	乙女
06-17	10:19	天秤
06-19	15:39	蠍
06-21	17:31	射手
06-23	17:08	山羊
06-25	16:26	水瓶
06-27	17:32	魚
06-29	22:06	牡羊
07-02	06:43	牡牛
07-04	18:22	双子
07-07	07:14	蟹
07-09	19:48	獅子
07-12	07:12	乙女
07-14	16:41	天秤
07-16	23:24	蠍
07-19	02:54	射手
07-21	03:39	山羊
07-23	03:07	水瓶
07-25	03:20	魚
07-27	06:29	牡羊
07-29	13:43	牡牛
08-01	00:42	双子
08-03	13:30	蟹
08-06	01:58	獅子
08-08	12:57	乙女
08-10	22:08	天秤
08-13	05:18	蠍
08-15	10:04	射手
08-17	12:25	山羊
08-19	13:07	水瓶
08-21	13:43	魚
08-23	16:13	牡羊
08-25	22:13	牡牛
08-28	08:08	双子
08-30	20:33	蟹
09-02	09:01	獅子
09-04	19:43	乙女
09-07	04:12	天秤
09-09	10:44	蠍
09-11	15:36	射手
09-13	18:56	山羊
09-15	21:05	水瓶
09-17	22:58	魚
09-20	01:58	牡羊
09-22	07:33	牡牛
09-24	16:51	双子
09-27	04:24	蟹
09-29	16:57	獅子
10-02	05:07	乙女
10-04	11:59	天秤
10-06	17:33	蠍
10-08	21:30	射手
10-11	00:17	山羊
10-13	03:00	水瓶
10-15	06:06	魚
10-17	10:18	牡羊
10-19	16:27	牡牛
10-22	01:14	双子
10-24	12:36	蟹
10-27	01:12	獅子
10-29	12:45	乙女
10-31	21:22	天秤
11-03	02:35	蠍
11-05	05:14	射手
11-07	06:44	山羊
11-09	08:30	水瓶
11-11	11:36	魚
11-13	16:39	牡羊
11-15	23:49	牡牛
11-18	09:07	双子
11-20	20:23	蟹
11-23	08:56	獅子
11-25	21:11	乙女
11-28	07:00	天秤
11-30	13:03	蠍
12-02	15:31	射手
12-04	15:49	山羊
12-06	15:53	水瓶
12-08	17:34	魚
12-10	22:05	牡羊
12-13	05:40	牡牛
12-15	15:47	双子
12-18	03:17	蟹
12-20	15:48	獅子
12-23	04:19	乙女
12-25	15:07	天秤
12-27	22:58	蠍
12-30	02:37	射手

2014年

日付	時間	月星座
01-01	03:01	水瓶
01-03	02:03	水瓶
01-05	01:58	魚
01-07	04:41	牡羊
01-09	11:24	牡牛
01-11	21:26	双子
01-14	09:25	蟹
01-16	22:00	獅子
01-19	10:23	乙女
01-21	21:43	天秤
01-24	06:43	蠍
01-26	12:13	射手
01-28	14:04	山羊
01-30	13:33	水瓶
02-01	12:45	魚
02-03	13:55	牡羊
02-05	18:46	牡牛
02-08	03:44	双子
02-10	15:33	蟹
02-13	04:15	獅子
02-15	16:26	乙女
02-18	03:22	天秤
02-20	12:33	蠍
02-22	19:12	射手
02-24	22:50	山羊
02-26	23:55	水瓶
02-28	23:52	魚
03-03	00:40	牡羊
03-05	04:12	牡牛
03-07	11:37	双子
03-09	22:33	蟹
03-12	11:09	獅子
03-14	23:17	乙女
03-17	09:46	天秤
03-19	18:13	蠍
03-22	00:39	射手
03-24	05:03	山羊
03-26	07:39	水瓶
03-28	09:10	魚
03-30	10:54	牡羊
04-01	14:20	牡牛
04-03	20:48	双子
04-06	06:40	蟹
04-08	18:50	獅子
04-11	07:08	乙女
04-13	17:33	天秤
04-16	01:20	蠍
04-18	06:44	射手
04-20	10:28	山羊
04-22	13:18	水瓶
04-24	15:55	魚
04-26	19:01	牡羊
04-28	23:23	牡牛
05-01	05:56	双子
05-03	15:13	蟹
05-06	02:55	獅子
05-08	15:24	乙女
05-11	02:19	天秤
05-13	10:07	蠍
05-15	14:44	射手
05-17	17:12	山羊
05-19	18:58	水瓶
05-21	21:18	魚
05-24	01:01	牡羊
05-26	06:28	牡牛
05-28	13:47	双子
05-30	23:13	蟹
06-02	10:43	獅子
06-04	23:20	乙女
06-07	11:01	天秤
06-09	19:38	蠍
06-12	00:23	射手
06-14	02:06	山羊
06-16	02:27	水瓶
06-18	03:26	魚
06-20	06:26	牡羊
06-22	12:03	牡牛
06-24	20:05	双子
06-27	06:05	蟹
06-29	17:43	獅子
07-02	06:24	乙女
07-04	18:43	天秤
07-07	04:33	蠍
07-09	10:24	射手
07-11	12:24	山羊
07-13	12:07	水瓶
07-15	11:40	魚
07-17	13:07	牡羊
07-19	17:42	牡牛
07-22	01:36	双子
07-24	11:59	蟹
07-26	23:55	獅子
07-29	12:37	乙女
08-01	01:09	天秤
08-03	11:57	蠍
08-05	19:19	射手
08-07	22:38	山羊
08-09	22:57	水瓶
08-11	21:55	魚
08-13	22:00	牡羊
08-16	00:58	牡牛
08-18	07:41	双子
08-20	17:45	蟹
08-23	05:49	獅子
08-25	18:33	乙女
08-28	06:54	天秤
08-30	17:53	蠍
09-02	02:17	射手
09-04	07:15	山羊
09-06	08:59	水瓶
09-08	08:47	魚
09-10	08:33	牡羊
09-12	10:17	牡牛
09-14	15:26	双子
09-17	00:24	蟹
09-19	12:10	獅子
09-22	00:54	乙女
09-24	12:59	天秤
09-26	23:29	蠍
09-29	07:50	射手
10-01	13:41	山羊
10-03	17:00	水瓶
10-05	18:24	魚
10-07	19:07	牡羊
10-09	20:44	牡牛
10-12	00:51	双子
10-14	08:30	蟹
10-16	19:29	獅子
10-19	08:08	乙女
10-21	20:12	天秤
10-24	06:10	蠍
10-26	13:40	射手
10-28	19:03	山羊
10-30	22:52	水瓶
11-02	01:37	魚
11-04	03:53	牡羊
11-06	06:33	牡牛
11-08	10:45	双子
11-10	17:38	蟹
11-13	03:44	獅子
11-15	16:08	乙女
11-18	04:30	天秤
11-20	14:31	蠍
11-22	21:19	射手
11-25	01:31	山羊
11-27	04:23	水瓶
11-29	07:03	魚
12-01	10:14	牡羊
12-03	14:15	牡牛
12-05	19:28	双子
12-08	02:34	蟹
12-10	12:14	獅子
12-13	00:19	乙女
12-15	13:05	天秤
12-17	23:52	蠍
12-20	06:55	射手
12-22	10:25	山羊
12-24	11:52	水瓶
12-26	13:07	魚
12-28	15:35	牡羊
12-30	19:56	牡牛

2015年

日付	時間	月星座
01-02	02:09	双子
01-04	10:07	蟹
01-06	20:03	獅子
01-09	07:58	乙女
01-11	20:57	天秤
01-14	08:44	蠍
01-16	17:01	射手
01-18	21:04	山羊
01-20	21:59	水瓶
01-22	21:48	魚
01-24	22:31	牡羊
01-27	01:37	牡牛
01-29	07:36	双子
01-31	16:09	蟹
02-03	02:41	獅子
02-05	14:46	乙女
02-08	03:44	天秤
02-10	16:05	蠍
02-13	01:46	射手
02-15	07:24	山羊
02-17	09:13	水瓶
02-19	08:47	魚
02-21	08:13	牡羊
02-23	09:28	牡牛
02-25	13:54	双子
02-27	21:50	蟹
03-02	08:34	獅子
03-04	20:58	乙女
03-07	09:52	天秤
03-09	22:10	蠍
03-12	08:30	射手
03-14	15:40	山羊
03-16	19:14	水瓶
03-18	19:58	魚
03-20	19:28	牡羊
03-22	19:40	牡牛
03-24	22:22	双子
03-27	04:45	蟹
03-29	14:48	獅子
04-01	03:12	乙女
04-03	16:07	天秤
04-06	04:04	蠍
04-08	14:08	射手
04-10	21:47	山羊
04-13	02:44	水瓶
04-15	05:12	魚
04-17	06:00	牡羊
04-19	06:31	牡牛
04-21	08:28	双子
04-23	13:25	蟹
04-25	22:13	獅子
04-28	10:07	乙女
04-30	23:03	天秤
05-03	10:47	蠍
05-05	20:13	射手
05-08	03:16	山羊
05-10	08:22	水瓶
05-12	11:53	魚
05-14	14:13	牡羊
05-16	16:02	牡牛
05-18	18:27	双子
05-20	22:56	蟹
05-23	06:42	獅子
05-25	17:52	乙女
05-28	06:42	天秤
05-30	18:34	蠍
06-02	03:39	射手
06-04	09:50	山羊
06-06	14:02	水瓶
06-08	17:16	魚
06-10	20:14	牡羊
06-12	23:16	牡牛
06-15	02:51	双子
06-17	07:51	蟹
06-19	15:22	獅子
06-22	01:59	乙女
06-24	14:41	天秤
06-27	02:57	蠍
06-29	12:21	射手
07-01	18:11	山羊
07-03	21:21	水瓶
07-05	23:23	魚
07-08	01:37	牡羊
07-10	04:49	牡牛
07-12	09:16	双子
07-14	15:14	蟹
07-16	23:15	獅子
07-19	09:47	乙女
07-21	22:23	天秤
07-24	11:07	蠍
07-26	21:24	射手
07-29	03:47	山羊
07-31	06:40	水瓶
08-02	07:36	魚
08-04	08:24	牡羊
08-06	10:29	牡牛
08-08	14:40	双子
08-10	21:08	蟹
08-13	05:39	獅子
08-15	16:45	乙女
08-18	05:22	天秤
08-20	18:24	蠍
08-23	05:41	射手
08-25	13:27	山羊
08-27	17:03	水瓶
08-29	17:51	魚
08-31	17:33	牡羊
09-02	18:02	牡牛
09-04	20:48	双子
09-07	02:40	蟹
09-09	11:36	獅子
09-11	22:55	乙女
09-14	11:41	天秤
09-17	00:43	蠍
09-19	12:31	射手
09-21	21:33	山羊
09-24	02:51	水瓶
09-26	04:44	魚
09-28	04:29	牡羊
09-30	03:57	牡牛
10-02	05:03	双子
10-04	09:22	蟹
10-06	17:31	獅子
10-09	04:55	乙女
10-11	17:45	天秤
10-14	06:38	蠍
10-16	18:18	射手
10-19	03:52	山羊
10-21	10:38	水瓶
10-23	14:18	魚
10-25	15:22	牡羊
10-27	15:07	牡牛
10-29	15:24	双子
10-31	18:09	蟹
11-03	00:48	獅子
11-05	11:22	乙女
11-08	00:14	天秤
11-10	13:02	蠍
11-13	00:14	射手
11-15	09:21	山羊
11-17	16:24	水瓶
11-19	21:21	魚
11-22	00:12	牡羊
11-24	01:26	牡牛
11-26	02:15	双子
11-28	04:27	蟹
11-30	09:47	獅子
12-02	19:09	乙女
12-05	07:33	天秤
12-07	20:26	蠍
12-10	07:25	射手
12-12	15:46	山羊
12-14	21:59	水瓶
12-17	02:37	魚
12-19	06:26	牡羊
12-21	09:13	牡牛
12-23	11:33	双子
12-25	14:26	蟹
12-27	19:31	獅子
12-30	03:58	乙女

2016年

日付	時間	月星座
01-01	15:41	天秤
01-04	04:36	蠍
01-06	15:56	射手
01-09	00:07	山羊
01-11	05:22	水瓶
01-13	08:53	魚
01-15	11:48	牡羊
01-17	14:48	牡牛
01-19	18:13	双子
01-21	22:28	蟹
01-24	04:21	獅子
01-26	12:46	乙女
01-28	23:59	天秤
01-31	12:50	蠍
02-03	00:50	射手
02-05	09:44	山羊
02-07	14:59	水瓶
02-09	17:31	魚
02-11	18:55	牡羊
02-13	20:35	牡牛
02-15	23:34	双子
02-18	04:24	蟹
02-20	11:17	獅子
02-22	20:24	乙女
02-25	07:41	天秤
02-27	20:26	蠍
03-01	08:56	射手
03-03	19:01	山羊
03-06	01:22	水瓶
03-08	04:08	魚
03-10	04:40	牡羊
03-12	04:44	牡牛
03-14	06:03	双子
03-16	09:57	蟹
03-18	16:54	獅子
03-21	02:39	乙女
03-23	14:23	天秤
03-26	03:09	蠍
03-28	15:46	射手
03-31	02:45	山羊
04-02	10:37	水瓶
04-04	14:45	魚
04-06	15:46	牡羊
04-08	15:10	牡牛
04-10	14:59	双子
04-12	17:06	蟹
04-14	22:53	獅子
04-17	08:23	乙女
04-19	20:24	天秤
04-22	09:17	蠍
04-24	21:46	射手
04-27	08:54	山羊
04-29	17:47	水瓶
05-01	23:33	魚
05-04	02:04	牡羊
05-06	02:10	牡牛
05-08	01:34	双子
05-10	02:24	蟹
05-12	06:32	獅子
05-14	14:52	乙女
05-17	02:33	天秤
05-19	15:29	蠍
05-22	03:48	射手
05-24	14:34	山羊
05-26	22:47	水瓶
05-29	06:06	魚
05-31	10:09	牡羊
06-02	11:46	牡牛
06-04	12:01	双子
06-06	12:41	蟹
06-08	15:47	獅子
06-10	22:45	乙女
06-13	09:45	天秤
06-15	22:18	蠍
06-18	10:34	射手
06-20	21:05	山羊
06-23	05:08	水瓶
06-25	11:30	魚
06-27	15:57	牡羊
06-29	19:03	牡牛
07-01	20:04	双子
07-03	22:20	蟹
07-06	01:28	獅子
07-08	07:41	乙女
07-10	17:32	天秤
07-13	05:52	蠍
07-15	18:14	射手
07-18	04:33	山羊
07-20	12:10	水瓶
07-22	17:35	魚
07-24	21:33	牡羊
07-27	00:37	牡牛
07-29	03:17	双子
07-31	06:09	蟹
08-02	10:12	獅子
08-04	16:34	乙女
08-07	01:56	天秤
08-09	13:51	蠍
08-12	02:24	射手
08-14	13:11	山羊
08-16	20:52	水瓶
08-19	01:34	魚
08-21	04:18	牡羊
08-23	06:19	牡牛
08-25	08:40	双子
08-27	12:06	蟹
08-29	17:11	獅子
09-01	00:22	乙女
09-03	09:55	天秤
09-05	21:38	蠍
09-08	10:20	射手
09-10	21:55	山羊
09-13	06:28	水瓶
09-15	11:23	魚
09-17	13:22	牡羊
09-19	13:58	牡牛
09-21	14:53	双子
09-23	17:33	蟹
09-25	22:48	獅子
09-28	06:43	乙女
09-30	16:52	天秤
10-03	04:43	蠍
10-05	17:26	射手
10-08	05:40	山羊
10-10	15:33	水瓶
10-12	21:43	魚
10-15	00:08	牡羊
10-17	00:04	牡牛
10-18	23:30	双子
10-21	00:28	蟹
10-23	04:50	獅子
10-25	12:16	乙女
10-27	22:51	天秤
10-30	11:01	蠍
11-01	23:43	射手
11-04	12:05	山羊
11-06	22:55	水瓶
11-09	06:45	魚
11-11	10:45	牡羊
11-13	11:24	牡牛
11-15	10:23	双子
11-17	09:57	蟹
11-19	12:14	獅子
11-21	18:34	乙女
11-24	04:42	天秤
11-26	17:01	蠍
11-29	05:46	射手
12-01	17:52	山羊
12-04	04:44	水瓶
12-06	13:31	魚
12-08	19:15	牡羊
12-10	21:41	牡牛
12-12	21:41	双子
12-14	21:08	蟹
12-16	22:15	獅子
12-19	02:52	乙女
12-21	11:39	天秤
12-23	23:32	蠍
12-26	12:19	射手
12-29	00:12	山羊
12-31	10:29	水瓶

2017年

日付	時間	月星座
01-02	18:57	魚
01-05	01:20	牡羊
01-07	05:18	牡牛
01-09	07:06	双子
01-11	07:49	蟹
01-13	09:08	獅子
01-15	12:52	乙女
01-17	20:16	天秤
01-20	07:09	蠍
01-22	19:45	射手
01-25	07:43	山羊
01-27	17:36	水瓶
01-30	01:10	魚
02-01	06:46	牡羊
02-03	10:50	牡牛
02-05	13:44	双子
02-07	16:03	蟹
02-09	18:41	獅子
02-11	22:52	乙女
02-14	05:43	天秤
02-16	15:41	蠍
02-19	03:52	射手
02-21	16:08	山羊
02-24	02:17	水瓶
02-26	09:22	魚
02-28	13:52	牡羊
03-02	16:42	牡牛
03-04	19:05	双子
03-06	21:54	蟹
03-09	01:45	獅子
03-11	07:07	乙女
03-13	14:28	天秤
03-16	00:11	蠍
03-18	12:00	射手
03-21	00:31	山羊
03-23	11:28	水瓶
03-25	19:06	魚
03-27	23:11	牡羊
03-30	00:48	牡牛
04-01	01:40	双子
04-03	03:27	蟹
04-05	07:13	獅子
04-07	13:20	乙女
04-09	21:34	天秤
04-12	07:42	蠍
04-14	19:27	射手
04-17	08:04	山羊
04-19	19:52	水瓶
04-22	04:43	魚
04-24	09:32	牡羊
04-26	10:56	牡牛
04-28	10:36	双子
04-30	10:48	蟹
05-02	13:12	獅子
05-04	18:46	乙女
05-07	03:20	天秤
05-09	14:00	蠍
05-12	01:59	射手
05-14	14:37	山羊
05-17	02:50	水瓶
05-19	12:52	魚
05-21	19:10	牡羊
05-23	21:33	牡牛
05-25	21:15	双子
05-27	20:24	蟹
05-29	21:12	獅子
06-01	01:16	乙女
06-03	09:04	天秤
06-05	19:46	蠍
06-08	07:59	射手
06-10	20:36	山羊
06-13	08:45	水瓶
06-15	19:17	魚
06-18	02:55	牡羊
06-20	06:53	牡牛
06-22	07:44	双子
06-24	07:07	蟹
06-26	07:07	獅子
06-28	09:41	乙女
06-30	16:02	天秤
07-03	01:59	蠍
07-05	14:08	射手
07-08	02:44	山羊
07-10	14:35	水瓶
07-13	00:51	魚
07-15	08:52	牡羊
07-17	14:04	牡牛
07-19	16:37	双子
07-21	17:09	蟹
07-23	17:33	獅子
07-25	18:59	乙女
07-28	00:37	天秤
07-30	09:23	蠍
08-01	21:01	射手
08-04	09:37	山羊
08-06	21:15	水瓶
08-09	06:56	魚
08-11	14:22	牡羊
08-13	19:40	牡牛
08-15	23:06	双子
08-18	01:13	蟹
08-20	02:55	獅子
08-22	05:25	乙女
08-24	10:04	天秤
08-26	17:53	蠍
08-29	04:47	射手
08-31	17:18	山羊
09-03	05:06	水瓶
09-05	14:28	魚
09-07	21:01	牡羊
09-10	01:22	牡牛
09-12	04:29	双子
09-14	07:12	蟹
09-16	10:09	獅子
09-18	13:52	乙女
09-20	19:06	天秤
09-23	02:40	蠍
09-25	13:01	射手
09-28	01:24	山羊
09-30	13:40	水瓶
10-02	23:26	魚
10-05	05:51	牡羊
10-07	08:56	牡牛
10-09	10:41	双子
10-11	12:38	蟹
10-13	15:41	獅子
10-15	20:19	乙女
10-18	02:35	天秤
10-20	10:41	蠍
10-22	20:57	射手
10-25	09:12	山羊
10-27	21:59	水瓶
10-30	08:46	魚
11-01	15:43	牡羊
11-03	18:46	牡牛
11-05	19:26	双子
11-07	19:44	蟹
11-09	21:29	獅子
11-12	01:41	乙女
11-14	08:26	天秤
11-16	17:19	蠍
11-19	03:59	射手
11-21	16:14	山羊
11-24	05:14	水瓶
11-26	17:04	魚
11-29	01:30	牡羊
12-01	05:38	牡牛
12-03	06:21	双子
12-05	05:37	蟹
12-07	05:37	獅子
12-09	08:08	乙女
12-11	14:01	天秤
12-13	22:59	蠍
12-16	10:07	射手
12-18	22:33	山羊
12-21	11:29	水瓶
12-23	23:42	魚
12-26	09:27	牡羊
12-28	15:23	牡牛
12-30	17:31	双子

2018年

日付	時間	月星座
01-01	17:10	蟹
01-03	16:22	獅子
01-05	17:12	乙女
01-07	21:14	天秤
01-10	05:05	蠍
01-12	16:04	射手
01-15	04:42	山羊
01-17	17:32	水瓶
01-20	05:26	魚
01-22	15:27	牡羊
01-24	22:39	牡牛
01-27	02:40	双子
01-29	03:57	蟹
01-31	03:53	獅子
02-02	04:13	乙女
02-04	06:47	天秤
02-06	12:56	蠍
02-08	22:53	射手
02-11	11:21	山羊
02-14	00:11	水瓶
02-16	11:41	魚
02-18	21:04	牡羊
02-21	04:12	牡牛
02-23	09:07	双子
02-25	12:06	蟹
02-27	13:42	獅子
03-01	14:57	乙女
03-03	17:20	天秤
03-05	22:23	蠍
03-08	07:03	射手
03-10	18:52	山羊
03-13	07:44	水瓶
03-15	19:12	魚
03-18	03:57	牡羊
03-20	10:07	牡牛
03-22	14:30	双子
03-24	17:53	蟹
03-26	20:45	獅子
03-28	23:30	乙女
03-31	02:52	天秤
04-02	07:57	蠍
04-04	15:55	射手
04-07	03:01	山羊
04-09	15:50	水瓶
04-12	03:40	魚
04-14	12:25	牡羊
04-16	17:51	牡牛
04-18	21:02	双子
04-20	23:26	蟹
04-23	02:09	獅子
04-25	05:40	乙女
04-27	10:13	天秤
04-29	16:11	蠍
05-02	00:19	射手
05-04	11:06	山羊
05-06	23:48	水瓶
05-09	12:11	魚
05-11	21:40	牡羊
05-14	03:15	牡牛
05-16	05:43	双子
05-18	06:47	蟹
05-20	08:10	獅子
05-22	11:03	乙女
05-24	15:52	天秤
05-26	22:39	蠍
05-29	07:29	射手
05-31	18:26	山羊
06-03	07:06	水瓶
06-05	19:53	魚
06-08	06:26	牡羊
06-10	13:04	牡牛
06-12	15:53	双子
06-14	16:20	蟹
06-16	16:20	獅子
06-18	17:40	乙女
06-20	21:51	天秤
06-23	04:10	蠍
06-25	13:29	射手
06-28	00:52	山羊
06-30	13:37	水瓶
07-03	02:31	魚
07-05	13:49	牡羊
07-07	21:51	牡牛
07-10	01:58	双子
07-12	02:58	蟹
07-14	02:31	獅子
07-16	02:31	乙女
07-18	04:42	天秤
07-20	10:13	蠍
07-22	19:12	射手
07-25	06:48	山羊
07-27	19:41	水瓶
07-30	08:28	魚
08-01	19:54	牡羊
08-04	04:51	牡牛
08-06	10:32	双子
08-08	13:01	蟹
08-10	13:18	獅子
08-12	12:59	乙女
08-14	13:57	天秤
08-16	17:54	蠍
08-19	01:45	射手
08-21	13:00	山羊
08-24	01:55	水瓶
08-26	14:32	魚
08-29	01:35	牡羊
08-31	10:30	牡牛
09-02	17:01	双子
09-04	21:03	蟹
09-06	22:54	獅子
09-08	23:29	乙女
09-11	00:20	天秤
09-13	03:15	蠍
09-15	09:45	射手
09-17	20:11	山羊
09-20	08:52	水瓶
09-22	21:27	魚
09-25	08:03	牡羊
09-27	16:15	牡牛
09-29	22:26	双子
10-02	03:00	蟹
10-04	06:12	獅子
10-06	08:19	乙女
10-08	10:10	天秤
10-10	13:09	蠍
10-12	18:50	射手
10-15	04:17	山羊
10-17	16:36	水瓶
10-20	05:20	魚
10-22	15:58	牡羊
10-24	23:33	牡牛
10-27	04:41	双子
10-29	08:27	蟹
10-31	11:42	獅子
11-02	14:47	乙女
11-04	18:01	天秤
11-06	22:02	蠍
11-09	03:59	射手
11-11	12:54	山羊
11-14	00:45	水瓶
11-16	13:41	魚
11-19	00:56	牡羊
11-21	08:43	牡牛
11-23	13:10	双子
11-25	15:38	蟹
11-27	17:35	獅子
11-29	20:08	乙女
12-01	23:49	天秤
12-04	04:55	蠍
12-06	11:49	射手
12-08	21:01	山羊
12-11	08:39	水瓶
12-13	21:40	魚
12-16	09:44	牡羊
12-18	18:37	牡牛
12-20	23:34	双子
12-23	01:28	蟹
12-25	01:58	獅子
12-27	02:50	乙女
12-29	05:23	天秤
12-31	10:23	蠍

2019年

日付	時間	月星座
01-02	17:58	射手
01-05	03:55	山羊
01-07	15:46	水瓶
01-10	04:44	魚
01-12	17:18	牡羊
01-15	03:31	牡牛
01-17	10:00	双子
01-19	12:44	蟹
01-21	12:54	獅子
01-23	12:22	乙女
01-25	13:16	天秤
01-27	16:31	蠍
01-29	23:33	射手
02-01	09:47	山羊
02-03	22:03	水瓶
02-06	11:02	魚
02-08	23:34	牡羊
02-11	10:28	牡牛
02-13	18:32	双子
02-15	23:03	蟹
02-18	00:21	獅子
02-19	23:47	乙女
02-21	23:17	天秤
02-24	00:56	蠍
02-26	06:13	射手
02-28	15:48	山羊
03-03	04:06	水瓶
03-05	17:11	魚
03-08	05:27	牡羊
03-10	16:10	牡牛
03-13	00:48	双子
03-15	06:49	蟹
03-17	09:57	獅子
03-19	10:41	乙女
03-21	10:28	天秤
03-23	11:16	蠍
03-25	15:06	射手
03-27	23:07	山羊
03-30	10:46	水瓶
04-01	23:48	魚
04-04	11:56	牡羊
04-06	22:06	牡牛
04-09	06:15	双子
04-11	12:31	蟹
04-13	16:50	獅子
04-15	19:14	乙女
04-17	20:22	天秤
04-19	21:40	蠍
04-22	00:59	射手
04-24	07:50	山羊
04-26	18:27	水瓶
04-29	07:11	魚
05-01	19:24	牡羊
05-04	05:18	牡牛
05-06	12:40	双子
05-08	18:06	蟹
05-10	22:14	獅子
05-13	01:22	乙女
05-15	03:51	天秤
05-17	06:26	蠍
05-19	10:21	射手
05-21	16:56	山羊
05-24	02:49	水瓶
05-26	15:07	魚
05-29	03:32	牡羊
05-31	13:43	牡牛
06-02	20:48	双子
06-05	01:17	蟹
06-07	04:16	獅子
06-09	06:45	乙女
06-11	09:29	天秤
06-13	13:02	蠍
06-15	18:03	射手
06-18	01:13	山羊
06-20	11:00	水瓶
06-22	23:01	魚
06-25	11:38	牡羊
06-27	22:32	牡牛
06-30	06:09	双子
07-02	10:24	蟹
07-04	12:19	獅子
07-06	13:25	乙女
07-08	15:07	天秤
07-10	18:28	蠍
07-12	23:51	射手
07-15	08:05	山羊
07-17	18:19	水瓶
07-20	06:10	魚
07-22	19:02	牡羊
07-25	06:42	牡牛
07-27	15:29	双子
07-29	20:31	蟹
07-31	22:18	獅子
08-02	22:20	乙女
08-04	22:30	天秤
08-07	00:31	蠍
08-09	05:35	射手
08-11	13:50	山羊
08-14	00:35	水瓶
08-16	12:49	魚
08-19	01:33	牡羊
08-21	13:37	牡牛
08-23	23:34	双子
08-26	06:05	蟹
08-28	08:53	獅子
08-30	08:57	乙女
09-01	08:08	天秤
09-03	08:35	蠍
09-05	12:08	射手
09-07	19:37	山羊
09-10	06:24	水瓶
09-12	18:51	魚
09-15	07:32	牡羊
09-17	19:31	牡牛
09-20	05:58	双子
09-22	13:50	蟹
09-24	18:19	獅子
09-26	19:22	乙女
09-28	19:03	天秤
09-30	18:42	蠍
10-02	20:49	射手
10-05	02:43	山羊
10-07	12:42	水瓶
10-10	01:05	魚
10-12	13:46	牡羊
10-15	01:24	牡牛
10-17	11:30	双子
10-19	19:43	蟹
10-22	01:28	獅子
10-24	04:29	乙女
10-26	05:20	天秤
10-28	05:29	蠍
10-30	06:58	射手
11-01	11:38	山羊
11-03	20:19	水瓶
11-06	08:08	魚
11-08	20:49	牡羊
11-11	08:18	牡牛
11-13	17:46	双子
11-16	01:15	蟹
11-18	06:57	獅子
11-20	10:54	乙女
11-22	13:19	天秤
11-24	14:58	蠍
11-26	17:11	射手
11-28	21:32	山羊
12-01	05:13	水瓶
12-03	16:10	魚
12-06	04:44	牡羊
12-08	16:29	牡牛
12-11	01:47	双子
12-13	08:23	蟹
12-15	12:56	獅子
12-17	16:10	乙女
12-19	19:04	天秤
12-21	21:57	蠍
12-24	01:26	射手
12-26	06:45	山羊
12-28	14:20	水瓶
12-31	00:41	魚

2020年

日付	時間	月星座
01-02	13:00	牡羊
01-05	01:15	牡牛
01-07	11:11	双子
01-09	18:24	蟹
01-11	21:16	獅子
01-13	23:06	乙女
01-16	00:43	天秤
01-18	03:20	蠍
01-20	07:41	射手
01-22	14:00	山羊
01-24	22:20	水瓶
01-27	08:44	魚
01-29	20:50	牡羊
02-01	09:28	牡牛
02-03	20:29	双子
02-06	04:03	蟹
02-08	07:45	獅子
02-10	08:39	乙女
02-12	08:37	天秤
02-14	09:37	蠍
02-16	13:07	射手
02-18	19:37	山羊
02-21	04:42	水瓶
02-23	15:37	魚
02-26	03:47	牡羊
02-28	16:30	牡牛
03-02	04:21	双子
03-04	13:25	蟹
03-06	18:27	獅子
03-08	19:47	乙女
03-10	19:03	天秤
03-12	18:28	蠍
03-14	20:09	射手
03-17	01:05	山羊
03-19	10:16	水瓶
03-21	21:33	魚
03-24	09:58	牡羊
03-26	22:37	牡牛
03-29	10:38	双子
03-31	20:43	蟹
04-03	03:26	獅子
04-05	06:18	乙女
04-07	06:16	天秤
04-09	05:17	蠍
04-11	05:35	射手
04-13	09:05	山羊
04-15	16:37	水瓶
04-18	03:29	魚
04-20	16:00	牡羊
04-23	04:36	牡牛
04-25	16:20	双子
04-28	02:28	蟹
04-30	10:06	獅子
05-02	14:35	乙女
05-04	16:09	天秤
05-06	16:05	蠍
05-08	16:15	射手
05-10	18:38	山羊
05-13	00:38	水瓶
05-15	10:24	魚
05-17	22:36	牡羊
05-20	11:10	牡牛
05-22	22:36	双子
05-25	08:09	蟹
05-27	15:33	獅子
05-29	20:40	乙女
05-31	23:38	天秤
06-03	01:05	蠍
06-05	02:17	射手
06-07	04:44	山羊
06-09	09:54	水瓶
06-11	18:31	魚
06-14	06:03	牡羊
06-16	18:35	牡牛
06-19	06:00	双子
06-21	15:02	蟹
06-23	21:33	獅子
06-26	02:05	乙女
06-28	05:16	天秤
06-30	07:47	蠍
07-02	10:21	射手
07-04	13:48	山羊
07-06	19:08	水瓶
07-09	03:12	魚
07-11	14:06	牡羊
07-14	02:34	牡牛
07-16	14:19	双子
07-18	23:24	蟹
07-21	05:16	獅子
07-23	08:40	乙女
07-25	10:54	天秤
07-27	13:12	蠍
07-29	16:30	射手
07-31	20:58	山羊
08-03	03:11	水瓶
08-05	11:27	魚
08-07	22:04	牡羊
08-10	10:27	牡牛
08-12	22:46	双子
08-15	08:35	蟹
08-17	14:38	獅子
08-19	17:20	乙女
08-21	18:16	天秤
08-23	19:16	蠍
08-25	21:49	射手
08-28	02:37	山羊
08-30	09:37	水瓶
09-01	18:34	魚
09-04	05:22	牡羊
09-06	17:43	牡牛
09-09	06:27	双子
09-11	17:23	蟹
09-14	00:32	獅子
09-16	03:37	乙女
09-18	03:56	天秤
09-20	03:33	蠍
09-22	04:31	射手
09-24	08:16	山羊
09-26	15:08	水瓶
09-29	00:34	魚
10-01	11:47	牡羊
10-04	00:12	牡牛
10-06	13:03	双子
10-09	00:45	蟹
10-11	09:24	獅子
10-13	13:56	乙女
10-15	14:54	天秤
10-17	14:05	蠍
10-19	13:43	射手
10-21	15:43	山羊
10-23	21:17	水瓶
10-26	06:18	魚
10-28	17:45	牡羊
10-31	06:19	牡牛
11-02	18:59	双子
11-05	06:45	蟹
11-07	16:18	獅子
11-09	22:30	乙女
11-12	01:09	天秤
11-14	01:19	蠍
11-16	00:47	射手
11-18	01:34	山羊
11-20	05:25	水瓶
11-22	13:06	魚
11-25	00:05	牡羊
11-27	12:43	牡牛
11-30	01:16	双子
12-02	12:33	蟹
12-04	21:53	獅子
12-07	04:46	乙女
12-09	09:01	天秤
12-11	10:58	蠍
12-13	11:39	射手
12-15	12:35	山羊
12-17	15:27	水瓶
12-19	21:39	魚
12-22	07:32	牡羊
12-24	19:55	牡牛
12-27	08:32	双子
12-29	19:28	蟹

2021年

日付	時間	月星座
01-01	03:58	獅子
01-03	10:13	乙女
01-05	14:42	天秤
01-07	17:53	蠍
01-09	20:15	射手
01-11	22:30	山羊
01-14	01:44	水瓶
01-16	07:17	魚
01-18	16:07	牡羊
01-21	03:56	牡牛
01-23	16:43	双子
01-26	03:52	蟹
01-28	11:54	獅子
01-30	17:02	乙女
02-01	20:25	天秤
02-03	23:14	蠍
02-06	02:16	射手
02-08	05:52	山羊
02-10	10:42	水瓶
02-12	16:23	魚
02-15	00:54	牡羊
02-17	12:12	牡牛
02-20	01:03	双子
02-22	12:53	蟹
02-24	21:23	獅子
02-27	02:07	乙女
03-01	04:17	天秤
03-03	05:38	蠍
03-05	07:43	射手
03-07	11:20	山羊
03-09	16:41	水瓶
03-11	23:44	魚
03-14	08:44	牡羊
03-16	19:56	牡牛
03-19	08:47	双子
03-21	21:17	蟹
03-24	06:56	獅子
03-26	12:25	乙女
03-28	14:22	天秤
03-30	14:33	蠍
04-01	14:59	射手
04-03	17:13	山羊
04-05	22:03	水瓶
04-08	05:30	魚
04-10	15:11	牡羊
04-13	02:44	牡牛
04-15	15:35	双子
04-18	04:25	蟹
04-20	15:10	獅子
04-22	22:08	乙女
04-25	01:06	天秤
04-27	01:18	蠍
04-29	00:42	射手
05-01	01:16	山羊
05-03	04:31	水瓶
05-05	11:08	魚
05-07	20:52	牡羊
05-10	08:46	牡牛
05-12	21:43	双子
05-15	10:30	蟹
05-17	21:44	獅子
05-20	05:59	乙女
05-22	10:35	天秤
05-24	12:00	蠍
05-26	11:39	射手
05-28	11:23	山羊
05-30	13:04	水瓶
06-01	18:07	魚
06-04	02:58	牡羊
06-06	14:46	牡牛
06-09	03:47	双子
06-11	16:22	蟹
06-14	03:22	獅子
06-16	12:02	乙女
06-18	17:53	天秤
06-20	20:58	蠍
06-22	21:55	射手
06-24	22:05	山羊
06-26	23:08	水瓶
06-29	02:51	魚
07-01	10:21	牡羊
07-03	21:28	牡牛
07-06	10:24	双子
07-08	22:51	蟹
07-11	09:40	獅子
07-13	17:30	乙女
07-15	23:31	天秤
07-18	03:38	蠍
07-20	06:08	射手
07-22	07:44	山羊
07-24	09:12	水瓶
07-26	12:30	魚
07-28	18:57	牡羊
07-31	05:08	牡牛
08-02	17:46	双子
08-05	06:17	蟹
08-07	16:31	獅子
08-09	23:55	乙女
08-12	05:08	天秤
08-14	09:01	蠍
08-16	12:13	射手
08-18	14:58	山羊
08-20	17:49	水瓶
08-22	21:42	魚
08-25	03:57	牡羊
08-27	13:26	牡牛
08-30	01:42	双子
09-01	14:26	蟹
09-04	00:58	獅子
09-06	08:05	乙女
09-08	12:20	天秤
09-10	15:05	蠍
09-12	17:34	射手
09-14	20:34	山羊
09-17	00:23	水瓶
09-19	05:22	魚
09-21	12:13	牡羊
09-23	21:38	牡牛
09-26	09:36	双子
09-28	22:34	蟹
10-01	09:53	獅子
10-03	17:27	乙女
10-05	21:41	天秤
10-07	23:22	蠍
10-10	00:24	射手
10-12	02:15	山羊
10-14	05:47	水瓶
10-16	11:22	魚
10-18	19:04	牡羊
10-21	04:59	牡牛
10-23	16:57	双子
10-26	06:00	蟹
10-28	18:07	獅子
10-31	03:09	乙女
11-02	08:11	天秤
11-04	09:52	蠍
11-06	09:52	射手
11-08	10:03	山羊
11-10	12:03	水瓶
11-12	16:53	魚
11-15	00:48	牡羊
11-17	11:18	牡牛
11-19	23:33	双子
11-22	12:33	蟹
11-25	00:58	獅子
11-27	11:12	乙女
11-29	17:55	天秤
12-01	20:55	蠍
12-03	21:12	射手
12-05	20:30	山羊
12-07	20:48	水瓶
12-09	23:53	魚
12-12	06:46	牡羊
12-14	17:11	牡牛
12-17	05:42	双子
12-19	18:42	蟹
12-22	07:32	獅子
12-24	17:24	乙女
12-27	01:26	天秤
12-29	06:16	蠍
12-31	08:08	射手

Moon sign astrology

Data 2

木星・土星・天王星・
海王星・冥王星のイングレス

♄ 土星のイングレス

年月日	時間	サイン
2010-07-22	00:11	天秤
2012-10-06	05:35	蠍
2014-12-24	01:34	射手
2015-06-15	09:36	蠍
2015-09-18	11:50	射手
2017-12-20	13:49	山羊
2020-03-22	12:59	水瓶
2020-07-02	08:37	山羊
2020-12-17	14:04	水瓶
2023-03-07	22:35	魚

♃ 木星のイングレス

年月日	時間	サイン
2012-06-12	02:23	双子
2013-06-26	10:40	蟹
2014-07-16	19:31	獅子
2015-08-11	20:12	乙女
2016-09-09	20:19	天秤
2017-10-10	22:21	蠍
2018-11-08	21:39	射手
2019-12-03	03:21	山羊
2020-12-19	22:08	水瓶
2021-05-14	07:36	魚
2021-07-28	21:43	水瓶
2021-12-29	13:10	魚
2022-05-11	08:22	牡羊

♆ 海王星のイングレス

年月日	時間	サイン
2012-02-04	04:04	魚
2025-03-30	21:01	牡羊

♅ 天王星のイングレス

年月日	時間	サイン
2011-03-12	09:50	牡羊
2018-05-16	00:17	牡牛
2018-11-07	03:59	牡羊
2019-03-06	17:27	牡牛
2025-07-07	16:46	双子

♇ 冥王星のイングレス

年月日	時間	サイン
2008-11-27	10:03	山羊
2023-03-23	21:14	水瓶

Data 3

リリスとノードのイングレス

1950〜1959年　リリスのイングレス ☾

年月日	時間	サイン
1950-01-08	18:06	牡牛
1950-01-27	21:11	牡羊
1950-02-13	21:36	牡牛
1950-02-28	15:29	牡羊
1950-03-17	01:08	牡牛
1950-04-02	14:46	牡羊
1950-04-14	23:04	牡牛
1950-05-08	07:34	牡羊
1950-05-11	00:48	牡牛
1950-05-21	16:25	双子
1950-05-29	06:01	牡牛
1950-06-18	23:19	双子
1950-07-02	14:47	牡牛
1950-07-19	08:03	双子
1950-08-02	15:12	牡牛
1950-08-23	19:34	双子
1950-09-01	20:29	牡牛
1950-09-25	15:13	双子
1950-10-06	05:32	牡牛
1950-10-25	23:52	双子
1950-11-08	17:13	牡牛
1950-12-01	12:07	双子
1950-12-14	06:10	牡牛
1950-12-20	14:03	双子
1950-12-29	14:28	蟹
1951-01-05	10:07	双子
1951-01-27	20:01	蟹
1951-02-08	08:07	双子
1951-03-03	11:09	蟹
1951-03-10	11:22	双子
1951-03-23	10:30	蟹
1951-03-31	10:22	双子
1951-04-25	03:37	蟹
1951-05-01	02:01	双子
1951-05-11	21:43	蟹
1951-05-15	04:58	双子
1951-06-06	16:42	蟹
1951-06-18	19:21	双子
1951-07-01	04:08	蟹
1951-07-23	15:58	双子
1951-07-31	23:38	蟹
1951-08-10	00:22	獅子
1951-08-12	09:54	蟹
1951-09-09	08:26	獅子
1951-09-11	10:35	蟹
1951-09-28	08:34	獅子
1951-10-06	02:08	蟹
1951-10-28	06:33	獅子
1951-11-10	02:14	蟹
1951-11-29	20:14	獅子
1951-12-09	21:28	蟹
1952-01-15	04:18	獅子
1952-01-26	12:48	蟹
1952-02-12	12:29	獅子
1952-02-29	21:27	蟹
1952-03-13	15:21	獅子
1952-04-03	01:24	蟹
1952-04-15	02:56	獅子
1952-05-05	00:38	蟹
1952-05-20	18:17	獅子
1952-06-05	03:26	蟹
1952-06-20	10:07	獅子
1952-07-08	13:39	蟹
1952-07-19	01:02	獅子
1952-08-24	18:31	乙女
1952-09-02	17:59	獅子
1952-09-22	05:11	乙女
1952-10-06	21:16	獅子
1952-10-22	21:17	乙女
1952-11-07	03:14	獅子
1952-11-27	18:44	乙女
1952-12-08	23:07	獅子
1952-12-30	08:56	乙女
1953-01-11	18:12	獅子
1953-01-29	11:58	乙女
1953-02-15	05:18	獅子
1953-02-26	17:24	乙女
1953-04-04	03:46	天秤
1953-04-12	23:17	乙女
1953-05-03	19:44	天秤
1953-05-15	17:02	乙女
1953-06-08	00:10	天秤
1953-06-14	09:53	乙女
1953-07-01	13:01	天秤
1953-07-03	20:57	乙女
1953-07-30	23:44	天秤
1953-08-04	01:11	乙女
1953-08-13	18:20	天秤
1953-08-19	20:39	乙女
1953-09-09	12:45	天秤
1953-09-23	12:58	乙女
1953-10-07	08:05	天秤
1953-10-28	07:16	乙女
1953-11-03	09:52	天秤
1953-11-12	10:09	蠍
1953-11-18	11:53	天秤
1953-12-13	06:40	蠍
1953-12-21	06:37	天秤
1954-01-01	21:42	乙女
1954-01-11	18:05	天秤
1954-02-02	07:21	乙女
1954-02-14	02:23	天秤
1954-03-08	08:33	乙女
1954-03-15	02:29	天秤
1954-03-24	16:22	蠍
1954-03-30	01:17	天秤
1954-04-20	11:47	蠍
1954-05-04	07:28	天秤
1954-05-18	20:34	蠍
1954-06-06	14:29	天秤
1954-06-18	00:26	蠍
1954-07-10	09:39	天秤
1954-07-20	13:49	蠍
1954-08-10	03:02	天秤
1954-08-25	04:13	蠍
1954-09-10	03:41	天秤
1954-09-24	18:58	蠍
1954-10-14	05:17	天秤
1954-10-23	09:53	蠍
1954-11-02	23:11	射手
1954-11-04	19:03	蠍
1954-11-28	18:42	射手
1954-12-10	22:00	蠍
1954-12-27	20:39	射手
1955-01-13	00:09	蠍
1955-01-28	04:00	射手
1955-02-13	15:00	蠍
1955-03-05	08:46	射手
1955-03-18	11:33	蠍
1955-04-06	06:51	射手
1955-04-19	20:31	蠍
1955-05-05	20:31	射手
1955-05-24	18:21	蠍
1955-06-02	13:37	射手
1955-07-09	14:36	山羊
1955-07-19	09:01	射手
1955-08-08	06:15	山羊
1955-08-20	15:42	射手
1955-09-12	04:51	山羊
1955-09-19	13:18	射手
1955-10-05	11:46	蠍
1955-10-09	05:29	射手
1955-10-16	13:28	山羊
1955-10-18	04:26	射手
1955-11-05	00:48	山羊
1955-11-08	19:38	射手
1955-11-15	11:06	山羊
1955-11-26	02:22	射手
1955-12-14	15:24	山羊
1955-12-31	14:26	射手
1956-01-11	12:08	山羊
1956-01-20	07:50	水瓶
1956-01-22	07:39	山羊
1956-02-16	23:42	水瓶
1956-02-25	21:42	山羊
1956-03-20	09:29	水瓶
1956-03-28	01:39	山羊
1956-04-09	22:58	水瓶
1956-04-17	21:19	山羊
1956-05-10	16:54	射手
1956-05-20	10:06	山羊
1956-06-13	18:56	射手
1956-06-17	16:05	山羊
1956-06-27	11:45	水瓶
1956-07-04	12:04	山羊
1956-07-24	12:20	水瓶
1956-08-08	17:02	山羊
1956-08-21	19:20	水瓶
1956-09-19	23:00	山羊
1956-09-21	05:55	水瓶
1956-10-15	04:15	山羊
1956-10-24	09:13	水瓶
1956-11-14	14:00	山羊
1956-11-29	01:36	水瓶
1956-12-16	00:38	山羊
1956-12-29	11:46	水瓶
1957-01-20	02:32	山羊
1957-01-26	13:00	水瓶
1957-02-04	15:41	魚
1957-02-11	08:52	水瓶
1957-03-04	04:51	魚
1957-03-18	19:11	水瓶
1957-04-02	15:47	魚
1957-04-20	01:48	水瓶
1957-05-04	04:25	魚
1957-05-23	03:25	水瓶
1957-06-09	02:48	魚
1957-06-23	01:13	水瓶
1957-07-10	13:43	魚
1957-07-25	02:00	水瓶
1957-08-08	22:24	魚
1957-08-29	02:13	水瓶
1957-09-05	13:25	魚
1957-09-15	09:55	牡羊
1957-09-19	10:50	魚
1957-10-12	17:16	牡羊
1957-10-24	14:00	魚
1957-11-11	18:30	牡羊
1957-11-25	08:23	魚
1957-12-17	05:55	牡羊
1957-12-25	13:41	魚
1958-01-09	18:42	水瓶
1958-01-13	20:14	魚
1958-01-19	20:38	牡羊
1958-01-28	16:02	魚
1958-02-19	13:44	牡羊
1958-03-03	18:22	魚
1958-03-19	22:42	牡羊
1958-04-08	08:13	魚
1958-04-16	02:03	牡羊
1958-04-25	09:49	牡牛
1958-04-29	10:19	牡羊
1958-05-23	20:43	牡牛
1958-06-02	08:26	牡羊
1958-06-26	11:43	牡牛
1958-07-02	20:08	牡羊
1958-07-19	06:06	魚
1958-07-22	02:17	牡羊
1958-08-16	05:03	魚
1958-08-24	17:48	牡牛
1958-09-19	01:34	魚
1958-09-21	19:36	牡羊
1958-10-01	01:53	牡牛
1958-10-10	02:54	牡羊
1958-10-28	13:40	牡牛
1958-11-14	13:46	牡羊
1958-11-26	02:05	牡牛
1958-12-03	17:26	双子
1958-12-05	13:18	牡牛
1958-12-19	09:41	双子
1958-12-27	16:09	牡牛
1959-01-02	05:44	双子
1959-01-06	00:16	牡牛
1959-01-21	00:02	双子
1959-01-30	09:49	牡牛
1959-02-20	15:14	牡羊
1959-03-06	03:55	牡牛
1959-03-24	19:59	牡羊
1959-04-04	22:03	牡牛
1959-04-29	09:08	牡羊
1959-05-01	09:45	牡牛
1959-05-11	19:05	牡羊
1959-05-20	07:16	牡牛
1959-06-08	12:46	双子
1959-06-24	05:24	牡牛
1959-07-07	23:18	双子
1959-07-26	09:28	牡牛
1959-08-08	13:52	双子
1959-08-27	19:27	牡牛
1959-09-13	13:05	双子
1959-09-09	07:17	牡牛
1959-10-14	23:01	双子
1959-10-30	15:51	牡牛
1959-11-13	07:35	双子
1959-12-05	02:16	牡牛
1959-12-10	11:04	双子
1959-12-19	19:28	蟹
1959-12-27	10:40	双子

1960 ～ 1969 年

リリスのイングレス ☽

年月日	時間	サイン
1960-01-17	05:46	蟹
1960-01-31	03:52	双子
1960-02-16	22:38	蟹
1960-03-02	09:09	双子
1960-03-23	22:20	蟹
1960-04-01	19:44	双子
1960-04-25	16:14	蟹
1960-05-06	05:47	双子
1960-05-25	18:30	蟹
1960-06-08	16:14	双子
1960-06-22	21:52	蟹
1960-07-13	22:49	双子
1960-07-19	12:29	蟹
1960-07-29	15:04	獅子
1960-08-03	15:42	蟹
1960-08-27	04:17	獅子
1960-09-06	18:16	蟹
1960-09-28	22:56	獅子
1960-10-07	06:11	蟹
1960-10-20	03:24	獅子
1960-10-27	15:06	蟹
1960-11-20	19:34	獅子
1960-11-28	15:18	蟹
1960-12-09	10:25	獅子
1960-12-11	21:33	蟹
1961-01-03	21:46	獅子
1961-01-16	00:49	蟹
1961-01-31	22:29	獅子
1961-02-20	04:35	蟹
1961-03-01	02:24	獅子
1961-03-08	20:20	乙女
1961-03-13	03:09	獅子
1961-03-30	09:43	乙女
1961-04-01	18:55	獅子
1961-04-28	04:35	乙女
1961-05-06	15:29	獅子
1961-05-28	05:21	乙女
1961-06-09	15:03	獅子
1961-06-30	00:46	乙女
1961-07-09	00:35	獅子
1961-08-14	20:52	乙女
1961-08-24	16:24	獅子
1961-09-11	16:34	乙女
1961-09-28	10:19	獅子
1961-10-11	09:20	乙女
1961-10-31	04:10	獅子
1961-11-12	12:32	乙女
1961-12-02	21:13	獅子
1961-12-18	16:53	乙女
1962-01-03	06:46	獅子
1962-01-18	20:13	乙女
1962-02-05	20:35	獅子
1962-02-16	18:02	乙女
1962-03-25	03:11	天秤
1962-04-04	07:50	乙女
1962-04-22	23:40	天秤
1962-05-07	19:48	乙女
1962-05-23	20:15	天秤
1962-06-07	16:58	乙女
1962-06-28	16:13	天秤
1962-07-08	14:31	乙女
1962-07-30	21:38	天秤
1962-08-11	11:55	乙女
1962-08-29	18:54	天秤
1962-09-14	05:03	乙女
1962-09-26	23:56	天秤
1962-10-19	14:12	乙女
1962-10-23	04:20	天秤
1962-11-02	07:57	蠍
1962-11-10	06:27	天秤
1962-12-01	14:19	蠍
1962-12-13	23:41	天秤
1963-01-04	11:20	蠍
1963-01-13	07:06	天秤
1963-01-26	06:48	乙女
1963-02-02	12:48	天秤
1963-02-09	06:33	蠍
1963-02-10	15:23	天秤
1963-02-28	01:53	蠍
1963-03-05	01:06	天秤
1963-03-13	07:35	蠍
1963-03-31	05:20	天秤
1963-04-10	02:06	蠍
1963-04-25	02:44	天秤
1963-05-07	22:17	蠍
1963-05-29	12:09	天秤
1963-06-03	05:37	蠍
1963-06-18	14:31	射手
1963-06-18	03:24	蠍
1963-08-03	06:47	天秤
1963-08-18	18:26	蠍
1963-09-02	04:10	天秤
1963-09-14	01:57	蠍
1963-10-05	10:44	天秤
1963-10-13	11:28	蠍
1963-10-24	04:00	射手
1963-10-26	18:01	蠍
1963-11-18	18:24	射手
1963-12-01	13:41	蠍
1963-12-17	02:16	射手
1964-01-04	15:40	蠍
1964-01-16	08:46	射手
1964-02-08	03:43	蠍
1964-02-18	04:02	射手
1964-03-10	02:55	蠍
1964-03-24	21:28	射手
1964-04-10	08:28	蠍
1964-04-24	09:29	射手
1964-05-14	18:34	蠍
1964-05-25	16:05	射手
1964-06-02	10:41	山羊
1964-06-04	14:26	射手
1964-06-28	12:21	山羊
1964-07-09	22:06	射手
1964-07-27	08:35	山羊
1964-08-11	19:19	射手
1964-08-27	06:36	山羊
1964-09-11	19:58	射手
1964-10-02	04:12	山羊
1964-10-14	03:38	射手
1964-11-03	07:36	山羊
1964-11-16	06:18	射手
1964-12-03	04:38	山羊
1964-12-21	04:07	射手
1964-12-31	07:15	山羊
1965-01-09	17:48	水瓶
1965-01-12	09:02	山羊
1965-02-05	16:09	水瓶
1965-02-16	19:58	山羊
1965-03-07	15:21	水瓶
1965-03-20	21:46	山羊
1965-04-11	19:41	水瓶
1965-04-19	19:56	山羊
1965-05-15	23:52	水瓶
1965-05-18	19:01	山羊
1965-06-16	00:15	水瓶
1965-06-25	17:09	山羊
1965-07-14	01:05	水瓶
1965-07-30	16:17	山羊
1965-08-10	17:14	水瓶
1965-09-16	12:26	魚
1965-09-23	07:05	水瓶
1965-10-17	19:00	魚
1965-10-25	14:11	水瓶
1965-11-07	08:38	山羊
1965-11-15	18:41	水瓶
1965-12-07	18:23	山羊
1965-12-19	00:41	水瓶
1966-01-11	01:46	山羊
1966-01-16	20:54	水瓶
1966-01-25	14:47	魚
1966-02-02	03:47	水瓶
1966-02-21	22:50	魚
1966-03-09	19:48	水瓶
1966-03-22	09:47	魚
1966-04-14	15:41	水瓶
1966-04-21	20:37	魚
1966-05-16	15:53	水瓶
1966-05-24	21:14	魚
1966-06-15	13:58	水瓶
1966-06-29	07:36	魚
1966-07-16	15:52	水瓶
1966-07-29	13:33	魚
1966-08-20	04:19	水瓶
1966-08-26	16:26	魚
1966-09-05	18:20	牡羊
1966-09-10	10:48	魚
1966-10-02	13:47	牡羊
1966-10-15	20:58	魚
1966-10-31	18:14	牡羊
1966-11-17	10:28	魚
1966-12-02	05:00	牡羊
1966-12-19	06:41	魚
1967-01-07	10:48	牡羊
1967-01-21	04:31	魚
1967-02-08	05:18	牡羊
1967-02-22	17:56	魚
1967-03-09	16:15	牡羊
1967-03-30	05:12	魚
1967-04-06	00:24	牡羊
1967-04-15	14:08	魚
1967-04-20	19:01	牡羊
1967-05-15	08:53	牡牛
1967-05-25	13:36	牡羊
1967-06-12	10:04	牡牛
1967-06-25	22:01	牡羊
1967-07-17	14:25	牡牛
1967-07-25	18:19	牡羊
1967-08-07	01:18	牡牛
1967-08-26	11:26	牡羊
1967-09-19	18:26	牡牛
1967-10-01	02:08	牡羊
1967-10-18	04:11	牡牛
1967-11-05	10:56	牡羊
1967-11-14	21:12	牡牛
1967-11-23	13:54	牡羊
1967-11-27	07:35	牡牛
1967-12-21	18:54	牡羊
1967-12-31	20:26	牡牛
1968-01-23	06:33	双子
1968-01-31	05:42	牡牛
1968-02-13	05:42	牡牛
1968-02-22	01:20	牡牛
1968-03-15	18:54	牡牛
1968-03-24	15:42	牡牛
1968-04-30	13:47	双子
1968-05-10	05:43	牡牛
1968-05-28	02:13	双子
1968-06-14	12:41	牡牛
1968-06-25	03:20	双子
1968-07-22	10:03	牡牛
1968-07-25	12:37	双子
1968-08-20	20:33	牡羊
1968-08-28	05:32	双子
1968-09-19	14:00	牡牛
1968-10-02	21:06	双子
1968-10-20	23:59	牡牛
1968-11-02	02:52	双子
1968-11-24	22:54	牡牛
1968-11-29	22:25	双子
1968-12-09	00:32	牡牛
1968-12-17	04:30	双子
1969-01-05	20:32	牡牛
1969-01-21	12:19	双子
1969-02-04	14:48	蟹
1969-02-22	23:09	双子
1969-03-08	14:45	蟹
1969-03-27	17:26	双子
1969-04-13	14:58	蟹
1969-04-28	05:37	双子
1969-05-14	17:51	蟹
1969-05-30	18:07	双子
1969-06-12	17:20	蟹
1969-07-05	02:29	双子
1969-07-09	10:29	蟹
1969-07-19	19:14	獅子
1969-07-26	00:31	蟹
1969-08-16	16:15	獅子
1969-08-29	18:23	蟹
1969-09-15	19:48	獅子
1969-09-30	01:42	蟹
1969-10-21	03:01	獅子
1969-11-10	10:30	蟹
1969-11-23	08:56	獅子
1969-12-03	23:01	蟹
1969-12-23	23:43	獅子

Data 3　リリスとノードのイングレス

1970〜1979年

リリスのイングレス

年月日	時間	サイン
1970-01-06	15:15	蟹
1970-01-21	13:24	獅子
1970-02-11	05:00	蟹
1970-02-17	12:41	獅子
1970-02-26	15:21	乙女
1970-03-05	02:43	獅子
1970-03-27	19:47	乙女
1970-04-07	20:17	獅子
1970-05-01	11:44	乙女
1970-05-07	20:12	獅子
1970-05-21	10:38	蟹
1970-05-28	04:05	獅子
1970-06-22	12:56	蟹
1970-06-26	16:42	獅子
1970-08-04	14:33	乙女
1970-08-15	12:55	獅子
1970-09-01	04:13	乙女
1970-09-19	17:14	獅子
1970-09-29	03:17	乙女
1970-10-07	08:56	天秤
1970-10-10	08:07	乙女
1970-10-28	11:14	獅子
1970-10-30	03:23	乙女
1970-11-06	01:07	天秤
1970-11-11	15:17	乙女
1970-11-26	01:30	獅子
1970-12-03	21:46	乙女
1970-12-26	04:07	獅子
1971-01-08	00:58	乙女
1971-01-27	21:38	獅子
1971-02-06	19:02	乙女
1971-03-15	02:57	天秤
1971-03-26	04:16	乙女
1971-04-12	08:05	天秤
1971-04-29	12:27	乙女
1971-05-12	04:51	天秤
1971-06-01	07:24	乙女
1971-06-13	07:02	天秤
1971-07-03	08:43	乙女
1971-07-19	02:10	天秤
1971-08-03	08:49	乙女
1971-08-19	00:01	天秤
1971-09-05	03:58	乙女
1971-09-16	22:14	天秤
1971-10-10	17:13	乙女
1971-10-13	04:14	天秤
1971-10-23	11:52	蠍
1971-11-01	07:07	天秤
1971-11-20	23:08	蠍
1971-12-05	18:33	天秤
1971-12-21	17:05	蠍
1972-01-06	04:09	天秤
1972-01-26	16:05	蠍
1972-02-07	03:43	天秤
1972-02-28	06:58	蠍
1972-03-11	14:23	天秤
1972-03-29	09:17	蠍
1972-04-14	19:26	天秤
1972-04-26	12:41	蠍
1972-06-02	05:28	射手
1972-06-09	14:41	蠍
1972-07-01	11:38	射手
1972-07-12	20:58	蠍
1972-08-04	22:24	射手
1972-08-11	18:50	蠍
1972-08-25	22:45	天秤
1972-08-31	09:05	蠍
1972-09-26	15:28	天秤
1972-10-02	05:12	蠍
1972-10-11	23:52	射手
1972-10-17	02:49	蠍
1972-11-07	11:03	射手
1972-11-21	00:21	蠍
1972-12-05	10:00	射手
1972-12-26	00:34	蠍
1973-01-01	18:28	射手
1973-01-10	05:11	山羊
1973-01-16	14:29	射手
1973-02-10	07:16	山羊
1973-02-18	02:06	射手
1973-03-02	22:32	蠍
1973-03-11	04:36	射手
1973-04-02	06:30	蠍
1973-04-13	18:32	射手
1973-05-06	02:23	蠍
1973-05-12	18:48	射手
1973-05-23	05:38	山羊
1973-05-27	00:00	射手
1973-06-18	09:48	山羊
1973-07-01	00:06	射手
1973-07-16	13:07	山羊
1973-08-03	15:21	射手
1973-08-15	11:15	山羊
1973-09-06	02:14	射手
1973-09-16	20:06	山羊
1973-10-07	13:34	射手
1973-10-22	19:04	山羊
1973-11-07	18:07	射手
1973-11-22	16:14	山羊
1973-12-11	19:39	射手
1973-12-21	10:18	山羊
1973-12-31	07:25	水瓶
1974-01-03	03:30	山羊
1974-01-26	14:43	水瓶
1974-02-07	23:01	山羊
1974-02-24	17:20	水瓶
1974-03-12	23:19	山羊
1974-03-27	21:40	水瓶
1974-04-13	11:22	山羊
1974-05-02	21:18	水瓶
1974-05-15	23:24	山羊
1974-06-03	19:40	水瓶
1974-06-17	03:13	山羊
1974-07-03	11:23	水瓶
1974-07-21	14:39	山羊
1974-07-31	09:40	水瓶
1974-09-06	06:16	魚
1974-09-15	12:13	水瓶
1974-10-05	17:28	魚
1974-10-18	09:31	水瓶
1974-11-08	23:29	魚
1974-11-17	13:59	水瓶
1974-12-01	11:18	山羊
1974-12-07	11:02	水瓶
1974-12-13	17:22	魚
1974-12-16	21:55	水瓶
1975-01-02	16:20	山羊
1975-01-06	20:52	水瓶
1975-01-14	05:45	魚
1975-01-24	01:45	水瓶
1975-02-11	13:57	魚
1975-02-28	14:15	水瓶
1975-03-11	08:20	魚
1975-04-17	01:46	牡羊
1975-04-24	20:35	魚
1975-05-19	08:10	牡羊
1975-05-26	05:03	魚
1975-06-08	15:48	水瓶
1975-06-14	17:22	魚
1975-07-08	20:17	水瓶
1975-07-18	23:00	魚
1975-08-11	15:03	水瓶
1975-08-16	18:21	魚
1975-08-26	17:26	牡羊
1975-09-01	11:43	魚
1975-09-22	09:24	牡羊
1975-10-06	20:00	魚
1975-10-20	17:45	牡羊
1975-11-09	07:36	魚
1975-11-20	04:33	牡羊
1975-11-26	12:12	牡牛
1975-11-28	05:05	牡羊
1975-12-13	19:52	魚
1975-12-23	08:06	牡羊
1976-01-13	11:55	魚
1976-01-28	00:40	牡羊
1976-02-14	00:41	魚
1976-02-27	09:45	牡羊
1976-03-20	02:03	魚
1976-03-26	07:52	牡羊
1976-04-04	20:32	牡牛
1976-04-10	19:47	牡羊
1976-05-02	03:30	牡牛
1976-05-16	01:29	牡羊
1976-05-31	07:39	牡牛
1976-06-17	07:13	牡羊
1976-07-01	12:27	牡牛
1976-07-18	22:25	牡羊
1976-08-06	09:14	牡牛
1976-08-20	04:38	牡羊
1976-09-07	03:42	牡牛
1976-09-21	07:16	牡羊
1976-10-06	18:54	牡牛
1976-10-26	06:26	牡羊
1976-11-03	16:57	牡牛
1976-11-12	23:40	双子
1976-11-17	08:13	牡牛
1976-12-10	10:17	双子
1976-12-22	14:13	牡牛
1977-01-09	14:16	双子
1977-01-23	10:11	牡牛
1977-02-14	01:54	双子
1977-02-22	15:19	牡牛
1977-03-10	18:10	牡羊
1977-03-13	03:37	牡牛
1977-03-19	16:58	双子
1977-03-28	09:35	牡牛
1977-04-19	03:42	双子
1977-05-01	05:40	牡牛
1977-05-17	16:09	双子
1977-06-05	14:50	牡牛
1977-06-13	20:46	双子
1977-06-23	23:42	蟹
1977-06-25	21:55	双子
1977-07-21	12:36	蟹
1977-07-30	06:33	双子
1977-08-22	07:25	蟹
1977-08-30	11:28	双子
1977-09-12	15:38	牡牛
1977-09-18	04:56	双子
1977-10-13	01:10	牡牛
1977-10-22	15:45	双子
1977-11-16	02:21	牡牛
1977-11-20	05:15	双子
1977-11-28	19:59	蟹
1977-12-07	21:56	双子
1977-12-26	11:43	蟹
1978-01-12	13:04	双子
1978-01-24	01:29	蟹
1978-01-31	16:25	獅子
1978-02-02	11:55	蟹
1978-02-17	04:53	双子
1978-02-24	01:16	蟹
1978-03-02	12:58	獅子
1978-03-05	03:41	蟹
1978-03-21	08:13	双子
1978-03-29	20:43	蟹
1978-04-20	10:00	獅子
1978-05-03	18:09	蟹
1978-05-22	04:47	双子
1978-06-02	13:34	蟹
1978-06-26	06:47	双子
1978-06-29	16:04	蟹
1978-07-09	23:56	獅子
1978-07-17	02:13	蟹
1978-08-06	08:53	獅子
1978-08-21	06:16	蟹
1978-09-04	15:10	獅子
1978-09-22	11:51	蟹
1978-10-06	02:53	獅子
1978-10-24	23:09	蟹
1978-11-11	05:54	獅子
1978-11-25	22:47	蟹
1978-12-12	21:45	獅子
1978-12-28	11:41	蟹
1979-01-11	08:47	獅子
1979-02-02	00:50	蟹
1979-02-07	13:34	獅子
1979-02-16	19:31	乙女
1979-02-24	06:51	獅子
1979-03-17	05:15	乙女
1979-03-30	19:43	獅子
1979-04-16	18:07	乙女
1979-04-30	21:42	獅子
1979-05-22	12:04	乙女
1979-05-30	22:50	獅子
1979-06-24	08:23	乙女
1979-07-04	03:47	獅子
1979-07-24	13:14	乙女
1979-08-06	11:50	獅子
1979-08-21	18:55	乙女
1979-09-10	19:39	獅子
1979-09-17	21:15	乙女
1979-09-29	06:34	獅子
1979-10-02	03:11	乙女
1979-10-25	16:24	天秤
1979-11-05	14:12	乙女
1979-11-26	20:05	天秤
1979-12-06	09:11	乙女
1979-12-18	21:17	天秤
1979-12-26	18:05	乙女

248

1980 ～ 1989 年　　　　　　　　　　　　　　　　　　　　リリスのイングレス ☾

年月日	時間	サイン	年月日	時間	サイン	年月日	時間	サイン	年月日	時間	サイン
			1982-08-01	19:13	山羊	1985-02-15	22:34	牡羊	1987-08-12	11:11	蟹
			1982-08-11	07:00	水瓶	1985-03-11	03:56	魚	1987-08-24	04:03	獅子
1980-01-19	19:21	獅子	1982-08-15	07:47	山羊	1985-03-16	15:11	牡羊	1987-09-15	07:45	蟹
1980-01-27	14:02	乙女	1982-09-10	21:22	水瓶	1985-03-25	19:28	牡羊	1987-09-23	13:30	獅子
1980-02-06	19:33	天秤	1982-09-15	20:47	山羊	1985-04-01	18:43	牡羊	1987-09-30	14:21	乙女
1980-02-10	04:09	天秤	1982-09-30	17:14	射手	1985-04-21	22:21	牡羊	1987-10-02	16:22	獅子
1980-03-03	19:07	天秤	1982-10-08	00:59	山羊	1985-05-07	04:25	牡羊	1987-10-19	02:59	蟹
1980-03-15	20:11	乙女	1982-10-30	16:06	射手	1985-05-20	04:03	牡羊	1987-10-26	25:23	獅子
1980-03-31	17:29	天秤	1982-11-11	22:59	山羊	1985-06-09	14:54	牡羊	1987-11-18	03:16	蟹
1980-04-19	21:36	乙女	1982-12-02	20:36	射手	1985-06-19	05:48	牡羊	1987-12-01	19:13	獅子
1980-04-28	12:56	天秤	1982-12-11	13:01	山羊	1985-07-13	23:35	牡羊	1987-12-19	16:51	蟹
1980-05-07	05:38	蠍	1982-12-21	12:37	水瓶	1985-07-21	23:14	牡牛	1988-01-01	03:58	獅子
1980-05-09	23:00	天秤	1982-12-25	00:01	山羊	1985-08-12	21:42	牡羊	1988-01-23	20:11	蟹
1980-06-25	20:24	乙女	1983-01-16	13:35	水瓶	1985-08-26	18:46	牡牛	1988-01-28	23:02	獅子
1980-07-03	01:19	天秤	1983-01-29	15:06	山羊	1985-09-12	20:25	牡羊	1988-02-07	00:12	乙女
1980-07-25	13:40	乙女	1983-02-13	22:05	水瓶	1985-09-26	08:56	牡牛	1988-02-15	02:55	獅子
1980-08-07	02:20	天秤	1983-03-04	16:42	山羊	1985-10-17	04:31	牡羊	1988-03-05	20:29	乙女
1980-08-26	14:43	乙女	1983-03-16	00:51	水瓶	1985-10-24	20:38	牡牛	1988-03-21	06:34	獅子
1980-09-05	20:23	天秤	1983-04-08	08:12	山羊	1985-11-03	10:18	双子	1988-04-04	10:49	乙女
1980-09-30	22:00	乙女	1983-04-17	13:11	水瓶	1985-11-08	04:10	牡牛	1988-04-22	12:46	獅子
1980-10-02	09:31	天秤	1983-05-08	22:01	山羊	1985-11-30	07:00	双子	1988-05-06	03:51	乙女
1980-10-12	15:14	蠍	1983-05-23	07:56	水瓶	1985-12-13	17:42	牡牛	1988-05-24	23:25	獅子
1980-10-22	00:54	天秤	1983-06-08	19:37	山羊	1985-12-29	13:47	双子	1988-06-11	02:02	乙女
1980-11-09	11:33	蠍	1983-06-22	22:18	水瓶	1986-01-15	11:38	牡牛	1988-06-25	12:07	獅子
1980-11-26	04:10	天秤	1983-07-12	16:28	山羊	1986-01-30	01:44	双子	1988-07-12	08:34	乙女
1980-12-09	06:21	蠍	1983-07-21	10:33	水瓶	1986-02-16	13:23	牡牛	1988-07-27	16:16	獅子
1980-12-29	03:50	天秤	1983-08-27	06:06	魚	1986-03-07	06:29	双子	1988-08-10	13:11	乙女
1981-01-10	10:30	蠍	1983-09-06	19:06	水瓶	1986-03-21	03:47	牡牛	1988-08-31	20:08	獅子
1981-01-30	22:32	天秤	1983-09-24	22:32	魚	1986-04-07	23:12	双子	1988-09-06	20:05	乙女
1981-02-15	14:22	蠍	1983-10-10	08:16	水瓶	1986-04-22	09:55	牡牛	1988-09-16	14:01	天秤
1981-03-03	05:14	天秤	1983-10-25	19:12	魚	1986-05-07	08:31	双子	1988-09-22	06:46	乙女
1981-03-18	15:59	蠍	1983-11-10	14:51	水瓶	1986-05-27	14:19	牡牛	1988-10-14	06:33	天秤
1981-04-05	14:59	天秤	1983-11-30	18:12	魚	1986-06-03	18:15	双子	1988-10-27	08:28	乙女
1981-04-16	11:48	蠍	1983-12-13	04:21	水瓶	1986-06-13	23:40	牡牛	1988-11-13	10:18	天秤
1981-05-23	05:54	射手	1984-01-02	03:08	魚	1986-06-17	12:22	双子	1988-11-27	23:39	乙女
1981-06-01	02:15	蠍	1984-01-15	05:17	水瓶	1986-07-11	03:07	牡	1988-12-18	16:07	天秤
1981-06-20	18:14	射手	1984-02-01	02:27	魚	1986-07-22	12:39	双子	1988-12-28	15:39	乙女
1981-07-04	23:49	蠍	1984-02-19	05:02	水瓶	1986-08-09	20:47	蟹	1989-01-13	12:32	獅子
1981-07-17	06:54	射手	1984-02-29	03:07	魚	1986-08-23	07:51	双子	1989-01-14	21:27	乙女
1981-08-04	21:25	蠍	1984-03-10	07:11	牡羊	1986-09-13	06:28	蟹	1989-01-21	04:17	天秤
1981-08-25	21:37	射手	1984-03-11	15:28	魚	1986-09-22	09:21	双子	1989-02-01	02:19	乙女
1981-09-04	09:17	蠍	1984-04-05	17:51	牡羊	1986-10-17	07:50	蟹	1989-02-20	20:21	天秤
1981-09-27	11:39	射手	1984-04-16	04:04	魚	1986-10-23	14:24	双子	1989-03-06	13:40	乙女
1981-10-08	18:11	蠍	1984-05-05	11:22	牡羊	1986-11-08	05:09	牡牛	1989-03-21	08:13	天秤
1981-10-21	02:56	射手	1984-05-18	07:28	魚	1986-11-09	19:06	蟹	1989-04-01	00:24	乙女
1981-11-11	12:33	蠍	1984-06-09	04:06	牡羊	1986-11-17	10:45	蟹	1989-04-17	03:30	天秤
1981-11-25	02:21	射手	1984-06-17	02:37	魚	1986-11-28	18:45	蟹	1989-04-26	19:23	蠍
1981-12-17	02:25	蠍	1984-07-13	18:31	牡羊	1986-12-16	02:12	蟹	1989-05-02	05:04	天秤
1981-12-21	13:35	射手	1984-07-15	07:41	魚	1987-01-03	08:11	双子	1989-05-25	15:23	蠍
1981-12-31	03:11	山羊	1984-08-03	03:10	水瓶	1987-01-12	20:38	蟹	1989-06-05	01:07	天秤
1982-01-08	08:26	射手	1984-08-05	03:28	魚	1987-01-21	11:09	獅子	1989-06-28	04:48	蠍
1982-01-29	12:25	山羊	1984-08-14	02:51	牡羊	1987-01-25	07:56	蟹	1989-07-05	06:28	天秤
1982-02-10	21:55	射手	1984-08-22	16:58	魚	1987-02-18	19:19	獅子	1989-07-18	23:40	蠍
1982-03-04	15:13	山羊	1984-09-10	22:58	牡羊	1987 02 28	16:34	蟹	1989-07-23	06:38	天秤
1982-03-13	01:47	射手	1984-09-26	14:04	魚	1987-03-23	13:28	獅子	1989-08-19	05:08	乙女
1982-03-27	01:46	蟹	1984-10-08	19:56	牡羊	1987-03-31	09:13	蟹	1989-08-26	10:54	天秤
1982-04-01	17:48	射手	1984-10-31	02:52	魚	1987-04-13	06:26	双子	1989-10-02	08:53	蠍
1982-04-28	04:13	蠍	1984-11-04	01:41	牡羊	1987-04-20	23:27	蟹	1989-10-12	18:26	天秤
1982-05-02	13:14	射手	1984-11-14	02:09	牡牛	1987-05-14	10:43	双子	1989-10-30	00:32	蠍
1982-05-11	19:38	山羊	1984-11-21	08:54	牡羊	1987-05-25	04:03	蟹	1989-11-17	07:03	天秤
1982-05-18	10:58	射手	1984-12-15	05:50	牡牛	1987-06-11	21:47	双子	1989-11-27	05:12	蠍
1982-06-08	00:03	山羊	1984-12-23	17:00	牡羊	1987-06-19	15:45	蟹	1989-12-04	20:56	射手
1982-06-21	20:37	射手	1985-01-05	04:04	魚	1987-06-29	19:43	獅子	1989-12-08	14:59	蠍
1982-07-05	18:08	山羊	1985-01-13	23:53	牡羊	1987-07-08	02:37	蟹	1989-12-25	23:43	射手
1982-07-26	06:26	射手	1985-02-04	18:26	魚	1987-07-27	00:44	獅子	1989-12-28	07:40	蠍

Data 3　リリスとノードのイングレス

1990〜1999年　　　　　　　　　　　　　リリスのイングレス

年月日	時間	サイン
1990-01-03	16:41	射手
1990-01-10	11:54	蠍
1990-01-24	01:04	天秤
1990-01-31	19:55	蠍
1990-02-23	04:00	天秤
1990-03-20	20:19	蠍
1990-03-27	20:32	天秤
1990-04-06	11:42	蠍
1990-05-13	06:16	射手
1990-05-23	03:09	蠍
1990-06-10	05:00	射手
1990-06-26	16:10	蠍
1990-07-09	19:16	射手
1990-07-28	22:15	蠍
1990-08-10	14:28	射手
1990-08-30	08:35	蠍
1990-09-15	13:28	射手
1990-09-30	15:16	蠍
1990-10-16	19:21	射手
1990-11-02	08:05	蠍
1990-11-15	00:04	射手
1990-12-07	23:10	蠍
1990-12-11	17:29	射手
1990-12-21	07:29	山羊
1990-12-30	07:26	射手
1991-01-18	21:17	山羊
1991-02-02	17:21	射手
1991-02-18	15:25	山羊
1991-03-06	01:34	射手
1991-03-26	12:33	山羊
1991-04-06	15:47	射手
1991-04-28	02:41	山羊
1991-05-10	01:48	射手
1991-05-28	04:24	山羊
1991-06-12	17:09	射手
1991-06-25	08:35	山羊
1991-07-17	17:49	射手
1991-07-21	11:43	山羊
1991-08-01	00:42	水瓶
1991-08-07	11:22	山羊
1991-08-29	22:18	水瓶
1991-09-10	06:53	山羊
1991-10-01	21:39	水瓶
1991-10-10	15:14	山羊
1991-10-23	19:16	水瓶
1991-10-30	11:49	山羊
1991-11-24	20:13	射手
1991-12-01	08:34	山羊
1991-12-10	05:36	水瓶
1991-12-16	04:21	山羊
1992-01-06	05:58	水瓶
1992-01-20	01:16	山羊
1992-02-03	05:54	水瓶
1992-02-24	03:06	山羊
1992-03-01	02:22	水瓶
1992-03-06	06:07	魚
1992-03-16	04:26	水瓶
1992-04-10	07:58	魚
1992-04-17	11:02	水瓶
1992-05-01	00:27	山羊
1992-05-07	09:00	水瓶
1992-05-30	22:52	山羊
1992-06-11	04:31	水瓶
1992-07-03	05:29	山羊
1992-07-10	11:01	水瓶
1992-08-16	04:42	魚
1992-08-27	16:44	水瓶
1992-09-13	05:25	魚
1992-09-30	23:23	水瓶
1992-10-13	02:44	魚
1992-11-03	08:54	水瓶
1992-11-14	11:46	魚
1992-12-05	09:10	水瓶
1992-12-20	15:08	魚
1993-01-05	16:05	水瓶
1993-01-20	13:58	魚
1993-02-08	20:46	水瓶
1993-02-18	06:21	魚
1993-02-28	14:14	牡羊
1993-03-02	17:19	魚
1993-03-26	16:25	牡羊
1993-04-07	11:21	魚
1993-04-24	14:32	牡羊
1993-05-10	10:47	魚
1993-05-25	11:34	牡羊
1993-06-10	14:23	魚
1993-06-30	05:01	牡羊
1993-07-12	16:44	魚
1993-08-01	09:05	牡羊
1993-08-14	04:33	魚
1993-08-31	06:52	牡羊
1993-09-17	07:46	魚
1993-09-28	12:06	牡羊
1993-11-03	22:42	牡牛
1993-11-13	05:40	牡羊
1993-12-03	10:52	牡牛
1993-12-16	07:36	牡羊
1994-01-06	17:57	牡牛
1994-01-15	13:44	牡羊
1994-01-29	11:05	魚
1994-02-04	09:47	牡羊
1994-02-10	19:13	牡牛
1994-02-13	16:19	牡羊
1994-03-02	21:00	魚
1994-03-06	13:46	牡羊
1994-03-14	10:16	牡牛
1994-03-23	20:05	牡羊
1994-04-11	13:13	牡牛
1994-04-28	01:38	牡羊
1994-05-09	04:32	牡牛
1994-06-14	23:28	双子
1994-06-21	07:32	牡牛
1994-07-14	06:49	双子
1994-07-23	08:35	牡牛
1994-08-06	02:29	牡羊
1994-08-11	11:32	牡牛
1994-09-04	22:51	魚
1994-09-15	16:34	牡牛
1994-10-08	12:05	牡羊
1994-10-14	23:13	牡牛
1994-10-24	11:09	双子
1994-10-30	01:44	牡牛
1994-11-20	03:20	双子
1994-12-04	12:48	牡牛
1994-12-18	13:57	双子
1995-01-07	07:19	牡牛
1995-01-18	00:32	双子
1995-01-24	03:48	蟹
1995-01-26	12:30	双子
1995-02-11	02:05	牡牛
1995-02-20	02:01	双子
1995-03-13	13:30	牡牛
1995-03-27	17:58	双子
1995-04-13	21:05	牡牛
1995-04-27	01:11	双子
1995-05-18	15:02	牡牛
1995-05-24	23:57	双子
1995-06-04	04:40	蟹
1995-06-08	16:52	双子
1995-06-30	23:10	蟹
1995-07-13	23:36	双子
1995-07-29	21:10	蟹
1995-08-15	12:46	双子
1995-08-29	20:51	蟹
1995-09-16	01:26	双子
1995-10-04	16:52	蟹
1995-10-18	14:53	双子
1995-11-05	19:59	蟹
1995-11-19	21:41	双子
1995-12-05	16:43	蟹
1995-12-25	00:38	双子
1996-01-02	16:52	蟹
1996-01-11	19:50	獅子
1996-01-16	08:40	蟹
1996-02-08	10:05	獅子
1996-02-20	13:04	蟹
1996-03-09	13:34	獅子
1996-03-23	04:51	蟹
1996-04-10	22:13	獅子
1996-04-22	03:06	蟹
1996-05-17	15:15	獅子
1996-05-22	18:07	蟹
1996-06-17	10:03	獅子
1996-06-28	05:31	蟹
1996-07-15	13:57	獅子
1996-08-02	11:46	蟹
1996-08-12	01:01	獅子
1996-09-18	02:16	乙女
1996-09-26	13:23	獅子
1996-10-19	06:19	乙女
1996-10-28	07:33	獅子
1996-11-09	22:51	蟹
1996-11-16	20:10	獅子
1996-12-10	12:23	蟹
1996-12-20	17:20	獅子
1997-01-13	20:54	蟹
1997-01-18	07:28	獅子
1997-01-25	19:51	乙女
1997-01-26	19:40	獅子
1997-02-04	21:22	獅子
1997-02-23	12:16	乙女
1997-03-12	09:25	獅子
1997-03-23	22:40	乙女
1997-04-16	12:34	獅子
1997-04-23	12:59	乙女
1997-05-19	01:19	獅子
1997-05-26	21:15	乙女
1997-06-17	21:33	獅子
1997-07-01	05:20	乙女
1997-07-19	05:22	獅子
1997-07-31	07:11	乙女
1997-08-22	22:36	獅子
1997-08-28	01:49	乙女
1997-09-06	21:27	天秤
1997-09-13	05:25	乙女
1997-10-04	01:09	天秤
1997-10-18	15:25	乙女
1997-11-02	07:13	天秤
1997-11-20	05:05	乙女
1997-12-03	10:23	天秤
1997-12-23	01:17	乙女
1998-01-09	02:18	天秤
1998-01-24	00:38	乙女
1998-02-09	18:59	天秤
1998-02-25	12:15	乙女
1998-03-11	03:59	天秤
1998-04-01	22:47	乙女
1998-04-04	04:41	天秤
1998-04-16	22:10	蠍
1998-04-23	13:30	天秤
1998-05-15	01:32	蠍
1998-05-28	03:25	天秤
1998-06-14	06:57	蠍
1998-06-28	06:50	天秤
1998-07-19	12:58	蠍
1998-07-28	05:59	天秤
1998-08-21	15:51	蠍
1998-08-31	00:05	天秤
1998-09-21	04:34	蠍
1998-10-03	15:34	天秤
1998-10-19	15:43	蠍
1998-11-16	01:04	蠍
1998-11-24	22:19	射手
1998-11-30	03:18	蠍
1998-12-23	11:19	射手
1999-01-03	16:57	蠍
1999-01-24	16:29	射手
1999-02-03	09:38	蠍
1999-02-15	23:22	射手
1999-02-23	09:39	蠍
1999-03-20	00:23	天秤
1999-03-27	05:28	蠍
1999-05-02	21:42	射手
1999-05-14	00:19	蠍
1999-05-30	15:20	射手
1999-06-18	01:39	蠍
1999-06-27	13:10	射手
1999-07-27	03:10	蠍
1999-07-27	19:05	射手
1999-08-24	02:18	蠍
1999-08-31	07:53	射手
1999-09-22	19:39	蠍
1999-10-15	19:40	射手
1999-10-24	14:22	蠍
1999-11-04	21:17	射手
1999-11-28	19:30	蠍
1999-12-02	04:33	射手
1999-12-11	11:34	山羊
1999-12-20	22:51	射手

2000 ～ 2009 年　　　リリスのイングレス ☾

年月日	時間	サイン
2000-01-08	10:32	山羊
2000-01-25	02:48	射手
2000-02-07	05:06	山羊
2000-02-27	04:31	射手
2000-03-10	06:05	山羊
2000-03-30	19:31	射手
2000-04-15	07:02	山羊
2000-04-30	21:17	射手
2000-05-15	08:25	山羊
2000-06-02	18:33	射手
2000-06-14	06:01	山羊
2000-07-08	03:16	射手
2000-07-10	07:28	山羊
2000-07-21	03:24	水瓶
2000-07-28	20:19	山羊
2000-08-18	08:00	水瓶
2000-09-01	05:52	山羊
2000-09-17	16:12	水瓶
2000-10-02	10:55	山羊
2000-10-23	02:16	水瓶
2000-11-02	05:15	山羊
2000-11-25	02:19	水瓶
2000-12-06	16:04	山羊
2000-12-25	12:15	水瓶
2001-01-09	12:05	山羊
2001-01-22	23:25	水瓶
2001-02-14	05:15	山羊
2001-02-18	03:43	水瓶
2001-02-28	02:12	魚
2001-03-08	02:36	水瓶
2001-03-29	10:12	魚
2001-04-10	14:37	水瓶
2001-05-02	00:15	魚
2001-05-15	15:56	水瓶
2001-06-25	18:13	山羊
2001-06-30	01:12	水瓶
2001-07-10	06:45	魚
2001-07-15	07:00	水瓶
2001-08-05	18:06	魚
2001-08-18	11:33	水瓶
2001-09-02	12:58	魚
2001-09-22	08:46	水瓶
2001-09-30	02:14	魚
2001-10-08	18:40	牡羊
2001-10-11	05:08	魚
2001-11-07	20:12	牡羊
2001-11-15	04:18	魚
2001-11-28	09:50	牡羊
2001-12-05	22:26	魚
2001-12-28	12:20	水瓶
2002-01-09	21:15	魚
2002-01-30	20:46	水瓶
2002-02-08	09:37	魚
2002-02-18	14:05	牡羊
2002-02-21	19:13	魚
2002-03-16	14:52	牡羊
2002-03-29	06:47	魚
2002-04-13	20:08	牡羊
2002-05-02	05:53	魚
2002-05-13	16:13	牡羊
2002-06-05	11:58	魚
2002-06-14	20:11	牡羊
2002-07-06	04:51	魚
2002-07-20	17:11	牡羊
2002-08-05	22:55	魚
2002-08-20	14:36	牡羊
2002-09-08	06:36	魚
2002-09-18	11:21	牡羊
2002-10-25	00:44	牡羊
2002-11-04	06:31	牡牛
2002-11-22	17:33	牡羊
2002-12-08	03:27	牡牛
2002-12-23	15:48	牡羊
2003-01-08	13:52	牡牛
2003-01-28	17:16	牡羊
2003-02-10	05:00	牡牛
2003-03-02	02:43	牡羊
2003-03-15	02:15	牡牛
2003-04-01	00:24	牡羊
2003-04-18	20:01	牡牛
2003-04-28	22:54	牡羊
2003-06-04	16:22	双子
2003-06-13	18:17	牡牛
2003-07-04	01:19	双子
2003-07-16	13:01	牡牛
2003-08-06	15:45	双子
2003-08-15	13:11	牡牛
2003-09-10	18:24	双子
2003-09-13	06:04	牡牛
2003-09-30	17:46	双子
2003-10-04	14:47	牡牛
2003-10-12	17:22	双子
2003-10-21	04:32	牡牛
2003-11-09	18:02	双子
2003-11-25	02:14	牡牛
2003-12-07	18:34	双子
2003-12-29	22:37	牡牛
2004-01-03	00:10	双子
2004-01-12	21:05	蟹
2004-01-20	13:42	双子
2004-02-13	04:09	蟹
2004-02-21	16:46	双子
2004-03-05	08:45	牡牛
2004-03-13	00:05	双子
2004-04-04	19:59	蟹
2004-04-15	12:47	双子
2004-05-08	22:37	蟹
2004-05-14	04:57	双子
2004-05-24	01:52	蟹
2004-06-05	20:22	双子
2004-06-19	18:26	蟹
2004-07-04	01:30	双子
2004-07-17	20:14	蟹
2004-08-06	13:17	双子
2004-08-16	17:09	蟹
2004-09-10	03:58	双子
2004-09-18	08:02	蟹
2004-10-10	08:25	双子
2004-10-24	10:22	蟹
2004-11-10	08:37	双子
2004-11-24	06:30	蟹
2004-12-14	18:38	双子
2004-12-22	21:16	蟹
2005-01-01	05:26	双子
2005-01-06	03:55	蟹
2005-01-28	06:21	獅子
2005-02-10	17:51	蟹
2005-02-26	13:12	獅子
2005-03-15	08:40	蟹
2005-03-29	21:28	獅子
2005-04-16	02:31	蟹
2005-05-04	21:35	獅子
2005-05-18	11:40	蟹
2005-06-05	15:05	獅子
2005-06-19	13:21	蟹
2005-07-05	03:07	獅子
2005-07-24	10:53	蟹
2005-08-01	20:18	獅子
2005-08-12	22:27	蟹
2005-08-13	16:56	獅子
2005-09-07	20:26	乙女
2005-09-19	14:18	獅子
2005-10-07	10:10	乙女
2005-10-20	21:57	獅子
2005-11-10	09:17	乙女
2005-11-20	05:08	獅子
2005-12-06	08:58	蟹
2005-12-08	17:53	獅子
2005-12-15	02:16	乙女
2005-12-21	17:35	獅子
2006-01-05	14:48	蟹
2006-01-08	04:11	獅子
2006-01-15	11:10	乙女
2006-01-26	18:11	獅子
2006-02-13	02:56	乙女
2006-03-03	06:24	獅子
2006-03-12	18:31	乙女
2006-03-21	18:24	天秤
2006-03-24	16:31	乙女
2006-04-18	19:37	天秤
2006-04-27	17:03	乙女
2006-05-21	09:22	天秤
2006-05-28	14:13	乙女
2006-06-11	00:48	蠍
2006-06-16	12:31	乙女
2006-07-11	12:57	獅子
2006-07-20	18:20	乙女
2006-08-14	09:57	獅子
2006-08-18	04:35	乙女
2006-08-27	19:10	天秤
2006-09-04	04:28	乙女
2006-09-23	19:14	天秤
2006-10-09	15:34	乙女
2006-10-22	00:38	天秤
2006-11-12	12:16	乙女
2006-11-21	09:59	天秤
2006-11-27	15:15	蠍
2006-12-01	17:10	天秤
2006-12-16	23:46	乙女
2006-12-24	19:47	天秤
2007-01-16	03:49	乙女
2007-01-29	17:02	天秤
2007-02-16	18:55	乙女
2007-02-28	23:48	天秤
2007-03-23	20:46	乙女
2007-03-28	14:06	天秤
2007-04-07	01:33	蠍
2007-04-14	14:00	天秤
2007-05-04	17:00	蠍
2007-05-19	15:53	天秤
2007-06-03	01:04	蠍
2007-06-20	19:40	天秤
2007-07-04	10:24	蠍
2007-07-22	21:59	天秤
2007-08-09	07:45	蠍
2007-08-23	17:07	天秤
2007-09-10	21:43	蠍
2007-09-24	19:00	天秤
2007-10-09	09:16	蠍
2007-10-30	00:55	天秤
2007-11-06	00:29	蠍
2007-11-15	07:12	射手
2007-11-21	02:23	蠍
2007-12-13	01:53	射手
2007-12-26	08:39	蠍
2008-01-12	07:50	射手
2008-01-27	00:24	蠍
2008-02-16	14:44	射手
2008-02-26	14:38	蠍
2008-03-21	02:26	射手
2008-03-31	17:31	蠍
2008-04-20	18:26	射手
2008-05-03	22:55	蠍
2008-05-19	04:20	射手
2008-06-08	06:03	蠍
2008-06-15	04:21	射手
2008-06-25	02:06	山羊
2008-06-28	22:51	射手
2008-07-23	07:20	山羊
2008-08-02	00:28	射手
2008-08-24	10:14	山羊
2008-09-01	17:59	射手
2008-09-14	22:01	魚
2008-09-20	09:14	射手
2008-10-15	17:43	蠍
2008-10-24	11:35	射手
2008-11-18	23:48	蠍
2008-11-21	11:38	射手
2008-11-30	06:09	山羊
2008-12-10	13:50	射手
2008-12-28	00:50	山羊
2009-01-15	04:52	射手
2009-01-25	06:39	山羊
2009-02-01	18:08	水瓶
2009-02-05	13:45	山羊
2009-02-23	06:02	射手
2009-02-24	23:17	山羊
2009-03-03	19:27	水瓶
2009-03-09	14:15	山羊
2009-03-24	01:50	射手
2009-03-31	05:04	山羊
2009-04-23	00:22	射手
2009-05-05	10:08	山羊
2009-05-25	07:04	射手
2009-06-04	03:33	山羊
2009-07-11	05:32	水瓶
2009-07-19	21:56	山羊
2009-08-07	21:27	水瓶
2009-08-23	18:46	山羊
2009-09-06	07:32	水瓶
2009-09-25	02:22	山羊
2009-10-08	00:36	水瓶
2009-10-27	21:09	山羊
2009-11-13	04:32	水瓶
2009-11-28	10:29	山羊
2009-12-14	16:04	水瓶
2009-12-31	05:48	山羊

251
Data 3　リリスとノードのイングレス

2010 ～ 2019年

リリスのイングレス ☾

年月日	時間	サイン
2010-01-12	22:21	水瓶
2010-02-05	00:41	山羊
2010-02-08	10:47	水瓶
2010-02-18	05:00	魚
2010-02-27	04:45	水瓶
2010-03-18	18:29	魚
2010-04-02	12:30	水瓶
2010-04-18	08:24	魚
2010-05-03	17:30	水瓶
2010-05-23	20:16	魚
2010-06-03	17:21	水瓶
2010-06-25	13:28	魚
2010-07-07	05:35	水瓶
2010-07-25	18:52	魚
2010-08-09	09:11	水瓶
2010-08-23	03:36	魚
2010-09-13	13:43	水瓶
2010-09-18	22:14	魚
2010-09-28	17:02	牡羊
2010-10-04	23:02	魚
2010-10-27	11:32	牡羊
2010-11-08	03:57	魚
2010-11-28	20:50	牡羊
2010-12-08	17:29	魚
2010-12-21	09:20	水瓶
2010-12-28	16:58	魚
2011-01-04	13:22	牡羊
2011-01-06	05:53	魚
2011-01-22	17:58	水瓶
2011-01-29	06:12	魚
2011-02-07	02:19	牡羊
2011-02-13	02:55	魚
2011-03-06	05:59	牡羊
2011-03-19	10:03	魚
2011-04-03	03:22	牡羊
2011-04-23	18:52	魚
2011-04-29	22:02	牡羊
2011-05-09	11:51	牡牛
2011-05-14	00:13	牡羊
2011-06-09	04:38	牡牛
2011-06-14	13:55	牡羊
2011-06-26	13:26	魚
2011-07-05	06:33	牡羊
2011-07-29	03:49	魚
2011-08-09	19:25	牡羊
2011-08-30	19:06	魚
2011-09-08	09:49	牡羊
2011-10-15	01:29	牡牛
2011-10-25	23:21	牡羊
2011-11-12	03:00	牡牛
2011-11-29	15:05	牡羊
2011-12-12	01:33	牡牛
2012-01-02	04:20	牡羊
2012-01-13	10:48	牡牛
2012-02-03	08:44	牡羊
2012-02-18	13:32	牡牛
2012-03-05	14:57	牡羊
2012-03-20	10:49	牡牛
2012-04-08	04:45	牡羊
2012-04-18	01:10	牡牛
2012-05-24	16:10	双子
2012-06-04	04:45	牡牛
2012-06-22	06:46	双子
2012-07-07	15:04	牡牛
2012-07-22	20:41	双子
2012-08-07	18:05	牡牛
2012-08-27	07:36	双子
2012-09-08	13:31	牡牛
2012-09-28	22:01	双子
2012-10-11	14:38	牡牛
2012-10-29	02:21	双子
2012-11-14	15:11	牡牛
2012-11-26	12:18	双子
2012-12-20	10:53	牡牛
2012-12-21	21:39	双子
2013-01-01	17:01	蟹
2013-01-11	18:29	双子
2013-01-31	08:09	蟹
2013-02-13	08:05	双子
2013-03-06	14:20	蟹
2013-03-15	11:36	双子
2013-04-01	07:58	牡牛
2013-04-03	04:17	双子
2013-04-10	16:23	蟹
2013-04-13	04:45	双子
2013-05-01	02:04	牡牛
2013-05-03	21:39	双子
2013-05-12	10:44	蟹
2013-05-23	03:02	双子
2013-06-09	07:45	蟹
2013-06-24	22:34	双子
2013-07-06	22:59	蟹
2013-07-29	16:13	双子
2013-08-01	11:25	蟹
2013-08-12	16:14	獅子
2013-08-18	09:47	蟹
2013-09-12	02:21	獅子
2013-09-20	04:14	蟹
2013-10-03	11:34	獅子
2013-10-09	02:35	蟹
2013-11-02	07:32	双子
2013-11-13	14:14	蟹
2013-12-05	21:22	双子
2013-12-13	00:55	蟹
2013-12-22	05:05	双子
2013-12-28	00:10	蟹
2014-01-18	02:06	双子
2014-02-01	13:20	蟹
2014-02-15	13:22	獅子
2014-03-07	06:50	蟹
2014-03-17	20:10	獅子
2014-04-10	23:15	蟹
2014-04-19	14:06	獅子
2014-05-11	04:42	蟹
2014-05-25	06:21	獅子
2014-06-11	04:28	蟹
2014-06-24	16:30	獅子
2014-07-15	13:02	蟹
2014-07-22	23:03	獅子
2014-08-02	22:55	乙女
2014-08-05	03:28	獅子
2014-08-28	19:30	乙女
2014-09-09	20:47	獅子
2014-09-26	13:56	乙女
2014-10-12	21:51	獅子
2014-10-27	12:22	乙女
2014-11-13	13:34	獅子
2014-12-02	10:57	乙女
2014-12-16	09:54	獅子
2015-01-03	19:06	乙女
2015-01-17	20:18	獅子
2015-02-02	17:11	乙女
2015-02-22	00:17	獅子
2015-03-02	14:56	乙女
2015-03-11	23:52	天秤
2015-03-15	23:09	乙女
2015-04-08	10:05	天秤
2015-04-19	21:23	乙女
2015-05-08	08:08	天秤
2015-05-21	14:21	乙女
2015-06-12	05:43	天秤
2015-06-20	10:08	乙女
2015-07-16	04:42	天秤
2015-07-19	15:29	乙女
2015-08-16	05:25	天秤
2015-08-26	07:24	乙女
2015-09-13	09:41	天秤
2015-09-30	11:34	乙女
2015-10-11	02:34	天秤
2015-11-16	15:29	蠍
2015-11-25	15:53	天秤
2015-12-17	17:45	蠍
2015-12-27	10:44	天秤
2016-01-08	22:02	乙女
2016-01-15	18:05	天秤
2016-02-08	16:02	乙女
2016-02-18	13:41	天秤
2016-03-14	00:24	乙女
2016-03-17	22:12	天秤
2016-03-26	19:20	蠍
2016-04-04	12:40	天秤
2016-04-23	08:13	蠍
2016-05-09	20:28	天秤
2016-05-25	13:10	蠍
2016-06-12	21:15	天秤
2016-06-20	16:59	蠍
2016-07-16	12:58	天秤
2016-07-23	21:12	蠍
2016-08-15	05:52	天秤
2016-08-28	16:07	蠍
2016-09-15	07:11	天秤
2016-09-28	02:04	蠍
2016-10-19	23:02	天秤
2016-10-26	06:44	蠍
2016-11-04	15:42	射手
2016-11-10	21:10	蠍
2016-12-01	20:44	射手
2016-12-16	11:54	蠍
2016-12-31	05:11	射手
2017-01-18	05:55	蠍
2017-01-31	18:41	射手
2017-02-20	04:14	蠍
2017-03-08	22:44	射手
2017-03-23	20:53	蠍
2017-04-09	13:41	射手
2017-04-25	02:04	蠍
2017-05-08	21:46	射手
2017-05-30	07:26	蠍
2017-06-02	02:23	射手
2017-06-15	05:13	山羊
2017-06-20	09:12	射手
2017-07-12	20:27	山羊
2017-07-25	03:34	射手
2017-08-11	18:24	山羊
2017-08-25	14:05	射手
2017-09-15	11:56	山羊
2017-09-24	16:25	射手
2017-10-19	04:29	山羊
2017-10-28	03:44	射手
2017-11-19	01:35	山羊
2017-12-01	08:19	射手
2017-12-17	16:43	山羊
2018-01-06	01:15	射手
2018-01-14	03:20	山羊
2018-01-22	18:33	水瓶
2018-01-28	03:52	山羊
2018-02-20	10:25	水瓶
2018-03-03	12:07	山羊
2018-03-24	17:54	水瓶
2018-04-03	00:54	山羊
2018-04-16	06:31	射手
2018-04-20	16:26	山羊
2018-05-15	22:30	水瓶
2018-05-24	17:29	山羊
2018-06-30	21:23	水瓶
2018-07-10	21:43	山羊
2018-07-28	10:17	水瓶
2018-08-15	01:16	山羊
2018-08-25	10:46	水瓶
2018-09-22	11:00	山羊
2018-09-29	17:22	水瓶
2018-10-02	01:50	魚
2018-10-05	18:35	水瓶
2018-10-21	14:40	山羊
2018-10-28	21:14	水瓶
2018-11-20	12:27	山羊
2018-12-03	16:33	水瓶
2018-12-22	09:39	山羊
2019-01-02	20:37	水瓶
2019-01-26	18:40	山羊
2019-01-30	01:09	水瓶
2019-02-09	07:38	魚
2019-02-17	22:15	水瓶
2019-03-08	07:01	魚
2019-03-24	23:53	水瓶
2019-04-06	21:21	魚
2019-04-26	23:33	水瓶
2019-05-08	15:46	魚
2019-05-29	10:06	水瓶
2019-06-16	14:35	魚
2019-06-29	06:17	水瓶
2019-07-14	20:19	魚
2019-07-31	13:03	水瓶
2019-08-12	23:41	魚
2019-09-04	16:11	水瓶
2019-09-08	22:04	魚
2019-09-18	22:10	牡羊
2019-09-26	02:09	魚
2019-10-16	23:24	牡羊
2019-10-30	21:50	魚
2019-11-16	07:47	牡羊
2019-12-01	08:56	魚
2019-12-21	17:27	牡羊

2020 ～ 2021 年   リリスのイングレス ☾

年月日	時間	サイン									
2020-01-01	09:33	魚	2020-08-22	12:56	魚	2021-03-09	17:22	牡牛	2021-11-05	09:50	牡牛
2020-01-23	22:53	牡羊	2020-08-27	22:48	牡羊	2021-03-30	21:27	牡羊	2021-11-16	12:14	双子
2020-02-04	15:51	魚	2020-09-08	10:08	牡牛	2021-04-08	03:21	牡牛	2021-12-22	18:32	蟹
2020-02-23	10:27	牡羊	2020-09-10	18:37	牡羊	2021-04-19	23:56	双子	2022-01-02	07:02	双子
2020-03-09	09:53	魚	2020-10-03	16:12	牡牛	2021-04-20	03:29	牡牛			
2020-03-22	19:42	牡羊	2020-10-15	14:52	牡羊	2021-05-14	15:38	双子			
2020-04-14	00:53	魚	2020-10-31	13:28	牡牛	2021-05-26	03:39	牡牛			
2020-04-17	21:37	牡羊	2020-11-19	20:08	牡羊	2021-06-11	14:49	双子			
2020-04-28	06:34	牡牛	2020-11-28	12:30	牡牛	2021-06-29	08:30	牡牛			
2020-05-05	02:34	牡羊	2020-12-06	08:44	双子	2021-07-01	03:53	双子			
2020-05-27	06:19	牡牛	2020-12-11	08:59	牡牛	2021-08-01	22:43	牡牛			
2020-06-07	19:22	牡羊	2021-01-05	13:51	牡羊	2021-08-12	02:21	双子			
2020-06-28	23:24	牡牛	2021-01-13	08:11	牡牛	2021-09-02	11:29	牡牛			
2020-07-07	22:29	牡羊	2021-01-26	08:04	牡羊	2021-09-17	03:41	双子			
			2021-02-02	22:18	牡牛	2021-10-03	08:03	牡牛			
			2021-02-25	12:33	牡羊	2021-10-18	09:29	双子			

1949 ～ 2022 年   ノードのイングレス ☊

年月日	時間	サイン									
			1970-11-02	16:55	水瓶	1989-05-22	20:40	水瓶	2011-03-03	21:01	射手
1949-01-26	08:56	牡羊	1972-04-27	16:41	山羊	1990-11-19	03:49	山羊	2012-08-30	12:06	蠍
1950-07-27	05:56	魚	1973-10-27	10:15	射手	1992-08-02	05:43	射手	2014-02-18	23:51	天秤
1952-03-28	19:15	水瓶	1975-07-10	09:26	蠍	1994-02-01	16:21	蠍	2015-11-12	10:03	乙女
1953-10-09	13:05	山羊	1977-01-08	02:45	天秤	1995-07-31	20:44	天秤	2017-05-10	03:28	獅子
1955-04-03	07:03	射手	1978-07-05	19:39	乙女	1997-01-25	09:44	乙女	2018-11-07	03:09	蟹
1956-10-04	17:43	蠍	1980-01-06	02:18	獅子	1998-10-20	15:17	獅子	2020-05-05	14:49	双子
1958-06-16	20:19	天秤	1980-01-07	08:32	乙女	2000-04-09	10:35	蟹	2022-01-19	03:50	牡牛
1959-12-16	02:37	乙女	1980-01-13	04:12	獅子	2001-10-13	12:02	双子			
1961-06-11	05:28	獅子	1981-09-24	18:29	蟹	2003-04-14	09:57	牡牛			
1962-12-23	13:45	蟹	1983-03-16	11:38	双子	2004-12-26	16:48	牡羊			
1964-08-25	20:03	双子	1984-09-12	02:34	牡牛	2006-06-22	18:09	魚			
1966-02-20	02:03	牡牛	1986-04-06	16:22	牡羊	2007-02-15	09:25	水瓶			
1967-08-20	02:40	牡羊	1986-05-06	03:53	牡牛	2007-07-16	14:01	魚			
1969-04-19	16:01	魚	1986-05-09	05:32	牡羊	2007-12-18	15:03	水瓶			
			1987-12-02	14:22	魚	2009-08-22	02:48	山羊			

Data 3　リリスとノードのイングレス

あとがき

占星術は、太陽系の10個の天体を使います。この中で月は特別な扱いで、ほかの惑星とはまったく違う作用を持っています。ほかの惑星に比較すると、月はかなり低い次元のものを表していますが、それは物質に近いために、逆に物質的な生活においての充足感、個人的な満足などにかかわることになります。人の性格は太陽でなく、むしろ月のほうによりあらわれています。個人としての癖や行動傾向などは月で考えてみるとよいでしょう。

精神性の発達という点からすると、月はあまりにも個人的・感情的すぎるので、月を重視することは、ほかの人を決して受け入れることのない狭量な人にしてしまいます。たとえば東日本大震災で発生した瓦礫の山をある地方に保管しようとしたときに、その地方の住民が大反対をしたという行為は、月に支配されすぎた人々の行動傾向です。個人を守り、共存することはあまり考えないという姿勢です。精神性からすると、月は低い次元にとどまります。

しかしこんどは物質という点からすると、月は非物質的な気のエネルギーのように高度なもので、たとえばガンを宣告された人が、楽しいストレスのない暮らしを心がけ、スポーツなどをしていたら、半年後の検査ではガンが存在しなくなっていたというような奇跡を起こすのも月です。

精神からすると狭すぎるが、物質からするときわめて高度。ということは、目に見える生活を改善するには、月は欠かせないと言えるでしょう。精神の足をひっぱると思うのは、月

の表す気の力を精神に属するものとみなしてしまうことから発生します。むしろ月は物質の上にある、高度な物質性を示すと考え、それに同化しないことが大切なのです。

日本は昔から月を重視していました。仏教やキリスト教では、人は死後、天国やニルヴァーナの世界に向かい、物質的なところからは去るのがよいとみなされていました。ここでは物質に近い月は重要ではなかったのです。ところが日本では、「魂になってもなお生涯の地に留まるという想像は、自分も日本人であるゆえか私には至極楽しく感じられる」と言った柳田国男に代表されるように、死後も身近な海、川、山などに霊魂が留まるという考えが好まれました。このためには物質と精神とのつなぎめにある月の作用を強化することが重要で、月の作り出す気の身体、いわばお化けのような身体に高度な魂が宿って、死後も生きるというスタイルが縄文時代から好まれていたのです。これはチベットでも、また実は西欧でも、キリスト教以前の時代には重視されていたのです。

こうした特殊な月の作用について、本書で説明してみました。なお、本書の編集作業は太田穣さんにお願いしました。非常に大きな労力を要求されたと思いますが、どうもありがとうございます。また技術評論社の西村俊滋さんには長くお世話になっており、感謝いたします。なお天体計算はアマテルの作者の大澤義孝氏に依頼しました。これがないことにはこの本は作れませんでした。どうもありがとうございます。

　　　　　　　　　　松村　潔

PROFILE OF THE AUTHOR

松村潔（まつむらきよし）

1953年生まれ。西洋占星術、タロットカード、神秘哲学の研究における日本の第一人者。とくに西洋占星術においては古典的な解釈にとらわれず、生命の樹やグルジェフなどの宇宙思想をふまえた、壮大な体系を構築する。著書は『ヘリオセントリック占星術』(説話社)、『エーテル体に目覚める本』(アールズ出版)、『日本人はなぜ狐を信仰するのか』(講談社現代新書)、『未来事典―3年後の私がわかるサビアン占星術』(角川書店) など多数。
■松村潔 WEB サイト　http://www.tora.ne.jp/

DESIGN, ILLUSTRATION & ASTRONOMICAL DATA

装丁　　　　村上智一（Piton ink.）
イラスト　　はやしのりこ
天体計算　　大澤義孝
※本文中のホロスコープのチャート図は大澤義孝さん作の「アマテル」で作成しました。

「月星座」占星術入門

じぶんの月星座を知って人生を変える本

2012年10月25日　　初　版　　第1刷発行
2023年　6月 3日　　初　版　　第4刷発行

著　者　　松村　潔
発行者　　片岡　巖
発行所　　株式会社技術評論社
　　　　　東京都新宿区市谷左内町 21-13
　　　　　　電話　03-3513-6150　販売促進部
　　　　　　電話　03-3267-2270　書籍編集部
印刷／製本　株式会社加藤文明社

定価はカバーに印刷してあります。

本書の一部または全部を著作権法の定める範囲を超え、無断で複写、転載あるいはファイルに落とすことを禁じます。

©2012 松村 潔

造本には細心の注意を払っておりますが、万が一、乱丁（ページの乱れ）や落丁（ページの抜け）がございましたら、小社販売促進部までお送りください。送料小社負担にてお取替えいたします。

ISBN978-4-7741-5292-9　C2011
Printed in Japan